本书获 2021 年度黔南民族师范学院教育质量提升工[⋯]
队"项目（编号：2021xjg012），2020 年度黔南民族师范[⋯]
科研专项项目"社会融合促进下贵州世居少数民族语言文[⋯]
2020qnsyrc02）资助；本书系"黔南民族师范学院学前教育专业国家一流专业建设"阶
段性成果

语言文化与共同体建构：
国家通用语教育下民族学生社会认同研究

子华明 ◎ 著

吉林大学出版社

·长 春·

图书在版编目（CIP）数据

语言文化与共同体建构：国家通用语教育下民族学生社会认同研究 / 子华明著. -- 长春：吉林大学出版社，2024.9. -- ISBN 978-7-5768-3591-5

Ⅰ．G455；C912.6

中国国家版本馆 CIP 数据核字第 20248CN802 号

| 书　　　名：语言文化与共同体建构：国家通用语教育下民族学生社会认同研究 |
| YUYAN WENHUA YU GONGTONGTI JIANGOU：GUOJIA TONGYONGYU JIAOYU XIA MINZU XUESHENG SHEHUI RENTONG YANJIU |

作　　　者：子华明
策划编辑：卢　婵
责任编辑：卢　婵
责任校对：樊俊恒
装帧设计：文　兮
出版发行：吉林大学出版社
社　　　址：长春市人民大街 4059 号
邮政编码：130021
发行电话：0431-89580036/58
网　　　址：http://www.jlup.com.cn
电子邮箱：jldxcbs@sina.com
印　　　刷：武汉鑫佳捷印务有限公司
开　　　本：787mm×1092mm　1/16
印　　　张：18.5
字　　　数：270 千字
版　　　次：2024 年 9 月　第 1 版
印　　　次：2024 年 9 月　第 1 次
书　　　号：ISBN 978-7-5768-3591-5
定　　　价：96.00 元

版权所有　翻印必究

序

  之所以关注国家通用语言文字教育这个话题，很大程度上源于我成长经历的深刻感悟。我出生于滇东北一个四面环山的彝族村寨，离大小凉山彝族文化核心区域不足百里。然而就这样一个距离，却孕育出两种截然不同的文化现象，我身边的彝族同胞们，包括我的父辈们都已经不再使用彝族语言沟通，因此在我求学接近20多年的时间里，语言沟通上并没有给我带来太多的困扰，学习成绩优异，甚至一度成为"别人家的孩子"。然而，当我来到一个多民族的高等学府求学之后，突然有了一些疑问并一直困扰着我。那是一次老乡聚会，自然就会遇到很多来自小凉山的彝族同胞，在与他们的交流过程中，让我隐约感受到一丝若有若无的隔阂。这促使我开始关注本族群的发展历程，在翻阅了大量史料后，我被族群的发展历史所震撼，自元朝起，我们便与中原文化产生了交流，可以说是一部语言文化交流、交融的历史。由此可见，国家通用语言文字的教育由来已久，对于民族间的交往、交融产生了巨大的促进作用，但这种作用究竟如何产生，它又是如何作用于个体心理发展的？这个疑问一直萦绕在我的心头，伴随着我的求学之路。幸运的是，在硕士阶段我有了学习文化心理学的机会，接触到维果斯基的社会文化历史理论、萨皮尔—沃尔夫的假说等理论，这些理论给了我探索的冲动，然而受专业的影响并未能如愿深入研究。直到博士阶段，终于可以了此心愿，深入大凉山地区，探究国家通用语言文字教育的情况，于是有了这次尝试。

在少数民族地区，开展国家通用语言文字教育是保障少数民族公民文化权利、就业权利等的基本措施，更是夯实铸牢中华民族共同体意识的文化心理基础、社会基础的必然之举。新中国成立后，政府在政策保障上给予了充分的重视。1956年，国务院发布《关于推广普通话的指示》，开始在全国范围内推广普通话。1982年的宪法中规定"国家推广全国通用的普通话"；2000年通过《中华人民共和国国家通用语言文字法》，并于2001年开始实施，其中第二条强调"国家通用语言文字是普通话和规范汉字"，第四条第一款则指出"公民有学习和使用国家通用语言文字的权利"。2002年9月，教育部、国家语言文字工作委员会在武汉召开信息时代语言文字规范标准建设工作会，教育部副部长、国家语委主任袁贵仁发表了题为"把握信息时代特点，加强语言文字规范标准建设"的书面讲话。2012年，教育部、国家语委发布《国家中长期语言文字事业改革和发展规划纲要（2012—2020年）》，指出应"大力推广和规范使用国家通用语言文字，科学保护各民族语言文字"，确立国家通用语言文字推广普及的阶段性目标。2014年召开的中央民族工作会议进一步明确了少数民族学好国家通用语言文字的必要性和途径。2016年，教育部和国家语委共同颁布《国家语言文字事业"十三五"发展规划》（以下简称《规划》），明确要求"2020年，在全国范围内基本普及国家通用语言文字"的总体目标。2017年教育部、国家语委发布《国家通用语言文字普及攻坚工程实施方案》，总体要求从我国普及国家通用语言文字的重要意义、重要作用、主要任务三个方面阐释，并进一步强调和细化2016年《规划》的任务。在2019年的全国民族团结进步表彰大会上，习近平总书记重申"要搞好民族地区各级各类教育，全面加强国家通用语言文字教育"。

在国家通用语言文字的教育实践中，由于受到语言文字的法规意识较为薄弱、少数民族地区的语言环境较复杂、语言水平和语言能力有限等因素的影响，国家通用语言文字教育仍存在着发展不平衡、不充分的问题，据《中国语言文字事业发展报告（2017）》显示，截至2015年，普通话在全国范围内的普及率已提高到73%，与2000年相比已经提高了近20%。但仍存在着这样一些薄弱环节：东西部普及程度差距明显、乡村和民族地区普及程度不高、不同人群和地区普及质量不理想、社会语言文字教育服务有限等。特别是在民族地区，如何高效推进国家通用语言文字教育成为了一个亟待解决的问题。本研究尝试应用实证和理论相结合的方式，通过个案的深入剖析，建构结构方程模型，从语言心理学的机制上探寻国家通用语言文字教育的规律及策略。当然，由于研究者的能力和学识有限，恳请读者和有识之士斧正。

目 录

引言 ··· 1

    一、研究背景 ·· 1

    二、国内外相关研究回顾与述评 ································· 28

第一章 问题提出及研究设想 ·· 61

  第一节 问题提出以及研究价值意义 ····························· 61

    一、问题的提出 ··· 61

    二、研究的价值及意义 ·· 64

  第二节 核心概念界定及理论基础 ································· 66

    一、核心概念界定 ··· 66

    二、研究相关理论基础 ·· 75

  第三节 研究内容与研究设计 ·· 82

    一、研究内容及目的 ··· 82

    二、研究方法与设计 ··· 88

第二章 国家通用语言文字教育不同模式实施效果及其影响因素 ··· 93

  第一节 国家通用语言文字实施效果的测量 ··················· 93

一、国家通用语言能力、双语能力及测量工具 ………… 93
　　二、测量的实施 ………………………………………… 94
　　三、结果分析 …………………………………………… 97
第二节　国家通用语言文字教育间接目标效果 ………… 103
　　一、心理社会能力 ……………………………………… 103
　　二、自我和谐 …………………………………………… 108
第三节　国家通用语言文字教育模式实施效果影响因素 ……… 112
　　一、测量工具 …………………………………………… 112
　　二、国家通用语言文字教育不同模式实施效果
　　　　影响因素分析 ……………………………………… 116
　　三、实施效果及影响因素 ……………………………… 129

第三章　国家通用语言文字教育不同模式对社会认同的影响 ……… 134

第一节　影响因素的量化研究 …………………………… 134
　　一、问卷修订和数据收集 ……………………………… 134
　　二、数据分析处理 ……………………………………… 136
　　三、影响因素的量化路径 ……………………………… 145
第二节　影响因素的质性研究 …………………………… 148
　　一、少数民族学生社会认同多案例研究 ……………… 148
　　二、少数民族学生社会认同的教育叙事研究 ………… 164
第三节　社会认同及影响因素的整合途径 ……………… 176
　　一、彝族学生的国家通用语言文字教育实效性及影响因素 … 176

二、彝族学生的社会认同水平 ………………………… 178
三、国家通用语言文字教育两类模式对彝族学生
　　社会认同的影响 ……………………………………… 180

第四章　促进少数民族学生社会认同国家通用语言文字教育改进对策 …………………………………… 182

第一节　"一类模式"改进对策反思 ………………… 182
一、发挥个人背景中影响因素的积极作用 …………… 183
二、完善"一类模式"教育评价 ……………………… 184
三、激发学生汉语学习动机 …………………………… 199

第二节　"二类模式"改进对策反思 ………………… 202
一、消除个人背景因素的消极影响 …………………… 202
二、完善教育评价 ……………………………………… 205
三、改进教学方法 ……………………………………… 210
四、激发学生学习彝语的动机 ………………………… 215
五、改善学习策略 ……………………………………… 216
六、发挥学生学习风格特点 …………………………… 220

结　语 ……………………………………………………… 224
一、研究总结论 ………………………………………… 224
二、研究的不足与展望 ………………………………… 227

参考文献 …………………………………………………… 231

附 录 ·· 270

　　附录一　少数民族学生国家通用语言文字教育问卷 ············ 270

　　附录二　社会认同问卷 ································· 282

　　附录三　少数民族学生社会认同访问提纲 ················ 284

引 言

一、研究背景

（一）少数民族社会认同：民族团结教育的永恒主题

对于少数民族的团结和社会认同，习近平总书记于2014年5月底提出关于各民族的关系应该像石榴籽一样既抱在一起又保持各自特点的观点无疑是最为经典的。在第二次中央新疆工作座谈会上，习近平总书记提出："各民族要相互了解、相互尊重、相互包容、相互欣赏、相互学习、相互帮助，像石榴籽那样紧紧抱在一起。"这也是当前党中央对于民族团结、融合的方针和导向的集中体现。国家在民族团结和融合的政策上，很早就提出了三个离不开的战略，即"汉族离不开少数民族，少数民族离不开汉族，各少数民族之间也互相离不开"。国家的战略方针是以构建和谐民族关系为目的，但是由于民族文化、历史等多种因素的影响，现实中往往存在着民族之间的认知偏差，特别是对少数民族社会认同存在着一定的误解，对"适应""同化""融合"等一系列相互关联且容易混淆的概念理解不当，导致对少数民族社会认同存在着一种偏见，认为民族认同就是同化，认为少数民族一旦进行主动社会认同，便意味着接受主流文化的同化，从而丧失自身的民族文化以及民族身份意识，严重损害民族情感，因此很多民族都会抵触社会认同，特别是处于民族阶层顶端的知识分子对此较为敏感。

1.社会认同、适应等概念容易混淆

对于少数民族社会认同概念目前并不确定，这一方面是由于社会认同这个概念源于西方社会，另一方面是由于其影响因素不确定造成的。社会认同概念最早出现在涂尔干的著作中，但没有明确对社会认同做出解释和限定。而在现实的研究中，往往存在社会认同、社会融入、社会适应等概念相互混淆、替用的情况。当然在英文中"assimilation、acculturation、incorporation、adaptation、accommodation"都是融合的意思，而"assimilation"则为同化、"acculturation"是文化适应、"adaptation"翻译为适应、"incorporation"则是融入的意思，这个概念的演变经历了一个发展变化的过程。"同化（assimilation）"源于同化论，格雷泽（Glazer）、卢卡森（Lucassen）提出移民为了适应东道主国家，将自身归属于东道主国家并导致移民的后代完全认同东道主国家的行为。[①②]金斯奇（B. Jentsch）、艾林森（W. Ellingsen）从少数民族群体的视角出发提出同化是其对移民国家的单向适应，就是说少数民族群体被动适应移民国家的文化价值体系。[③④]

同化在很长时间内被人们接受，但随着文化的觉醒，逐渐受到了批判，社会适应（adaptation）的概念无疑相对更具有积极互动的意味。社会适应指的是个体、群体通过协调其对身处的自然、社会环境的主动调适，

---

① Glazer N, We are all Multiculturalists Now. Cambridge, MA: Harvard University Press, 1997.

② Lucassen L A C J, Niets nieuws onder de zon? Devestiging van vreemdelingen in Nederland sinds de 16eeeuw. Justitiële verkenningen, 1997, 27（6）: 10–21.

③ Birgit Jentsch, Migrant integration in rural and urban areas of new settlement countries: thematic introduction, International Journal on Multicultural Societies, Vol. 9, No. 1, 2007.

④ Winfried Ellingsen, social integration of ethnic groups in Europe, Geografi i Bergen, University of Bergen. Department of Geography, 2003. http://bora.nhh.no/handle/2330/2036.

从生活、消费、社会活动、语言、价值观及态度等方面内化调适。当然这里可以理解为包括生物适应和文化的适应。① 可见，少数民族群体或者移民在社会适应的过程中往往还带有主动选择，并在适应的过程中融入自己的认知应对策略。② "社会认同"相对而言，是社会适应的结果，因此艾林森指出社会认同是个体、群体在社会中享有平等的资源地位的状态，更多的是体现在动态的相互适应上。③ 从适应的主体来说分为群体适应和个体适应，④ 因而在内容上比较广泛，包括了结构性、政治——合法性、社会——文化性几个方面的融合适应。⑤

文化相对主义的旗帜人物赫斯科维茨（Herskovits）、雷德菲尔德·林顿（Redfield Linton）从文化人类学的角度解释了文化适应（acculturation）的概念，即文化适应是具有不同文化背景的个体、群体进入新的环境后，通过持续的互动导致原有的文化模式发生变化的过程。⑥ 就适应具体内容来说主要是文化、语言上的适应，因此适应的范围有限。⑦ 同时也是社会认同的一个阶段，首先在宗教信仰、语言上适应之后，才能实现结构性的

---

① John Goldlush, Anthony H. Richmond, A Multivariate Model of Immigrant Adaptation, International Migration Review, Vol. 8, No. 2, Special Issue: Policy and Research on Migration: Canadian and World Perspectives（Summer, 1974）, pp. 193-225.

② Josine Junger-Tas, Ethnic minorities, social integration and crime. European Journal on criminal policy and research, 2001, 9: 5-29.

③ Winfried Ellingsen, social integration of ethnic groups in Europe, Geografi i Bergen, University of Bergen. Department of Geography, 2003, http://bora.nhh.no/handle/2330/2036.

④ Noah Lewin-Epstein et al, Institutional structure and immigrant integration: a comparative study of immigrants' labor market attainment in Canada and Israel, International Migration Review, Vol. 37, No. 2（Summer, 2003）, pp. 389-420.

⑤ Vermeulen H, R Penninx, Het democratisch ongeduld: de emanciptie en integratievan zes doelgroepen van het Minderhedenbeleid. Amsterdam: Het Spinhuis, 1994.

⑥ John W Berry, Immigration, acculturation, and adaptation, Applied psychology: an international review, 1997, 46（1）: 5-68.

⑦ Dietz, Barbara. Jewish immigrants from the former Soviet Union in Germany: History, politics andsocial integration, East European Jewish Affairs, 2003, 33: 2, 7-19.

融合。①另外还有学者指出，文化适应并不是移民唯一必须的选择，在其他适应的基础上文化适应可能是对主流文化一定的认同，但并不放弃本族群的文化。②

另外还有与社会排斥对应的社会吸纳（social inclusion）概念，这一概念更多是从政治、政策的角度来阐述，20世纪70年代由于欧美国家财政紧缩，导致社会福利待遇降低，迫使老年人、少数民族移民、失业青年以及残疾人等群体的生活状况窘迫，引发了一系列的社会问题，研究者的目光集中在这些群体的身上，产生了社会吸纳的概念。因此其内涵更多是消除障碍、促进改善个体的生活状况，包含个体获得价值认知、生活技能、获取机会以及卷入社会度等因素。③社会融入（social incorporation）和社会吸纳各有侧重，主要包括文化教育、劳动就业、社会群体组织、社会福利等方面的融入，更多是经济—结构性融合。④

2.社会认同定义难以确定

直至2003年，欧盟（European Commission）才给出了社会认同的明确定义：社会认同是一个使具有风险和社会排斥的群体能够获得必要的机会和资源，从而能够全面参与经济、社会和文化生活，以及享受正常的生活和在他们居住的社会中享受正常的社会福利。社会认同要确保他们有更大

---

① Barbara Schmitter Heisler, The Future of Immigrant Incorporation: Which Models? Which Concepts? International Migration Review, Vol. 26, No. 2, Special Issue: The New Europe and International Migration（Summer, 1992）, pp. 623-645.

② Han Entzinger, RenskeBiezeveld, Benchmarking in immigrant integration, Erasmus University Rotterdam, 2003.

③ Ratna omidvar, Ted Richmond, Immigrant settlement and social inclusion in Canada, Perspectives on social inclusion working paper series, Laidlaw Foundation, 2003.

④ P. Hatziprokopiou, Albanian immigrants in Thessaloniki, Greece: processes of economic and social incorporation, Journal of Ethnic and Migration Studies, Nov. 2003, http://pdfserve.informaworld.com/902999_738900952_715702652.pdf.

的参与关于他们生活和基本权利的获得方面的决策权。[1]加拿大莱德劳基金（The Laidlaw Foundation）从对社会排斥的视角出发，提出社会认同不仅仅是对社会排斥的反应，其内涵目标及过程还应该包括：确保所有社会个体（成人、孩子）都能参与到一个受到重视、尊敬和值得奉献的社会中。可见，社会认同应该是具有积极价值取向的概念或者一个符合社会规范的概念，不是限制和约束，而是提供和解决个体的愿望和困难。因此，社会认同更多是积极发展人类社会福利，不仅要消除壁垒及规避风险，还要营造融合环境的投资、行动。具体有五个维度：个体发展、受到重视的认同、关系亲密及物质充足、有机会参与。[2]阿玛提亚·森（A.Sen）的融合社会思想则是指，所有的社会成员能够积极并充满意义地参与社会中，共享社会经历、享受平等地位以及社会福利待遇。他提出的融合社会应有的基本特征包括：社会经验广泛共享及积极参与，个体机会平等及享有广泛生活机会，基本社会福利人人均有。此外，他认为社会认同通过社会政策来提升个体能力以及保障合法人权，使每个人都能被融合，这样就能避免把社会焦点集中在被救助人的特殊地位上，为被救助者提供足够的尊重和空间，减少受难者的自卑和被谴责。[3]克劳福德（C.Crawford）的社会认同定义则是认为，一方面个体在社区层面拥有社会、经济、政治、文化生活几个层面上的平等地位；另一方面，在社区、朋友以及家庭中存在互相欣赏、尊敬及信任的人际关系。[4]而杰克逊（A.Jackson）和斯科特（K.Scott）的社会认同定义则认为，社会应该为激发每一个公民自己的

---

[1] European Commission, Joint Report on Social Inclusion, Directorate-General for Employment and Social Affairs, European Commission, Brussels, 2004.

[2] C Freiler, The Context for Social Inclusion. Toronto: Laidlaw Foundation, 2002, http:PPwww.laidlaw.org.

[3] A Sen, Development as Freedom, New York: Anchor Books, 2000.

[4] C Crawford, Towards a Common Approach to Thinking about and Measuring Social Inclusion, Roeher Institute, 2003.

潜能做最大程度的努力。因此，一个社会认同较高的体现应该是所有公民在物质环境和个体发展的程度上都有很高层次的水平，同时还体现在对特殊群体如残疾、低收入人群等有具体的处理机制。①佩里（B.Perry）等人的社会认同从一个多维度、动态的及结构性的视角提出：社会认同包括微观、中观以及宏观三层面，微观是社会个体生活在社会整合中有较高的效率和和谐状态，而中观是城市的状况，宏观反映融合的整体欧盟、全国以及驱动力量、状态。②列维塔斯（Levitas）的观点则是社会认同仅存于意识形态中、空想的抑或是乌托邦，甚至觉得空想的社会认同是最好。③奥密德瓦（R.Omidvar）、里查德曼（T.Richmond）指出社会认同思想的发展往三个方向：一是体现在右派执政能力；二是欧洲最具代表地关注社会底层和资源，特别是特殊人群如失业人员、裁减工人、贫困人口、流浪者以及少数民族群体等；三是通过解决社会排斥问题提高社会福利待遇，来解决全国范围内弱势群体面临的社会安全制度，以及所有社会个体发展面临的社会认同。④

国内学者关于社会认同和融入之争。最早对社会认同做出研究的田凯认为，城市适应是个体再社会化的过程。⑤朱力提出融合、适应不是简单的同化，而是具有更积极现实意义层面的互动。⑥而任远、邬民乐则提出

---

① A Jackson and K Scott, Does Work Include Children? The Effects of the Labour Market on Family Income, Time and Stress, Toronto: Laidlaw Foundation, 2002, http: PPwww.laidlaw.org.

② B Perry, The Mismatch between Income Measures and Direct Outcome Measures of Poverty, Social Policy Journal of New Zealand, Issue 19, 2002.

③ Levitas, The Imaginary Reconstitution of Society: Utopia as Method, paper delivered at University of Limerick University of Ireland, Galway as part of Utopia – Method – Vision project led by Tom Moylan, February, 2003.

④ R Omidvar, T Richmond, Immigrant and Social Inclusion in Canada, Toronto: Laidlaw Foundation, 2003.

⑤ 田凯：《关于农民工的城市适应性的调查分析与思考》，《社会科学研究》第5期，1995年9月28日。

⑥ 朱力：《论农民工阶层的城市适应》，《江海学刊》第6期，2002年12月30日。

社会认同是以构建良性和谐的社会为目的，促使个体、群体及文化间的互动、适应的过程。[①]相对而言，杨菊华认为社会融入更能体现流动人口的特点，融合是一个长时间的过程，而移民作为弱势群体，难以对城市造成文化等方面的影响，其流动到城市的目的也是融入城市生活，实现身份转换，因此融入相对来说体现流动人口对移入城市的主动适应，当然这种社会融入是多维度、动态的、互动的，移民要经历隔离才能进入融入状态，这四者之间经济整合在前，随后是文化接纳，再次是行为适应，最后才是身份认同。[②]悦中山等在回顾了前人的社会认同概念之后创新借助美国学者Alba和Nee差异的消减提出，社会认同就是流动人口和市民在文化、经济、心理等多个方面差异的消减。[③]崔岩从宏观和个体层面提出，社会融入包括个体层面的身份认同、归属感和社会各群体的融合程度。真正的融合是建立在流动人口对迁入地的高度心理认同基础上，融入社会主流群体，并获得同等的社会资源，在社会认知上去差异化的过程。[④]陈成文等从社会行动理论的角度指出，社会融入是弱势群体与特定社区群体进行主体能动的反思、持续社会互动过程。[⑤]周皓在对前人研究的总结上提出，社会认同指迁入人口生活在迁入地并逐步接受、适应当地社会文化，从而与当地居民形成良性和谐互动交往，达成相互认可，是互动的"渗透、交

---

　　① 任远，邬民乐：《城市流动人口的社会认同：文献述评》，《人口研究》第3期，2006年5月29日。

　　② 杨菊华：《从隔离、选择融入到融合：流动人口社会融入问题的理论思考》，《人口研究》第33卷第1期，2009年1月29日。

　　③ 悦中山，李树茁，费尔德曼：《农民工社会认同的概念建构与实证分析》，《当代经济科学》第1期，2012年1月15日。

　　④ 崔岩：《流动人口心理层面的社会融入和身份认同问题研究》，《社会学研究》第5期，2012年9月20日。

　　⑤ 陈成文，孙嘉悦：《社会融入：一个概念的社会学意义》，《湖南师范大学社会科学学报》第6期，2012年11月25日。

融、互惠、互补"。①李树苗等通过实证研究探讨融合与农民工心理健康关系，指出流动人口的适应模式用融合更为恰当，研究结果支持"融合理论"而否"融入理论"，农民工的文化融合、心理融合是双向互动的，融入水平的提高并不必然为农民工带来收入水平的提高，融合理论比融入理论对心理健康的解释力更强。②

从心理学的角度来解释社会适应，具体是指在社会环境发生变化时，使个体的观念和行为发生变化从而适应外界环境的过程。③另外，国内学者基于流动儿童适应情况的研究，对社会适应做了研究和界定，指出社会适应是一个宽泛的概念，包括个体进入新环境之后学习、理解新的文化、语言及价值观，从而较好完成自身发展和社会职责，也囊括了这个过程中产生的心理反应。④流动儿童的社会认同则是指受到宏观的社会背景制约，多种复杂因素的作用下，流动人口逐渐与当地市民在结构、心理两个层面实现影响渗透，并最终呈现不同社会状态的互动过程。⑤

3.影响因素多元复杂

各民族的社会认同是一个复杂的现象，受到很多因素的影响，就以城市中的流动少数民族的社会认同现象来分析，社会排斥和少数民族流动群体的内卷化是阻碍其社会认同的重要因素，因为社会制度、户籍制度、社会保障制度等因素，导致城市少数民族流动群体收入、技能等被排斥在政

---

① 周皓：《流动人口社会认同的测量及理论思考》，《人口研究》第3期，2012年5月29日。

② 李树苗，悦中山：《融入还是融合：农民工的社会认同研究》，《复旦公共行政评论》第2期，2012年12月31日。

③ 林崇德，杨治良，黄希庭：《心理学大辞典（下）》，上海：上海教育出版社，2003年：1068。

④ 李艳红：《国内流动儿童社会适应研究述评》，《中国特殊教育》第6期，2012年6月15日。

⑤ 王毅杰，史晓浩：《流动儿童与城市社会认同：理论与现实》，《南京农业大学学报（社会科学版）》第2期，2010年6月20日。

治权利、就业市场、基本需求之外，另外少数民族流动群体形成内群体认同、身份归属和空间聚焦上的内卷化，与城市居民来往较少，导致少数民族流动群体的社会认同障碍。①在影响城市少数民族流动人口文化适应因素上，城市的偏见、就业的歧视、语言的使用、宗教信仰的差异以及经济观念的落后都是造成少数民族流动人口难以适应的主要因素。②影响少数民族流动人口社会认同的因素，主要有来自城市的制度障碍以及服务理念跟不上时代发展，城市居民的歧视、偏见给少数民族流动人口贴上污名化的标签，同时文化差异难以实现市民和流动人群的有效沟通，再加上少数民族群体自身的主流文化储备不够，生活技能不强，导致少数民族群体难以实现有效社会认同。③郑信哲提出造成少数民族流动人口困境的因素有两个方面：一是政治、经济、文化等多方面的社会排斥等因素造成社会认同困难；二是少数民族流动人口自身的因素，如文化素质不高、职业技能较差以及心理能力脆弱等，当然还有宗教信仰等方面的原因。④往往会由于城市当地居民的排斥造成少数民族的内卷化，从而产生不适应而导致的民族疏离现象，少数民族学生作为特殊的流动人口，也面临类似的问题。此外，由于民族之间互动较少产生的民族偏见和歧视影响少数民族社会认同，虽然如今是信息时代，但是由于缺少文化交流和互动，很多主流民族群体对少数民依然存在着偏见和歧视。

而民族刻板印象是导致民族偏见、歧视的原因之一。在很多人的印象中，蒙古族爱骑马摔跤，傣族人的泼水节，藏族人的锅庄舞，白族人的

---

① 陈云：《少数民族流动人口城市融入中的排斥与内卷》，《中南民族大学学报（人文社会科学版）》第4期，2008年7月20日。

② 张文礼，杨永义：《论少数民族流动人口的城市文化适应问题》，《西北民族大学学报（哲学社会科学版）》第3期，2013年5月20日。

③ 张惠华，官欣荣：《城市少数民族流动人口社会认同问题研究》，《江西社会科学》第7期，2013年7月15日。

④ 郑信哲：《论少数民族流动人口的城市适应与融入》，《中南民族大学学报（人文社会科学版）》第1期，2014年01月20日。

五朵金花，彝族人的阿诗玛，壮族人的刘三姐等，这些都是通过媒体以及其他接触途径后形成的刻板印象，这些刻板印象会造成先入为主的观念，如果是对民族积极的印象往往会进一步增加族群间互动的频率和效果。如果是消极的刻板印象则会加剧民族之间的冲突，不利于族群之间的交流互动，对和谐民族关系的构建起破坏作用。

因此，目前有必要进一步探究这样几个问题：一是少数民族的社会认同具体的含义是什么？包括了哪些内容？体现在哪些维度上？受到哪些因素的影响？

（二）教育目标定位不准：对少数民族社会认同影响关系的模糊

国家通用语言文字教育在民族地区通常在多语言文化环境中推进实施。因此，形成双语教育甚至是多语教育形式，对于少数民族社会认同有促进功能，但具体体现在哪些方面以及影响的强度如何，一直比较模糊。特别是对于双语教育目标的认识偏离，导致二者的关系更加不清晰；另一方面的原因也是对双语教育和个体发展，乃至社会文化发展的关系认识不清。

对于少数民族双语教育目标，当前存在着两类观点：即工具论和目的论。工具论认为，双语教育的目的就是让少数民族学会双语语言交流，实现语言能力的培养；而目的论则认为，双语教育的目的不仅仅是让少数民族学会语言，还应该注重少数民族语言文化等方面的培养。2014年，教育部以文件的形式颁发《完善中华优秀传统文化教育指导纲要》，对传承中华优秀传统文化从加强中华优秀传统文化教育的重要性和紧迫性、指导思想和主要内容、分学段进行教育、融入课程教材体系、提升师资队伍水平、增强多元支撑、加强组织实施和条件保障七大方面24条做了具体的阐释和指导。2017年1月中共中央办公厅、国务院办公厅《关于实施中华优秀传统文化传承发展工程的意见》公布，分别就当前中华优秀传统文化传承的意义及总体要求、主要内容、重点任务，以及组织实施和保障措施四个大的方面18条进行了规划和要求，把传承中华优秀传统文化提升到实施的高度。

当然，也有从直接目的和间接目的两个维度对双语教育目的进行区分的。其中直接目标主要包括语言目标、学业目标、文化目标。语言目标即是针对第二语言习得的教育，同时还应该提高学生学业成绩，语言是文化的产物，也是传播文化的工具和载体，因此要培养文化意识；而间接的目标诸如1977年古森、魏斯、霍特提出的十大双语教育目标：让个体融入主流社会、通过社会化全面参与社会活动、整合多语社会从而增加互动交流、提高阶层流动的语言技能、保存民族及宗教的认同、扩大殖民社会化及语言、不同语言和政治之间的协调、扩大精英团体的规模和巩固地位、获得语言及政治平等地位、加深语言及文化理解，其中大部分是间接目标。[1]双语教育的直接目的就是让儿童掌握两种语言能力，最为理想的是两种语言都能达到母语的水平，即两种语言的阅读、口语及理解都能达到相同的水平，当然也有研究者认为要达到两种同等水平很难，只要略具有第二种语言能力即可认为是双语，而前提都是在基于保持母语的基础上开展。[2]同时从我国双语现象的角度可以把教育目的分为四类：文科理科兼用民族语教学以传承少数民族语言主导式为目的类型，培养民汉兼通双语人；所有课程兼用汉语教学的汉语主导式，培养学生的民汉双语能力；民族语作为公共课而其他课用汉语授课的公共课式，恢复少数民族个体失去的民族语言能力；民族语作为专业课其他课用汉语的专业课式，培养双语双文化的人才。[3]也有将双语教育目的分为五类的，即能够熟练运用和完

---

[1] 王善安，杨晓萍：《我国少数民族学前双语教育的内涵、目标及教育模式》，《学前教育研究》第9期，2012年9月1日。

[2] 陈琴：《双语教育的本质与价值探析——兼论当前我国儿童双语教育中存在的问题》，《当代教育科学》第15期，2006年8月1日。

[3] 朱崇先：《双语现象与中国少数民族双语教育体制和教学模式》，《民族教育研究》第14卷第6期，2003年12月16日。

善学生母语的技能，用两种语言教育并至少达到合格的水平，对第二种语言至少达到正确熟练运用的程度，增强学生自信心并使其自尊、自强，提升语言运用技巧，培养学生积极面对不同文化交流和发展的态度。①另外将双语教育目的从教学结构上分为三个层次，即双语教育的教育目的、培养目的、教学目的，教育目的是健全双语少数民族学生的多元文化人格，在提高通用语运用能力的同时通过比较来肯定和弘扬本民族文化；培养目的则是为民族地区培养双语人才同时输送熟练通用语的人才；教学目的则是通过第二语言的习得培养儿童对主流文化的认同和理解，为发展跨文化交流能力打基础。②

双语教育的意义在于使得小语种的少数民族获得国家通用语的文化交往能力，使小语种的民族文化及语言得到传承，在保存本土文化的同时，增加与外界的交流互动，增强少数民族的沟通能力，当然最重要的是增强少数民族的跨文化交往能力。③双语教育的功能还在于增强少数民族个体的国家认同功能，从双语教育的概念来说主要是培养学生的文化意识，注重价值理念的培养，而国家认同同样是通过语言强化个体对国家的政治的了解和认同，因此双语教育和国家认同是互相包容的关系，而双语教育应注重个体的文化意识培养。④

在后现代教育理论中，双语教育的目的是培养具有跨文化视野的双语双文化的人，以新疆为例，新疆一直提倡培养"民汉兼通"的双语人才，从第二语言教学视角出发培养具有民汉双语听说读写四种能力兼备的双语人，不仅仅满足于此，应该培养具有跨文化理解能力、生存能力的双文化

---

① 董艳：《浅析世界双语教育类型》，《民族教育研究》第2期，1998年5月15日。

② 王嘉毅，孙丽华：《我国少数民族学前双语教育模式与路径》，《中国教育学刊》第5期，2013年5月5日。

③ 罗宏炜：《少数民族地区开展双语教育对文化交往的现实意义——以贵州榕江县宰荡侗寨"侗汉双语教育"为例》，《民族教育研究》，第26卷第3期，2015年6月16日。

④ 刘玉杰，刘健：《试析我国民族地区双语教育的国家认同功能》，《理论月刊》第5期，2016年5月10日。

人，克服狭隘的民族思想，具备多元文化思想和心态。①对于民汉兼通的解读可以借助科林贝克对双语教育的五种能力定义来界定，民汉兼通是指对两种语言能力的听说读写语言能力，汉语至少要达到《汉语水平考试标准》的三级以上，能够在日常生活、工作、学习中运用汉语，而母语则是达到高中水平，并能用两种语言进行思维及适应主流社会的发展。②另外新疆的双语教育目标仍是提高少数民族学生的教育教学质量，属于阶段性目标，《新疆维吾尔自治区少数民族中学双语授课实验方案》（1999年讨论稿）将双语人以及提高教育质量两个目标表述为："强化理科教育，数、理、化三科成绩达到或接近本地区汉语系学校数、理、化平均成绩的中等水平。""保证学生本民族母语的学习和掌握，本民族母语水平不低于同年级母语授课的非实验班学生的语文水平。"可见双语双文化人是具有融入主流社会能力和文化以及自己民族文化的个体。③

然而，在双语教育的实施过程中，往往存在着以追求直接的教育目标，即实现少数民族语言能力为主的教育方式，导致少数民族双语教育目的的偏离。语言属于广义的文化，同时又是狭义文化的载体。因此，语言有文化的特征，也有其自身的特征。

学生是青年代表，是一个民族发展的希望，代表着一个民族群体的发展方向。以南方的彝族为例，其教育正面临彝汉双语教育与传统教育、现代化教育之间的冲突。彝族的教育在历史上曾发挥过重要的作用，无论是家支教育还是毕摩教育都是以彝族传统文化为教育内容，对彝族个体的发展和社会进步起到了巨大的作用，但随着国家义务教育的开展，特别是双语教育的开展，一度受到当地的阻碍，当然这与当时时代背景干扰有关

---

① 汤允凤：《后现代教育理论对新疆双语教育的启示》，《双语教育研究》第2卷第1期，2015年3月20日。

② 方晓华：《新疆双语教育问题探索》，《新疆师范大学学报（哲学社会科学版）》第32卷第2期，2011年3月30日。

③ 赵建梅：《培养双语双文化人：新疆少数民族双语教育概念探讨》，《新疆社会科学》第5期，2011年9月25日。

系，但就双语教育本身也存在值得深思的地方。

　　从双语教育对个体发展的促进来看，彝汉双语教育"一类模式"的学生虽然保持着性格开朗直率、乐观积极、情绪控制较好、有明确的目标和理想、抗压能力也比较好，整体心理状况比较良好。但与"二类模式"学生相比，在心理素质上存在一定问题。首先体现在文化适应不良上，特别是来自彝族聚居区诸如昭觉、喜德、美姑、布拖、金阳等地的彝族，形成了较强的彝族价值观念，其饮食文化、宗教信仰、生活习惯与周围主流文化不相适应；其次，存在自卑心理，"一类模式"的学生多来自偏远山区，经济条件比较差，由于经济条件的影响，再加上汉语水平不佳的原因，很容易出现自卑心理；再次，学习不适应导致焦虑、孤独等负面情绪，由于语言、价值观念等因素影响，主动性不够再加上客观困难较大，学习方法不合理，导致学业成绩跟不上，产生负面情绪；人际交往比较单一，由于语言沟通、生活习惯的差异，主要只与老乡或者彝族同学来往，形成内卷化的社交方式；最后是就业出路的问题，彝族学生肩负着全家的希望，但是当前的就业市场竞争激烈，由于"一类模式"学生本身语言等问题导致在很多技能上存在欠缺，因此加大了"一类模式"学生的心理负担。[1][2]

　　鉴于此，双语教育应深思这样几个问题：教育的目的在于培养什么样的人？用什么内容和教材来培养教育少数民族学生？如何教育和培养少数民族学生？虽然目前这方面的探索有一定的成果，很多学者都从不同角度做了论证，然而其实效性仍值得我们进一步考证。

---

[1] 蔡华，刘诚芳：《彝族双语教育两类模式大学生社会适应能力调查报告》，《西南民族学院学报（哲学社会科学版）》第3期，2000年3月28日。

[2] 陈晓莉：《试论一类模式彝族大学生心理问题与调适——以西昌学院彝语言文化学院为例》，《科技视界》第36期，2014年12月25日。

（三）教育效果难评价：影响国家通用语言文字教育选择和实施的因素比较复杂

国家通用语言文字教育的哪一种双语教育模式更有效果，难以定论。我国双语教育模式有这样两个显著特点：一是发展过程曲折多变；二是模式多元化，各地区的模式发展不平衡。而造成这一现象的主要原因则是由于影响双语教育模式选择的因素比较复杂多样，同时也是导致双语教育目标偏离的主要原因。

1.国家通用语言文字教育模式多元化

总体而言，我国少数民族聚集区实施的国家通用语言文字教育的双语教育模式经历过两次转型，第一次是新中国成立到20世纪90年代之间，由"民族语文教学"向"双语教学"的转变，第二次是《国家中长期教育改革和发展规划纲要（2010—2020年）》的颁布，促进了双语教育模式的全面转型。当前我国主要有五种双语教育模式：北方片区的一类、二类、三类模式以及南方片区的双语双文和双语单文模式。其中，一类模式主要为全部课程以民族语授课，加授汉语课；二类模式则是所有课程均为汉语授课，另加授民族语课程；三类模式则是部分用民族语，部分用汉语；双语双文模式则是在小学阶段使用民族语言和汉语同时授课；双语单文模式则是在学前、小学低年级阶段用汉语为主，民族语为辅进行授课。蒙汉双语、藏汉双语、彝汉双语均用一类、二类模式教学为主，维汉双语则是使用二类、三类模式教学，而朝汉双语则是一类、二类、三类模式并用，云南、广西主要是运用双语双文模式，贵州省的双语教育基本上都是双语单文的模式。[①]基于我国双语现象，产生的普通双语教育模式以及特殊双语教育模式。其中，普通双语教育模式的基础教育类型包括两类：各门课

---

① 周庆生：《论我国少数民族双语教学模式转型》，《新疆师范大学学报（哲学社会科学版）》第35卷第2期，2014年1月14日。

程以民族语为教学用语的民族语为主的类型，同时使用民汉的类型。而初等教育类型则分为两类：小学阶段民族语随着年级增加而减少的宝塔式，一二年级民族语、三四年级民汉混合、五六年级汉语分段教学的三段式。特殊双语教育模式则包括公共课式、按年级分段式、工具式、扫盲式等；用民族语辅助汉语的辅助双语教育模式；高等教育过程中的民族语文为主教育模式、汉语为主教育模式、双语理论为主教育模式等。[1]当然，也有认为我国少数民族地区现存四种双语教育模式的观点：第一种为过渡式的民族语加汉语双语教育模式，即在少数民族地区以民族语为主要授课语言，加授汉语文；第二种为维持式的汉语加民族语的双语教育模式，即在散居区以汉语授课语言，加授民族语文；第三种是浸没式的直接以汉语授课的双语教育模式；第四种则是民族语和汉语同时教学使用的双语教育模式，主要在部分少数民族聚集区运用实施。[2]

当前西藏主要现存三种双语教育模式：保存式、过渡式、沉浸式。保存式是学生跨进学校就以藏语为主兼开设汉语课，交流则以藏语为主，随年级增高之后汉语逐渐增加，最后所有课程同时使用双语教学；过渡式则是汉语文单独设课，而其余课程均用藏语授课，并辅之以汉语教学，到初中之后两种语言并用，高中后则是全部使用汉语教学；沉浸式则是从一入学所有课程都用汉语授课，辅之以藏语教学，到小学高年级时，所有课程均用汉语来授课。[3]傣汉双语的教育模式则是在经历了曲折重新发展之后，德宏州教科所依据实际情况设置了三种双语教育模式：双语型、双文型、文化传承型。双语型主要是使用汉语兼用傣语教学，使用汉语全国统

---

[1] 朱崇先：《双语现象与中国少数民族双语教育体制和教学模式》，《民族教育研究》第14卷第6期，2003年12月16日。

[2] 王嘉毅，孙丽华：《我国少数民族学前双语教育模式与路径》，《中国教育学刊》第5期，2013年5月5日。

[3] 李波：《教育优先发展背景下的西藏双语教育策略研究》，《中国藏学》第2期，2012年5月12日。

编教材，随着学生对汉语的熟悉，逐渐用傣语作为辅助教学答疑；双文型则是运用傣族、汉族双语双文教材教学，学习傣族语言文字；文化传承型是单独开设傣文课，传授本民族语言、文字和民族文化。①在青海藏区，自20世纪80年代以后形成了稳定的两类模式，使用不同的课标和教材，根据本地的语言环境、学生意愿自由择校，在以民族语言为主的农牧区，主要教学语言用藏语、增设汉语课程的一类模式为主；而在以散居和杂居汉语语言环境为主的地区，则是以汉语教学为主，增设藏语文课程，为二类模式，有一些学校则介于两者之间。②

新疆的双语教育模式主要有四种：第一种模式，除理科课程使用汉语教学外，其余课程均用本民族语言教学，主要在完全沉浸在民族语言环境中的民族中小学实施，其目标是在学习理科课程的基础上强化汉语水平并提高理科成绩；第二种模式则是除了民族语文、音体美课程包含本民族传统文化的用民族语教学外，其余课程则是用汉语教学，一般是在民汉杂居环境中的民族中小学、民汉合校中实施，目标是在学习文理科课程知识的基础上学习汉语并提高成绩；第三种模式则是从一到三年级开设民族语文，课程均用汉语教学，主要是在县以上的民族中小学、民汉合校中实行，最大限度地促进汉语学习；第四种模式则是以本民族语言为主要教学语言，加授汉语的最常见模式，旨在提高民族学生的汉语水平，但效果不显著，固存在就业难等问题从而受到冲击。③另外有学者在分析了科林·贝克的双语教育模式基础上，提出新疆的双语教育主要是有三种模式的观点，即模式一是除了外语、理科用汉语开展教学外，其余课程均用民

---

① 沈洪成：《教育的国家导向及其困境——以云南芒市实施双语教育政策为个案》，《南京工业大学学报（社会科学版）》第13卷第4期，2014年12月15日。

② 完玛冷智：《青海牧区双语教育发展问题研究报告》，《西北民族研究》第1期，2012年2月15日。

③ 张梅：《新疆少数民族双语教育模式及其语言使用问题》，《民族教育研究》第20卷第4期，2009年8月16日。

族语教学；模式二则是民族语文课程及包含有本民族传统文化的音体美用本民族语言教学，其余均用汉语教学；模式三是除民族语文用民族语教学外，其余课程均用汉语教学。后来调整为新的两类模式，模式一在小学及中学阶段的汉语、理科课程和中学阶段的外语，以及高中的通用技术等课程授课使用国家通用语，其他课程教学均用民族语言；模式二则是所有课程教学用国家通用语，增设民族语文课程，另外不具备汉语师资条件的特殊学校，音体美课程教学可以使用民族语。①

壮汉双语教育模式则经历了四个双语教育模式的演变，分别是：第一阶段的壮汉双语单文模式，主要是在西汉和新中国成立之间由于状语没有文字，以接受汉语文教育适应主流文化为目的；到第二阶段的壮汉双语教育则是从1950年以后，特别是在1980年到1989年之间，以保护壮族语言文化为主要目的，在参照北方少数民族文字双语教学的基础上，建立完善推行壮语文的教学；在1990年到2011年之间则是在"以壮为主、壮汉结合、以壮促汉、壮汉兼通"的指导方针下，开展壮汉双语同步的教学模式，虽然存在着或多或少的问题，但本质上已经真正达到了培养兼通壮汉双文化人才为教育目标的双语教育；到2012年以后，壮汉双语教育进入多样化的双语教育模式，一方面是积极推进二类模式的发展，另一方面则是保持一类模式的存在，发挥学校的自主性，允许学校从自身的实际情况出发，开展不同的双语教育模式，充分发挥壮汉双语教育功能。②

可见，我国的少数民族双语教育存在着模式多样化、发展不平衡的问题，因此在实施的过程中出现了很多问题，而造成这种现象的原因是影响双语教育实施的因素比较复杂多样。

2.影响双语教育模式选择与实施的因素复杂

影响双语教育模式实施的因素既包括模式本身的构成因素，也包括外

---

① 赵建梅：《新疆少数民族双语教育模式探讨》，《新疆师范大学学报（哲学社会科学版）》第33卷第5期，2012年9月10日。

② 海路：《壮汉双语教育模式变迁论》，《广西民族研究》第5期，2016年10月20日。

部因素，构成因素主要源自教育系统，诸如教师、学生、教学设施、教学方式、教育个体的学习因素、实施教材等。为开展有效的教学课堂，应明确教育目标、完善教学过程、采用丰富多样活泼且有趣的教学方式，促进学生树立良好的学习方法，从生活出发回归生活，通过语言实现从母语到学科文化的转变，以及建立从系统的学习目标、学习过程、学习效果到学习反思的细致教学标准，这些都是双语教育有效开展的因素。[1]

部分学者从双语学习的机制、教材的变革等方面进行研究。董奇、薛贵在对传统双语脑机制，即母语和第二语言分开储存的观点进行探讨后，提出解释双语脑机制的原理逐渐由存储的观点转向认知加工的观点，特别是对语言中枢即前额叶对于双语的加工机制的研究逐渐受到重视。研究发现前额叶是工作记忆重要皮层代表区，工作记忆又是第二语言习得的基础，在第二语言习得过程中起到执行、监督、抗干扰的作用。对于第二语言接触时间早晚会导致加工的脑神经机制不同有不同的研究证据和观点，第二语言熟练程度研究中表现出非优势脑半球的现象，语言类型激活双语脑机制的复杂关系等研究上都取得了不同程度的进展。[2]杨静等人提出年龄对第二语言习得的影响主要体现在语言输入、课堂学习、情感系统、心理状态等方面，并在基于第二语言习得越早大脑结构越接近于单语者、第二语言发音越接近母语者和第二语言的获得年龄是造成大脑差异的原因等三个假设上，进一步探讨第二语言熟练程度对双语表征的影响，研究总结得出，第二语言学习开始得越早，双语者的大脑加工机制就越接近单语者，双语者的第二语言语音也越接近母语使用者，熟练程度是影响两种语言在双语者脑部表征的重要因素。[3]

---

[1] 付东明：《论双语教育的有效课堂教学》，《新疆师范大学学报（哲学社会科学版）》第35卷第4期，2014年5月6日。

[2] 董奇，薛贵：《双语脑机制的几个重要问题及其当前研究进展》，《北京师范大学学报（人文社会科学版）》第4期，2001年7月25日。

[3] 杨静，王立新，彭聃龄：《第二语言获得的年龄和熟练程度对双语表征的影响》，《当代语言学》第4期，2004年12月15日。

教材建设方面的研究，贾旭杰等人在基于新疆实地调研的基础上提出，理科民族双语教材存在直接将汉语版教材翻译成民族语版、教材选择随意及相互之间不配套、编排模式不符合双语教学规律、缺乏当地民族文化、缺少重点词汇的注解等问题。因此，要开发适应双语教育模式的教材，注重内容的合理安排、主次分明，在词汇解释上汉民互重，增加民族文化内容，加强教材的教学检验，不断改善教材的实用性，使双语教材更有利于促进民族教育发展。[①]对于双语课程建设，很多学者从多元文化角度出发，童绍英以教育人类学的视角及研究方法，对云南少数民族地区西双版纳、迪庆、丽江的校本课程开发进行研究，针对民族文化变迁、功能弱化、基础教育较差、语言文字传承受到挑战等问题，提出要通过双语教育、多元文化教育、民族认同教育等教育形式的校本课程开发，实现对民族语言文化传承。[②]廖辉从多元文化的视角，采用文献分析、问卷调查、实地观察、深度访谈等多种研究方法，深入系统分析影响四川盐源县多元文化课程开发的主要因素，解读当地存在的自上而下、双语教育、本土建构、多元一体等四种模式；确定课程目标、选定课程内容并实施和进行合理评价；在筛选课程资源的基础上统合和渗透多元文化并拓展儿童空间等。[③]

邢强在实验设计的基础上探讨影响藏族双语儿童学习的包括动机、归因、双语态度等几种非智力因素，通过数理分析结果发现，与汉语文成绩关系比较大的是归因、双语态度、动机；双语儿童对汉语文学习的积极可控的归因会增强自信激发动机，产生积极的双语态度，从而提高学习成

---

① 贾旭杰，何伟，孙晓等：《民族地区理科双语教材建设的问题与建议》，《民族教育研究》第5期，2014年10月16日。

② 童绍英：《云南少数民族传统文化传承与学校教育结合的研究——以校本课程开发项目为个案》，硕士学位论文，云南师范大学，2006年。

③ 廖辉：《西南少数民族地区多元文化课程开发的个案研究》，硕士学位论文，西南师范大学，2004年。

绩，反之则会导致学习成绩下降；藏族双语儿童的双语态度处于远离母语文化但又没有完全进入第二语言汉语文化的心理冲突状态，另外由于宗教文化、社区舆论等都对其双语态度产生影响，导致理智、情感上的冲突，总体来说理智强于情感，因此在第二语言汉语学习中要用适当的方式来介入代表性文化，要以文化教学作为二语习得的首要目的。①

教育理念无疑对双语教育的开展具有重要的影响作用，当前全语言教育理念的兴起为双语教育带来了一些启示，全语言教育是指将儿童语言发展和学习视为整体的思维方式，因此在儿童语言学习的过程中要保持语言的完整性、情境性、建构性，要注重双语教育和学校教育、汉语和民族语言、语言教育和教育语言、口语和书面语、语言输入和输出、正式语言和非正式语言之间关系的处理。②双语教育的价值取向也是教育理念的体现，以壮汉双语教育的价值取向为例，具体体现为壮汉双语教育是什么问题的解答，就是对壮汉双语的价值目标和判断，其内涵主要是促进个体发展并提高其文化适应能力、促进民族文化传承及当地经济发展、促进民族团结及国家统一以及社会和谐，进而对双语教育具体模式、师资、教学评价等产生影响并得以实现。③

对于少数民族双语教育外部影响因素的探讨，主要从文化生态环境、个体对语言的态度、语言文化环境、家庭环境、教育政策法律法规等方面进行剖析。郭辉从生态学的视角出发，分析少数民族双语教育受本民族自然环境、社会环境和规范环境等复合生态环境的影响。④吴瑞

---

① 邢强：《影响藏族双语儿童汉语文学习的非智力因素研究》，《青海师范大学学报（哲学社会科学版）》第3期，2000年8月15日。

② 冯江英：《全语言教育理念对我国少数民族学前双语教育的启示》，《民族教育研究》第21卷第6期，2010年12月16日。

③ 滕星，海路：《壮汉双语教育的价值取向及实现路径》，《广西民族研究》第2期，2013年6月20日。

④ 郭辉：《基于生态学视域的少数民族双语教育研究的研究》，《青海师范大学学报（哲学社会科学版）》第3期，2014年3月15日。

林、王莉、朝格巴依尔以"生态系统理论"思想为依据,认为少数民族地区双语教育质量的影响因素从宏观到微观,大体上可以被划分为六个方面:整个社会的政治、经济、文化(包括教育政策)因素;学生所处地区和环境影响因素;学校办学和管理方面因素;教师和同学(同伴)因素;学生家庭方面因素;学生个体自身因素,并进一步提出量化测量的方法和标准。①方晓华从"自然生态环境""社会生态环境"和"语言文化生态环境"等几个方面研究生态环境与新疆少数民族双语教育之间的关系。②艾力·伊明从语言文化生态环境即人口结构和素质特殊的语言文化环境、民族文化心理等方面分析影响和制约和田地区中小学双语教育的因素。③邢强以资源稀缺理论、社会及文化资本理论等社会心理学理论为依据,自编"文化背景调查问卷"对影响藏族双语儿童学业成绩的各种因素进行探索,探讨学校、家庭、社区等因素对双语儿童学业成绩影响路径和大小,从而建构模型,进行多元回归分析,研究结果显示,父母学习辅导行为好坏、父母教育期望高低、家庭投入多少、社区背景因素和儿童的学业成绩呈正相关关系。④

在多民族、多语言环境中,民族语言之间的相互接触与交流会促进双语教育的发生,而社会中经济、政治、文化的交往则促使双语教育发展,语言态度是影响个体心理状态、语言行为的重要条件,也是促进社会群体双语教育发展的重要因素,特别是开放、积极的语言态度对促进双语教育发展、完善民族教育体系有重要作用。⑤从城市中少数民族对待语言的态

---

① 吴瑞林,王莉,朝格巴依尔:《少数民族双语教育影响因素的分析与测量》,《黑龙江民族丛刊(双月刊)》第5期,2012年10月15日。

② 方晓华:《少数民族双语教育的理论与实践》,北京:学苑出版社,2010年。

③ 艾力·伊明:《和田地区中小学"维汉"双语教育三种主要模式及分析》,《新疆教育学院学报》第4期,2011年1月1日。

④ 邢强:《影响藏族双语儿童学习的社会文化心理机制研究》,《民族教育研究》第12期,2001年11月15日。

⑤ 王洋:《从语言态度的角度透视新疆少数民族双语教育》,《民族教育研究》第18卷第2期,2007年4月6日。

度调查来看，如对蒙古族父母及儿童的语言态度看，通过对蒙古族父母及儿童对于双语使用场合、对语言选择的决定因素分析，对语言态度相关理论进行回顾和研究实践进行梳理，发现蒙古族父母及儿童对语言选择及语言态度持积极观点，对双语教育保持开放态度，有利于促进双语教育顺利开展。①邬美丽通过对在京少数民族大学生语言使用及语言态度调查得出，语言态度和双语能力之间存在重要的关系。②赵江民、华锦木从语言接触对双语教育影响的视角出发，指出当前新疆语言关系呈现汉语功能逐渐增强，而少数民族语言也不断从汉语中吸收有利成分壮大自己，为此，要调整新疆高校少数民族汉语教学内容、方法，利用少数民族语言借词进行对比教学、剖析母语结构混合及混同现象、消除母语中介迁移的影响作用、合理降低汉语的学习教学要求、多手段提高语言转换速度、提高语言运用能力，从而提升和改善汉语教学效果。③魏炜采用问卷调查法对新疆乌鲁木齐、喀什、伊宁地区的民汉语言使用及语言态度进行调查后发现，在母语环境下，少数民族学生日常使用母语，而在汉语为主的环境下，学生母语与汉语混合使用，因此母语使用率最高的是喀什，其次是乌鲁木齐、伊宁，而三地少数民族儿童对母语的认同度都比较高，但对双语学习态度积极，对双语功能持肯定态度，因此对新疆实施的两种双语教育模式产生了影响，设想采用四类模式，即模式一理科使用民汉双语授课，其他课程使用民族语并开设汉语文课；模式二则是理科使用汉语授课，其他课程使用民族语，开设汉语课；模式三全部课程使用汉语授课，开设民族语文课；模式四则是民汉合校民汉合班，根据外部语言环境、少数民族学生使用语言及态度

---

① 张慧聪：《城市蒙古族儿童双语教育现状调查研究——以呼和浩特市为个案》，《民族教育研究》第27卷第6期，2016年12月15日。

② 邬美丽：《在京少数民族大学生语言使用及语言态度调查》，博士学位论文，中央民族大学，2007年。

③ 赵江民，华锦木：《语言接触影响下新疆高校少数民族汉语教学的调适》，《民族教育研究》第2期，2012年4月16日。

状况、当地师资队伍结构等因素，实施不同的双语教育模式。[①]

在文化生态理论的视角下，有学者就朝鲜族双语教育进行了深入探讨，朝鲜族独特的双语教育文化生态体现在以下几个方面：首先是认知上的冲突，由于经历了特殊的历史时期，产生了一些认知冲突；其次是民族意识的冲突，这体现在不同民族的交往互动上，双语教育可以增强朝鲜族的民族自尊心、自信心；最后是朝鲜族的文化价值观与其他民族文化的冲突，这有利于朝鲜族的社会化，双语教育有利于消除民族之间的差异和误解，促进文化的融合发展，因此正是在这样的文化生态环境中，双语教育得以开展。[②]在对壮汉双语模式的研究中发现，影响因素主要是语言环境和语言认同，在新中国成立之前状语一直处于无文字状态，与汉语思维模式的不同造成了学习困难，而随着状语功能的减弱，汉语功能逐渐增强，同时家庭语言环境的不断丰富多样，为双语教育带来了难题；另外，壮语由于受到其族群经济地位不高、社会声誉较低以及本身蕴含的通俗文化等因素的影响，对壮语的认同度不高，因此相对而言实施壮汉双语教育会更有利于壮族语言文化的保持与传承。[③]

教育政策体现了国家的双语教育导向，因此对双语教育目标、教学形式、教学内容等都会产生重要的指导作用，以德宏地区傣汉双语教育为例，由于双语教育与当地文化不相适应，导致在发展过程中逐渐被弱化，因此应该在工具性和价值上进行双重建构。[④]由于供给不足也会对双语教育政策产生不良影响，从而阻碍双语教育的顺利开展，以新疆为

---

① 魏炜：《新疆跨民族交际外部语言环境与双语教育——喀什、伊宁、乌鲁木齐三地的语言使用与语言态度比较研究》，《民族教育研究》第5期，2013年10月16日。

② 崔英锦：《朝鲜族双语教育的文化生态学研究》，《黑龙江民族丛刊》第5期，2005年10月20日。

③ 海路：《壮汉双语教育模式变迁论》，《广西民族研究》第5期，2016年10月20日。

④ 沈洪成：《教育的国家导向及其困境——以云南芒市实施双语教育政策为个案》，《南京工业大学学报（社会科学版）》第13卷第4期，2014年12月15日。

例，由于双语教育理论供给不足导致双语教育政策定位不准确，制度供给不足则是导致双语教育政策缺乏制度保障，而师资供给不足则导致双语教育政策实施的成效，因此只有双语教育政策得到顺利实施，才能保障双语教育的成效。[1]另外从教育生态学理论看，双语教育政策主要受自然地理环境、人口政治经济等构成的社会生活环境，社会规范、民族风俗等构成的精神文化环境的影响，具体到我国的双语教育政策，则受到国家政体、双语教育管理机构结构、不同时期语言及教育政策、双语教育政策产生方式、民族人数及分布、民族语言及文化环境、民族交往等因素的影响。[2]以青海为例，在双语教育政策的实践过程中，产生了"双语教育文化选择"的难题和反思，"开放—融入"双语教育理念的推行，"民汉混编班"的推广，要根据实际情况实施不同的双语教育模式，即在藏族、蒙古族聚居地区，采用以藏、蒙语授课为主，加授汉语文课程，同样针对非当地主体少数民族，采用二类模式的方式开展双语教育，从而制定相应的学习教育政策。[3]

在合理的双语教育条例法规保障下，对双语教育的指导思想、实施政策、基本原则、外部关系等进行规范和调整，促进双语教育的顺利开展，这些法规可以为双语教育提供法律保障。以青海为例，在自治州的自治条例中规定了民族语言文字的平等、藏汉双语机构公务和生活用语的使用、关于双语教学学校职责教育实际以及教育的特殊政策三个方面的规范；而自治州语文工作条例中对民族语言文字使用平等、通用语言文字、关于藏语文提高和普及的规定，关于自治州藏语文工作机构的职责规定，关于双

---

[1] 胡炳仙，焦雯静：《供给不足对新疆实施双语教育政策的制约及应对策略》，《中南民族大学学报（人文社会科学版）》第37卷第1期，2017年1月20日。

[2] 郭辉：《基于教育生态学视阈的中加双语教育政策比较研究》，《民族教育研究》第28卷第2期，2017年4月15日。

[3] 张海云，祁进玉：《青海藏蒙地区双语教育政策与实践的理论思考》，《民族教育研究》第27卷第2期，2016年4月15日。

语教育外部环境诸如使用场所等等的规定,这些法律法规都为青海的双语教育顺利开展提供保障。① 双语教育政策的实施在影响双语教育的同时,也受到了非正式制约因素,诸如非权力因素、潜规则及人际关系、教育信念等的影响。因而应反思如何出台制定相应双语教育政策法规,从而保障双语教育的顺利实施。②

　　语言规划也会影响双语教育的实施效果,当前对于语言规划有三种观点:一是认为语言本身是一个问题,这一观点又有两种倾向:语言同化主义、语言民族主义,前者认为保留语言多样性不利于社会的稳定团结,后者认为应该保持民族主义实施保持型双语教育;二是认为语言是一种权利,语言是个人自由表达以及群体保持文化传承及母语继承的权利;三是认为语言是一种资源,认为语言是社会和文化资源,可以促进经济社会的发展,从语言规划的视角来看,我国双语教育存在忽视母语或国家通用语、国家通用语文字和少数民族文字冲突还是协调、对民族母语资源开发是一刀切还是多样性几个问题,因此要坚持"民汉兼通"的培养目标,树立多元文化教育观,并因地制宜地合理开发母语课程资源等方式来提高双语教育的实效。③

　　城市化中的少数民族对于双语教育的认识会有所改变,会增强双语教育的认同意识,在问卷调查统计的基础上发现,新疆的维吾尔族在城市化的过程中,维汉双语个体不断增加,双语现象已经成为新疆的主流趋势,在对于双语教育的开展时段、开展模式,以及双语教育的积极促进教育功能认识上虽然存在着地区差异,但总体来说,双语教育已经变成维吾尔族

---

① 何波:《论青海地方法规架构中的藏汉双语教育》,《青海社会科学》第3期,2010年5月30日。

② 蔡文伯,韩琦:《非正式制度规约下双语教育政策执行的实践与思考——来自新疆X小学的调查》,《中南民族大学学报(人文社会科学版)》第35卷第4期,2015年7月20日。

③ 滕星,海路:《语言规划与双语教育》,《新疆师范大学学报(哲学社会科学版)》第34卷第3期,2013年5月30日。

的优先选择，可见城市化在双语教育的发展过程中起积极作用。①

　　在语言生态学的视角下，影响少数民族双语教育的因素可以从宏观、中观、微观三个层面进行探讨。宏观层面因素主要是国家经济对双语教育的投入以及地区经济条件的影响；中观层面因素则是学校以及学生所生活的社区环境；微观层面则体现在教师、家长以及学生自身因素的影响上，如教师的专业水平、数量、结构等，以及学生自身的学习动机、汉语基础等都会影响双语教育的实施开展。②

　　借助1972年美国学者乔伊斯、韦尔等在《教学模式》中关于教学模式概念的界定，王鉴提出影响我国双语教育模式发展的因素有：我国少数民族的分布和居住状况，即大聚居、小聚居、大杂居等；我国少数民族语言文字使用情况，如多语、多文、分布发展不平衡、使用人数悬殊等特点；对双语教育的基础是文化还是语言导向的不同；双语文教学在学校教育中的使用情况等。③

　　由此可见，当前存在社会认同的定义和影响因素复杂难以确定的问题，双语教育模式目标狭窄化导致其与少数民族社会认同的关系模糊不清。同时，由于双语教育实施受多种因素影响，导致模式多样，难以确定哪几种模式比较有效可行。鉴于此，本研究试图进行一些探索和思考，以供相关研究借鉴。

---

　　① 热孜婉·阿瓦穆斯林，李洁：《城市化维吾尔族居民对双语现象与双语教育的认识和评价——基于乌鲁木齐、哈密、喀什三个点的实地调查》，《中南民族大学学报（人文社会科学版）》第35卷第4期，2015年7月20日。

　　② 马丽君，周芳：《语言生态学视野下的民族双语教育研究》，《青海民族研究》第25卷第1期，2014年1月15日。

　　③ 王鉴：《论我国少数民族双语教学的模式》，《贵州民族研究》第1期，1999年2月15日。

二、国内外相关研究回顾与述评

（一）少数民族学生社会认同

1.内涵及现状

少数民族学生的社会适应主要包括：人际交往适应、社会文化适应、生活适应、学习适应以及心理适应。其中，人际关系适应比较良好，其他四个适应都面临着一定的困境，随着年级的增加适应更加困难，与其他群体互动越多适应越好，高中学生要经历接触、熟悉、思考三个阶段；大学生则是经历浅层、深层两个阶段，浅层主要是生活、学习、人际关系由不适应到适应，而深层阶段则是社会文化和心理由新奇、沉思到稳定阶段，另外，民族认同会对少数民族学生社会适应产生正相关作用。[①]

1）少数民族学生文化适应

关于少数民族学生的文化适应研究成果比较丰富，文化适应最初源于阿德勒提出的五阶段假说，即接触阶段、不统一阶段、否定阶段、自律阶段、独立阶段。接触阶段更多是来自对异文化的新鲜好奇，到不统一阶段则是感受来自异文化的压力和自身的不愉快情绪体验，到否定阶段体现出对异文化的抗拒和反感，到自律阶段则是客观地对待文化差异，采取理性应对策略，独立阶段则是对两种文化的异同评价更全面和客观，产生新的积极情感体验。

金学官从人类学的视角对少数民族文化适应做了分析，他认为文化适应终生不断，有不同的发展阶段，心理适应主要是人际关系的不协调，文化适应与人格发展、社会化密切相关，文化的连续性教育儿童文化期待、社会责任，而文化的不连续性则是促进儿童阶段性飞跃，从而带来适应问

[①] 严义娟：《在内地学习的维吾尔族青少年的民族认同与社会适应》，硕士学位论文，华中师范大学，2008年。

题，文化的冲突时期主要发生在大学阶段，原因则是认知能力、价值观念、语言交往、动机需要等方面的差异，冲突后的结果通常是学生向双文化发展，适应策略上主要是接受文化普及和文化适应指导，并形成相应的文化角色自我；语言文化是少数民族文化的基础，获取文化首先要从语言习得开始，但由于双语甚至是多语学习给少数民族学生带来压力。[①]杨萍认为，少数民族大学的文化适应包括物质层面、制度层面和行为层面的适应，物质层面主要是学生在校的食宿、居住地看法以及经济生活适应，行为层面主要是语言、人际交往以及宗教信仰，而制度层面则是婚姻观、择业观、就业选择等，此外，文化适应要经历文化接触、文化变化、文化叠合三个阶段的发展。[②]张劲梅等人在借助Berry、Birma的文化适应模型基础上，对少数民族大学生的文化适应做了分类，主要有五种：工具性同化、工具性整合、双重边缘化、双重分离、双重整合。工具性同化表现为对两种文化认同边缘化，行为上同化；工具性整合认同表现为对两种文化认同边缘化，行为参与度极高的整合；双重边缘化对汉文化、本民族文化认同度都低，参与度也比较低；双重分离对汉文化认同低、行为上参与度低，而对本民族文化认同高、行为参与度高；双重整合则是对汉文化、本民族文化认同度高、行为上积极参与。[③]李玉琴认为，藏族学生的文化适应是从藏族文化环境跨越到主流文化，由于生活、学习差异带来的心理、行为变化。行为上的变化主要是生活、学业和人际上的积极良好状态，心理则是学生个体内心情感的积极体验，最理想的状况是文化整合，结果是藏族学生较好学习当地社会行为规范又保持了藏族自己的文化，而学校、父母

---

① 金学官：《中国少数民族大学生文化适应的人类学研究》，博士学位论文，中央民族大学，2002年。
② 杨萍：《西北少数民族大学生文化适应中的几个突出问题研究》，博士学位论文，兰州大学，2008年。
③ 张劲梅，张庆林：《少数民族文化适应的分类学研究——对西南少数民族大学生的抽样调查》，《思想战线》第2期，2009年3月15日。

的教育期望、社区等社会支持、文化距离、时间因素、掌握汉语程度、自身的人格特征气质等都会影响文化适应。①戴玉玲认为，少数民族学生的文化适应主要涉及行为规范、人际交往、学业成就、语言使用、情绪控制、认知发展等方面，影响因素则是由于入学前后文化的不连续、生活空间入学前后差异较大、文化自觉的缺失等，因此应该让教育回归生活，创设相应的学校学习环境，家校互动缩小文化差异，引导学生树立正确自我意识及民族意识。②

20世纪90年代，少数民族学生社会化的问题逐渐进入研究者的视野，蔡华认为，彝族学生的社会化应包括价值取向、社会生活基本技能、政治态度及信念等方面的社会化，在这一过程中，存在着适应新生活及社会环境、理想与现实、传统与现代的矛盾，因此要利用学校营造校园文化隐性课程来培养文化认同意识、培育彝族学生的社会角色意识。③与文化适应相对应的文化疏离感研究对促进文化适应有特殊意义，刘曦等人的研究发现，在汉族地区生活的少数民族学生体现出少数民族文化疏离感及其三个维度：文化分离感、文化孤立感、被控感。这些感受受到学生居住地变化的影响较大，特别是小学时期前后居住地的变化，而不和谐感主要受到性别的影响。④

2）少数民族学生心理适应

少数民族学生的心理冲突主要体现在以下几个方面：一是传统文化局限性与现代教育的冲突。由于民族传统文化带有时代的烙印，很多思想观

---

① 李玉琴：《藏族儿童内地学习生活的文化适应研究——对双流县就读的藏族儿童群体的调查》，《中国藏学》第3期，2009年8月15日。

② 戴玉玲：《民族地区小学新生的文化适应研究》，硕士学位论文，西南大学，2016年。

③ 蔡华：《对彝族大学生社会化问题的思考》，《西南民族学院学报（哲学社会科学版）》，1996年12月30日。

④ 刘曦，杨东：《汉区少数民族学生文化疏离感研究》，《中国心理卫生杂志》第8期，2004年8月15日。

念与现代教育难以融合；二是传统认知与科学认知之间的矛盾。民族文化的影响造成学生认知的差异，导致其与现代科学的认知风格矛盾；三是民族风俗习惯与时代环境变化不协调的矛盾，带来学生心理不适应；四是民族意识与渴望其他群体互动交往融入之间的矛盾。一方面是本民族的身份认同，另一方面则是对归属感的渴望。①

少数民族学生的心理适应体现出这样一些特点，心理不适应会通过心理、身体以及行为反映出来，研究表明，男生的心理障碍高于女生，其不适应过程可以分为四个阶段：不适应潜伏期、不适应显露期、不适应转化期、心理适应期。维吾尔族学生产生心理不适应的原因更多是文化差异带来的，当然还受到自然环境、学习、人际交往、生活条件等因素的影响。买力坎吐尔逊艾力认为，在民考民大学生中有一半存在着心理不适应现象，虽然对自己的生活掌控比较好，但满意度不高，男生在行为适应上不如女生，总体来说，行为适应表现良好，自尊尚可，在校适应适中。影响因素主要是饮食及气候、专业学科、经济困难、社会偏见、语言、文化认同。②在异文化背景下，少数民族学生的心理适应主要体现在以下方面：生活习俗的不适应、学习活动的不适应、人际交往的不适应以及生涯发展的不适应，造成的原因主要是文化的差异、语言沟通不畅、情感表达方式的差异、宗教信仰的不同、价值观念的差距等。③对于内地少数民族学生心理适应性的研究，袁晓艳等人认为，少数民族学生的心理适应包括：族际适应、学业适应、去本族固着、生活适应四个维度，并且在心理适应上随着年龄的增加适应增强，男生相对女生在去本族固着、学业适应方面

---

① 李静，赵伟：《西部少数民族大学生心理冲突及其调适的研究》，《民族教育研究》第3期，2002年8月15日。

② 买力坎吐尔逊艾力：《内地高校民考民大学生心理适应研究》，硕士学位论文，中央民族大学，2006年。

③ 曾维希，张进辅：《少数民族大学生在异域文化下的心理适应》，《西南大学学报（人文社会科学版）》第2期，2007年3月10日。

表现更低，因而男生的适应能力低于女生。①王志梅等提出，心理适应的内容主要是文化适应、学习适应、人际关系的适应，文化适应是指两个不同文化群体发生持续的接触之后使得原有的文化模式得到改变的现象；而学习适应则是由于学习条件即环境、方法、态度等发生改变做出相应的调整，达到内外平衡有利的状况；人际关系适应则是人与人之间沟通良好、顺畅的情形。而民族文化、语言障碍、家庭因素（父母教育水平、经济水平）都是影响民族学生心理适应的因素。②

3）少数民族学生人际交往适应、学习适应

少数民族大学生的人际交往素质是少数民族学生社会认同的重要内容，学校中民族群体之间的互动是人际交往的重要体现。祖力亚提·司马义认为，仅仅将不同的族群置于同一学校并不一定能增加相互之间的互动，简单的接触对提升融合影响不大，在朋友的选择权上个体有充分的自由，而族群的接触方式、规模都对融合产生重要影响。③黄竹认为，少数民族大学生在人际交往过程中，内心渴望交往但又缺乏主动性，由于习惯、语言、文化等方面的差异，导致少数民族大学生的人际交往不畅，进而引发自身的心理问题。④冯宏丽从民族学生冲突的视角阐释了少数民族大学生的心理状况，她认为民族之间个性、爱好、习惯、行为等的差异导致人际关系的不协调，由于经济、政治、文化方面与汉族的不平等因素导致民族大学生心理问题的产生，知识、金钱等价值观念的差异加剧

---

① 袁晓艳，郑涌：《攀枝花市彝族中学生文化心理适应的调查分析》，《西南大学学报（社会科学版）》第1期，2010年1月10日。

② 王志梅，曹冬，崔占玲：《内地少数民族学生心理适应性研究现状》，《中国学校卫生》第1期，2013年1月25日。

③ 祖力亚提·司马义：《学校中的族群融合与交往的族群隔离》，《社会科学战线》第6期，2008年6月1日。

④ 黄竹：《少数民族大学生人际关系素质现状调查与分析》，《民族教育研究》第5期，2005年10月16日。

了心理问题，异性交往观念的偏差让少数民族学生出现心理障碍。[①]亚里坤·买买提亚尔认为，当前大学校园里族群关系比较和谐，由于汉语教学的广泛推广减少了族群之间交流的语言障碍，但仍然存在着不同族群之间的疏离感，这种疏离感受到文化差异、群体意识、民族心理、语言障碍等因素的影响，需要一定的教育对策措施来解决。[②]汪海红等人提出，民汉合校中的少数民族学生与汉族在人际关系的互动上要低很多，少数民族学生在人际交往、待人接物、学习、异性交往上存在着比汉族学生更严重的困扰，在待人接物、人际交往方面，少数民族男生要优于女生，此外，父母受教育水平越高，学生的人际困扰越低。[③]

学习适应也是少数民族社会适应的重要部分，唐德忠认为，学习适应过程从某方面来说就是文化适应，少数民族学生的学习适应进程直接受到文化适应程度的影响，进一步决定了学生的学业成就，因此影响学习适应的主要因素包括汉语的掌握程度，课堂环境的陌生感、学习方法不合理、考试难度的增加、价值观差异导致的同伴关系疏远等。[④]

在少数民族学生心理适应对策研究上，在民考民的少数民族学生中，自我解决方式如独自伤心、进行业余爱好活动、向人倾诉等方式最多，效果也最好，而借酒消愁、寻求宗教帮助、心理咨询等方式则比较少，因此应完善校园文化建设、加强教师文化宣传、努力提高学生汉语水平、激发学生民族自豪感、强化班主任作用、增加学生与外界的实践交流、发展民族基础教育等措施。[⑤]由于维持本民族文化与适应认同主流文化的冲突，

[①] 冯宏丽：《多民族聚居地区少数民族大学生心理冲突及疏导策略探究》，《前沿》第6期，2010年3月25日。

[②] 亚里坤·买买提亚尔：《民族地区高校的族群关系与族群和谐》，《黑龙江民族丛刊》第5期，2011年10月15日。

[③] 汪海红，刘健，热西旦·吾买尔：《民汉合校大学生人际关系调查与分析——以南疆某高校为例》，《社会心理科学》第6期，2013年6月15日。

[④] 唐德忠：《少数民族大学生的学习适应研究》，硕士学位论文，华东师范大学，2010年。

[⑤] 买力坎吐尔逊艾力：《内地高校民考民大学生心理适应研究》硕士学位论文，中央民族大学，2006年。

积极心理学提供了新的视角和思路，积极心理学旨在发展、塑造坚强人格，而不是传统意义上的修复，因此要引导少数民族学生积极认识"心理问题"，发掘其积极健康的人格因素，塑造坚强的文化适应价值观，强化少数民族学生的积极文化情绪体验，增强心理弹性。① 对于提高少数民族学习适应的策略，应进行课程改革，增加多元文化课程，对预科教育进行完善提升，加大民族地区基础教育的质量提升，引导学生树立正确的学习观，并帮助他们适应新环境，促进和鼓励民汉学生互动，增加交流了解，消除文化隔阂。②

2.影响因素及功能

1）文化适应的功能

文化适应的影响及功能，胡兴旺等人用自编文化适应问卷测量白马的藏族初中生文化适应之后智力的影响发现，文化适应三维度主流文化的认同、语言的熟练和掌握、学校教育认同与智力和学业成绩均显著相关，特别是文化适应对藏族学生智力的直接预测作用。③ 白亮在基于阿德勒的五阶段适应理论和Berry的四维模型适应策略分析上，提出少数民族学生的文化适应会对其心理健康产生重要影响，由于异文化与母文化的冲突难以协调，往往会导致心理障碍，引发少数民族学生的不良情绪，并转化成外显行为表现出来。④ 胡发稳在探讨哈尼族的文化认同与学校适应的关系后，提出哈尼族的学习适应行为存在性别、年龄、年级差异，文化认同直接影响学校适应行为，也可通过文化适应度、学校满意度影响学校适应行

---

① 姜雪凤，陈宪章：《异域文化下少数民族大学生的积极心理调适》，《西南民族大学学报（人文社科版）》第7期，2010年7月10日。

② 唐德忠：《少数民族大学生的学习适应研究》，硕士学位论文，华东师范大学，2010年。

③ 胡兴旺，蔡笑岳，吴睿明，等：《白马藏族初中学生文化适应和智力水平的关系》，《心理学报》第4期，2005年7月30日。

④ 白亮：《文化适应对少数民族大学生心理健康的影响》，《民族教育研究》第3期，2006年6月16日。

为。① 张京玲在对文化适应概念做出界定，即认为它是个体自身文化跨越到另一种异质文化后，基于对两种文化的认知和感情依附而做出有意识倾向的行为选择和行为调整；壮、藏民族大学生的文化认同对文化适应有正向作用，同化策略的适应良好，而分离策略则适应不良，持有同化策略的藏族学生心理适应不良。② 罗平等人的研究也表明，藏族大学生表现出社会文化适应良好的心理健康状况，适应不良则会给藏族学生带来一定的心理问题。③ 高承海等人在对比汉族、藏族、东乡族、回族等的民族认同、文化适应和心理健康影响后发现，民族认同能够对大学生自尊产生正向预测作用，并通过自尊对幸福感产生影响，对主流文化的态度呈负相关，并影响少数民族大学生对主流文化的适应策略。④

2）文化适应的影响因素

对于少数民族文化适应的影响因素，李怀宇等人针对少数民族文化适应能力的研究发现，民族、生源地、专业、学校、性别、年级等人口统计学因素都会对少数民族学生的文化适应能力产生影响，其中学校因素的作用最强，民族因素最弱，而民族院校学生的适应能力不如其他类型学校的学生，文化适应能力对少数民族幸福感有正面预测作用。⑤ 面对当前多元化的环境，少数民族学生适应能力表现出土家族、苗族、满族三个民族自我认同高，适应能力强，而来自杂居区的少数民族学生适应能力普遍强

---

① 胡发稳：《哈尼族青少年学生文化认同及与学校适应行为的关系研究》，硕士学位论文，云南师范大学，2007年。

② 张京玲：《藏、壮少数民族大学生文化认同态度与文化适应的关系研究》，硕士学位论文，西南大学，2008年。

③ 罗平，毕月花，汪念念：《藏族大学生的社会文化适应与心理健康》，《中国心理卫生杂志》第4期，2011年4月10日。

④ 高承海，安洁，万明钢：《多民族大学生的民族认同、文化适应与心理健康的关系》，《当代教育与文化》第4期，2011年9月25日。

⑤ 李怀宇，钱春富：《少数民族大学生文化适应能力研究——基于云南省五所高校问卷调查的实证分析》，《湖南师范大学教育科学学报》第3期，2010年5月10日。

于民族聚居区，随着年级的上升适应能力反而降低，总体上来说，少数民族的多元文化适应能力较强、认同度较高、认识深刻，但在具体微观环境中，部分少数民族大学生多元文化适应能力有待提高，民族身份认同感不高，自信心不足。[1]

此外，有学者从适应的内在机制和外在机制维度探讨影响少数民族学生文化适应的因素。具体体现在学生自身因素、学校因素和家庭因素。学生自身因素包括学生的文化背景及生活背景、智力及非智力因素、自我和文化自觉、生物性及文化性的差异；学校因素包括学校的自然生态环境、校园文化环境、制度环境；家庭因素则是家长的价值观念、教育方式等。[2]李玉琴认为，影响藏族文化适应的因素有外部因素和内在因素，外部因素主要是家庭环境及社区支持、文化之间的差异、学校教师和学生情感支持、文化接触时间的长短；内在因素则是学生自身的人格特征、性别年龄等人口统计学因素、汉语的熟练程度等。[3]古丽娜认为造成少数民族文化不适应的原因主要是民族学生生活地区经济条件的落后导致家校之间观念的差异，基础教育的教学民族用语与大学课程设置的衔接不对口，学生家庭生活环境与学校环境的差异，校园文化与传统民族文化不协调等。[4]

3. 小结

少数民族的社会认同概念，通常从五个维度进行考量，即人际交往适应、社会文化适应、生活适应、学习适应以及心理适应，另外也有观点认为只有两个维度，即社会文化生活适应和心理适应，而心理适应又进一步

---

[1] 祁帆：《少数民族大学生多元文化适应能力调查研究》，《江苏高教》第4期，2012年7月5日。

[2] 李怀宇：《少数民族学生在学校教育中的文化适应——基于教育人类学的认识》，《贵州民族研究》第4期，2006年8月25日。

[3] 李玉琴：《藏族儿童内地学习生活的文化适应研究——对双流县就读的藏族儿童群体的调查》，《中国藏学》，2009，（03）：48-53。

[4] 古丽娜：《新疆少数民族大学生校园文化适应研究》，硕士学位论文，西南大学，2014年。

细分为个性和心境适应，社会文化生活适应则包括了学习、语言、内隐观念、适应环境、外显行为、人际关系六个维度。

当前，关于文化适应的概念存在诸多分歧，最开始是源于阿德勒的五阶段说，然后逐步被应用到对少数民族学生适应的相关研究中，有关于文化适应内涵和维度进行探讨的研究，也有借助Berry、Birma的文化适应模型对少数民族大学生文化适应做五种分类的研究。同时在此基础上描述和探究文化适应的现状，认为少数民族文化适应是由于学习、生活差异带来的心理、行为变化。少数民族心理适应则包括族际适应、学业适应、去本族固着、生活适应四个维度，不适应会通过心理、身体、行为表现出来，在民考民的大学生中有一半存在不适应情况。而少数民族学生的人际交往体现在学校族群之间的互动上，学习适应从某些程度上说是学校文化的适应，因此主要体现在汉语的掌握程度上。

影响少数民族文化适应的因素具体包括学生自身的因素、学校因素和家庭因素，学生的自身因素包括文化及生活背景、生物性及文化性差异等；家庭因素则是家长教育方式、价值观念等；学校因素则是校园文化、制度环境等。另外，人口统计学因素也会影响少数民族文化适应能力。而文化适应往往会带来促进个体智力发展，影响学生的健康状况，影响少数民族学生对主流文化的适应策略等。

（二）国家通用语言文字教育对少数民族社会认同的影响研究

国家通用语言文字教育对少数民族社会认同的影响主要是通过文化来影响个体人格以及认知的发展来实现的，因此应进行文化对人格、认知的研究梳理。

1.少数民族双语教育和个体发展关系的研究

关于双语教育与个体发展关系的研究，已有成果表明，双语教育能够促进个体的元语言意识的发展，即促进包括儿童的单词意识、语音意识、句法意识、语用意识等语言意识的发展，双语儿童在将一个单词作为一个独立单位的意识方面比"单语儿童"相对更有优势；相对而言，"双语儿童"的语音意识发展更早，但发展水平不会比"单语儿童"的更高；在对基于内容发展和基于结构的句法意识测试后发现，"双语儿童"更具有优势，同时"双语儿童"表现出在注意控制方面的优势；但总体来说，双语的优势只有当两种语言同时发展并达到一定程度的时候，这种优势才会得以体现，但随着年龄的增加，这种优势逐渐减弱并消失，因此双语可以改变元语言意识的发展进程，但不能改变其发展路径。[1]另外，双语教育还能增强个体的语言领悟能力，双语儿童的语音、语义领悟能力都比单语儿童强，并且随着第二语言的熟练程度的增加，语言领悟能力相应增强；同时创造能力、理解能力、分析技巧都具有优势，在独创性、流畅性、精致性方面都会展现出不同程度的优势，同时第二语言也会受到母语所蕴含认知技能的促进发展等，另外双语者的语音意识显著高于单语者。[2]此外，通过使用国际标准化并有汉语常模的语言测试工具来测试双语教育的维吾尔族儿童，发现维吾尔族儿童在两种语言的理解性、表达性语义上持续发展，表达性语义处于优势，而维—汉语义习得上存在地域差异，全天浸入式汉语教育模式比部分汉语浸入式教育模式更有利于维吾尔族儿童的双语语义习得和发展。[3]

双语教育对儿童社会认知的影响受到广泛关注，焦点主要是双语学习能否促进儿童的社会认知发展，但受到第二语言水平和领域的制约，其中包括促进儿童的智力以及其他认知，诸如问题解决能力、创造能力等方面的探讨，当前的双语教育对静态智力的影响转向认知功能的研究，特别是

---

[1] 龚少英：《双语学习与元语言意识的发展》，《中国教育学刊》第12期，2005年12月30日。

[2] 林泳海，张茜，王勇：《少数民族儿童语言能力优势及双语教育对策》，《民族教育研究》第22卷第4期，2011年8月16日。

[3] 周兢，张莉，闵兰斌等：《新疆学前双语教育中两种语义习得研究》，《新疆师范大学学报（哲学社会科学版）》第35卷第6期，2014年9月25日。

对促进认知中注意力控制方面的探讨,体现出功能性和跨领域性。[1]双语对个体智力的发展目前尚无定论,在对藏汉双语教育对儿童智力发展的研究中,通过对119名学生(90人接受"汉+藏"及"藏+汉"双语教育、29人接受单一汉语教育)的5年跟踪调查,用瑞文推理的前测、后测成绩发现,双语教育对于男生的智力发展没有消极影响,而对于女生的智力发展则存在一定的消极影响,因此对男生的藏汉双语有一定促进作用,而对女生的藏汉双语则需要改进。[2]另外用RSPM(中国版)和自编问卷对藏区的双语儿童测量双语和认知、学习成绩之间的关系,发现语言水平差异影响双语学习,"藏+汉"和"汉+藏"双语教育模式在课时、教学用语、教材的差异下,对双语儿童产生不同的影响,相对而言"汉+藏"模式下的儿童藏、汉语水平都比较高,学习成绩更好,同时双语师资的匮乏是造成双语教育效果不佳的主要原因。[3]

从认知心理学的角度来看,语言能力是特有的人脑机能,是个体在与环境的相互作用过程中,以认知发展为基础,选择模仿、内隐学习等方式来习得的,双语教育往往会促进两种语言的词汇、语音等发展,同时由于儿童的生理基础诸如学习能力强、听觉敏锐、干扰因素少的优势,能够更有效地促进儿童的双语习得。[4]

在国内为少数民族实施双语教育,可以提高少数民族个体的就业竞争力,改善其知识体系结构,特别是在诸如新疆民族分层比较明显的少数民族地区,只有当少数民族个体的职业结构与汉族的职业结构相类似时,

---

[1] 龚少英:《双语学习与儿童认知发展关系述评》,《中国教育学刊》第4期,2005年4月30日。

[2] 余强:《双语教育条件下男女儿童的智力发展比较研究》,《民族教育研究》第14卷第3期,2003年6月16日。

[3] 万明钢,邢强:《双语教学模式与藏族学生智力、学业成绩关系研究》,《西北师大学报(社会科学版)》第36卷第5期,1999年9月30日。

[4] 宋雪松,张忠梅:《儿童语言习得认知观与早期双语教育》,《学前教育研究》第1期,2008年1月15日。

他们才能够更好地参与到主流社会的文化、经济、政治活动中，并且在以汉文化知识传播为主的社会中，只有掌握汉语能力才能获取更多的专业知识，促进当地文化事业的发展。因此，双语教育对于个人提升就业能力、开拓发展空间、完善知识结构都是至关重要的。[①]

双语教育在影响文化认同方面体现出差异，通过对朝鲜族和维吾尔族的双语教育语言态度和文化认同实施问卷和访谈调查比较研究结果后发现，由于文化环境的差异，二者对本民族语言及文化认同有差异，因此要协调好双语教育中二者的关系。[②]此外，语言和双语教育通过语言接触，可以加强族群认同，族群语言认同理论认为，语言族群有力争得到社会认同的趋向，因为这有助于提升群内个体的自尊，而群际接触理论认为，通过群体之间的接触可以减少群体之间的偏见和误解，研究发现双语教育比单语教育更有利于群际接触，促进积极友谊的发展，同时也能改善主流语群体对少数民族语言群体的认知，而二语习得能够积极促进对第二语言文化群体的积极表征，母语教育则会增加对主流语言或第二语言的学习积极性和效果，在影响认同的同时，双语教育还影响个体及集体自我的发展。相反，假如母语和主流语言习得关系相互逆转削减，会减弱双语教育对社会认同的影响。[③]

双语教育还具有情感教育的功能，能够促进少数民族学生理解和认同自己的身份、使教学情景化、整合课程，由于当前存在着对不同文化的误解，双语教育可以促进互动理解；由于当前很多课程容易陷入静态、碎片化的状态，双语教育以儿童为中心的教育目的可以促进教育环境的动态构

---

① 马戎：《从现代化发展的视角来思考双语教育》，《北京大学教育评论》第10卷第3期，2012年7月10日。

② 李廷海，薄其燕：《朝鲜族和维吾尔族双语态度与文化认同——基于双语教育背景的比较研究》，《民族教育研究》第27卷第6期，2016年12月15日。

③ 杨宝琰：《语言、双语教育与族群关系：社会心理学的探究》，《西北师大学报（社会科学版）》第51卷第2期，2014年3月5日。

建和深层次的对话。①

2.文化与人格核心自我关系的研究

文化与人格的关系历来是心理人类学的研究主题，尽管当前对于人格的定义和视角各不相同，但无论是从特质理论、动机维度还是发展维度来说，自我在人格中都处于核心地位，当然对于自我的研究主要是基于自我类型和系统、自我稳定性、自我的生理基础以及自我和心理健康的关系等几个方面来开展。詹姆斯将自我分为主我和客我，后面陆续出现根据个体和他人关系、时间维度、发展维度等多种划分标准，自我对于个体的心理疾病、健全人格、心理适应三个层次的健康都有重要作用，因此自我和谐对于心理适应无疑有重大影响。②对自我的研究经历了从传统心理学的自我研究到社会建构的过程。传统心理学对自我的理论主要包括詹姆斯的自我理论、特质理论中的自我理论、社会心理学中的角色理论以及人本主义的自我理论，特质理论同样将自我视为一个人的人格，决定了个体的外在行为；角色理论认为自我是角色期待的结果，经过社会期待内化从而促使不同行为的产生；人本主义则认为人有一个"真实自我"的存在，如何实现真实的自我才是心理学应该追求的。社会建构论否定了传统心理学认为自我是精神存在的真实体的观点，提出自我应该是社会生活中人际关系互动的产物、话语建构的结果，只存在关系的自我，语言具有不可或缺的作用，另外文化等社会因素也有重要作用。③黑兹尔·罗斯·马库斯进一步推动了自我理论的发展，她在研究自我对行为调节的过程中发表了大量关于过去经验自我知识的类化即自我图式，对过去和未来的自我期待的可能自我，个体在与他人互动中自我对他人知觉的影响，以及通过跨文化的自

---

① 徐杰，刘玉杰：《双语教育中的情感及其生成机制建设》，《现代教育科学》第5期，2015年10月20日。

② 黄希庭，夏凌翔：《人格中的自我问题》，《陕西师范大学学报（哲学社会科学版）》第33卷第2期，2004年3月30日。

③ 叶浩生：《关于"自我"的社会建构论学说及其启示》，《心理学探新》第22卷第3期，2002年9月30日。

我"集体建构主义理论"研究,从而形成了系统的社会自我认知理论。[1]

就社会认知神经学对自我的相关研究来看,文化对塑造自我结构的脑区有影响,通过实验发现,以加拿大、美国等为代表的西方人和中国人的自我参照加工都激活了腹内侧前额叶,而以强调社会关系的中国人则激活了自我与他人亲近的神经活动,而个体界限分明的西方人则激活自我与他人分离的神经活动。[2]文化也会影响自我概念在情境化自我及一般性自我中的判断,通过对日本人和欧裔美国人的完成自我一般性和情景化任务对比研究,根据得分分为个人主义组和集体主义组,个人主义组的腹内侧前额叶的激活在描述一般性自我时显著强于情景化自我的描述,而集体主义组的个体的腹内侧前额叶的激活则是在描述情景化自我时更强。[3]另外,在集体主义/个人主义背景下,产生依赖型/独立型自我解释来对待自我和他人的关系,而双文化的个体则可以产生通达性的自我解释,以适应文化差异,目前的相关理论主要有社会脑假设理论,即文化对脑认知影响激活不同的脑区;文化—基因协同进化理论,即人脑及心智的活动是文化和基因遗传协同进化的结果;神经—文化交互作用模型,即外显价值和行为脚本以及神经或倾向三者之间的关系。[4]

青少年的文化取向、自我概念与个体的主观幸福观密切相关,研究者对文化主义进行垂直、水平以及个体和集体文化的分类组合,对自我则是从两个维度,即结构维度和内容维度分为十个因子,以及生活满意度两个指标系数进行问卷调查,结果显示青少年的文化取向以水平集体主义为

---

[1] 郭本禹,修巧艳:《马库斯的自我社会认知论》,《西南大学学报(人文社会科学版)》第33卷第1期,2007年1月10日。

[2] 贺熙,朱滢:《社会认知神经科学关于自我的研究》,《北京大学学报(自然科学版)》第1期,2010年3月30日。

[3] 韩世辉,张逸凡:《自我概念心理表征的文化神经科学研究》,《心理科学进展》第20卷第5期,2012年5月15日。

[4] 杨帅,黄希庭,王晓刚,等:《文化影响自我解释的神经机制》,《心理科学进展》第20卷第1期,2012年1月15日。

主，而自我概念除与感情平衡负相关以外，与其他因子都正相关，而心理、生理自我和水平集体主义都对生活满意度有预测作用，社会自我、自我批评及水平个体主义对正性情感有预测作用等。①就道德自我受文化的影响研究来看，道德自我往往会受到文化的语境、文化认同观、文化的实践动力、文化的体验和文化的符号中介等影响，这中间模范榜样的作用、自我图式等因素发挥了重要的作用，因此要以文化建构来实现道德自我的发展完善。②

另外，语言影响人格的实验研究成果表明，心理学家运用主题统觉图片测试美国和法国人的人格，发现相较于法国文化，美国更少关注社会角色分工，而法国文化体现出更多的同辈语言暴力。而在对三类双语者即来自中国、韩国、墨西哥的美国移民的人格研究中发现，他们在英文版和母语版的CPI测试上出现差异，而对我国香港母语为汉语和母语为英语的双语者人格差异进行研究时发现，使用英语时他们表现出更开放、外向及自信的行为反应，双语者在与不同文化背景的人交流时会倾向于出现与交流对象相一致的文化人格特征，这就是文化适应性的作用机制。此外，从认知加工的模式来看，文化从注意模式、归因方式、思维模式和解决问题方式等几个方面影响人格。西方人更注重局部加工，东方人更注重整体加工，当然这种差异也体现在语言本身的特点上。③在我国，诸如汉族、回族、苗族的语言对人格中自尊影响的研究中发现，无民族语言文字的回族学生外显自尊水平明显高于有民族语言文字的汉族及苗族大学生，而回族的内隐自尊水平则低于汉族、苗族大学生，可

---

① 李祚山：《大学生的文化取向、自我概念对主观幸福感的影响》，《心理科学》第29卷第2期，2006年3月20日。

② 万增奎：《论道德自我的文化建构观》，《黑龙江高教研究》第9期，2010年9月5日。

③ 张积家，于宙，乔艳阳：《语言影响人格：研究证据与理论解释》，《民族教育研究》第28卷第4期，2017年8月15日。

见民族语言文字影响个体的人格发展。①

就语言和自我的关系来看，特别是在社会文化理论的视角下，研究者以对第二语言影响较大的巴赫金和维果斯基为核心的理论对语言、文化、自我进行了深入探讨，他们都认为语言是一个在服务参与性思维及行为的过程中不断发展的符号系统，是形式与意义的统一，而不是词汇、语音、句法等的抽象自足系统，巴赫金强调语言是对话的关系产物，维果斯基则侧重于论述语言是言语内化，即在与他人的交往互动中促成心理机能由低级机能向高级机能的进化；对于文化，巴赫金从哲学视角阐述了开放文化是通过个体间的自我互动形成，维果斯基则强调在促进高级机能发展的过程中形成自己的文化观；对于自我，二者都强调在社会文化背景下通过对话互动来构建自我。②

3. 文化对和谐人格影响途径以及和谐人格意义、自我和谐研究

人格研究的目的就是对人的行为进行合理的解释，并对个体将来的行为做出预测，因此人格与人的行为密不可分，人格包含四个基本成分：特质、动机、认知及情境。③如何构建和谐的人格，往往要通过和谐的教育得以实现。和谐人格包含着构成人格的非理性、理性、感性等要素的平衡和完整，要通过和谐内容、和谐教育方式的相互融合来促进和提高人格中诸要素的相互协调发展和提高。④同时，人格和谐也是自我身心和谐、自我和他人和谐、自我和社会和谐、自我和自然和谐的状态，因而和谐人格具有重要的意义，有利于个体自身的发展，有利于个体和他人和谐关系的

---

① 乔艳阳，张积家，李子健，等：《语言影响汉、苗、回族大学生的内隐自尊和外显自尊》，《民族教育研究》第28卷第3期，2017年6月15日。

② 谭芳，刘永兵：《语言、文化、自我——论巴赫金与维果斯基理论核心思想之"殊途同归"》，《外语研究》第3期，2010年6月15日。

③ 陈建文，王滔：《当前人格研究的基本走向》，《厦门大学学报（哲学社会科学版）》第3期，2003年5月28日。

④ 何齐宗：《和谐人格及其建构的教育思考》，《教师教育研究》第16卷第2期，2004年3月15日。

形成，有利于构建和谐的社会主义社会。①

自我和谐最早由人本主义代表人物C.R.Rogers提出，认为自我和谐是自我内部协调一致和自我与经验的协调，是心理健康的标志。②自我和谐是人格和谐的基础，也是心理和谐的基础，它由四个要素构成：认识自我、延伸自我、悦纳自我、创造自我。要促进完善心理和谐，则是通过提高社会适应能力、塑造积极的人生观、建立社会支持网络、建立恰当的参照系、确立适当的期望值等途径来开展。③外显语言表征能投射内隐心理状态并呈现非线性特征，依据神经网络高度非线性映射的能力，从而诊断自我和谐人格水平高低。结果表明，个体自我和谐和语言表征水平之间存在着高度的相关。语言结构中主语名词、主语代词能够预测和谐自我人格水平的高低，个体使用主语名词量大于主语代词使用量时，自我和谐水平高，反之则比较低。④

自我和谐受应对方式、孤独感的影响，研究表明，应对方式中的解决问题因子、求助因子和自我和谐总体以及孤独感总体呈负相关，应对方式的其他因子则与自我和谐总体以及孤独感总体呈正相关，孤独感和自我和谐则呈正相关；成熟、不成熟的应对方式则在孤独感和自我和谐之间起着部分中介的作用。⑤同时有研究表明，积极的应对方式有利于自我和谐的发展，而消极的应对方式不利于自我和谐的发展。⑥对青少年压力源与自

---

① 朱滨丹：《和谐人格论》，《学习与探索》第3期，2007年5月15日。

② Rogers C R. The necessary and sufficient conditions of the rapeutic Personality change. Journal Consult Psychol，1961，21：95-103.

③ 许燕：《自我和谐是构建心理和谐的基础》，《北京社会科学》增刊，2006年12月30日。

④ 徐芃，熊健：《自我和谐人格水平的语言结构信号预报》，《数理统计与管理》第33卷第6期，2014年11月22日。

⑤ 李小玲，唐海波，明庆森，等：《大学生孤独感和自我和谐的关系：应对方式的中介作用》，《中国临床心理学杂志》第22卷第3期，2014年6月24日。

⑥ 李志凯，崔冠宇，赵俊峰，等：《本科大学生自我和谐及其与应对方式的关系》，《中国健康心理学杂志》第14卷第4期，2006年7月25日。

我和谐关系的研究结果显示，自身学习压力、父母管教方式压力、家庭环境压力对自我和谐中的自我与经验不和谐有预测作用；学习压力、自身压力、家庭环境压力对自我和谐中的自我刻板性因子有预测作用；家庭环境压力、自身压力、社会文化压力对自我不和谐总体有预测作用。其中，自身压力对个体的自我和谐起的影响作用相对较大。[1]

自我和谐往往会影响青少年的人际交往、心理健康、社会适应等心理因素。很多研究表明，自我和谐与青少年特别是高中生、大学生的人际信任有关系，通过问卷调查发现，人际信任与自我和谐总体呈正相关，而自我和经验不和谐分量表与人际信任呈负相关，在生源地、性别、父母文化程度、家庭经济状况等人口统计学因素的影响下，自我和谐和人际信任之间不存在显著差异。[2]在自我和谐关系与人际关系的研究中，通过对自我和谐量表的三组划分（高分组、中间组、低分组）与人际关系困扰量表的四个维度（人际交友、人际交谈、异性交往及待人接物）进行相关和回归分析，发现自我和谐程度较高的个体其人际关系也较好，而其中自我与经验不和谐因子和自我灵活性对人际关系有重要的影响和解释作用。[3]另外，在对贫困大学生的自我和谐与自尊关系的研究中发现，自尊高的贫困大学生往往自我和谐程度也比较高，同时贫困大学生的自我和谐各量表得分均低于大学生常模，但自我和谐低的比例低于常模比例，因此贫困大学生的自我和谐程度较高，与自尊呈正相关。[4]

自我和谐与青少年的学习适应呈正相关关系，对师范生的研究发现，

---

[1] 张雯雯：《高中学生自我和谐与压力源》，《中国健康心理学杂志》第22卷第3期，2014年3月15日。

[2] 王晓一，李薇，杨美荣：《大学生人际信任与自我和谐的相关研究》，《中国健康心理学杂志》第16卷第6期，2008年6月15日。

[3] 杨颖，鲁小周：《大学生的人际关系与自我和谐的关系》，《中国健康心理学杂志》第23卷第7期，2015年7月15日。

[4] 罗京滨，曾峥，张滔华，等：《贫困大学生自我和谐与自尊的调查分析》，《中国健康心理学杂志》第14卷第5期，2006年9月25日。

自我和谐的各因素与学习适应各因素之间多相关，而自我经验不和谐和自我灵活性是有效预测学习适应的变量，可见二者关系密切相关。①另外，大学生的自我和谐程度会影响个体解决问题的能力，数据分析的结果表明，个体自我和谐程度与解决问题能力呈正相关关系，也就是说个体的自我和谐程度越高，解决问题的能力越强，反之则越低。②青少年的压力应对、自我和谐和心理适应有相关关系，当压力程度较大时，个体倾向于选择求助、解决问题，当压力不高时，倾向于选择退避、幻想、合理化和自责；进一步分析发现，压力应对、自我和谐可以预测心理适应状况。③

4.小结

国家通用语言文字教育的双语教学正向功能体现在两个方面：一是对社会的进步起推动作用，二是对个体的发展起到促进作用。而当前很多研究者更倾向于关注对个体发展的作用，双语教育对个体的促进作用相比教育目的来说更为多元和立体，双语教育会促进个体语言元意识的发展、语言领悟能力的发展、文化认同意识的发展、社会认知技能的发展，而对于智力是否有促进作用目前尚无定论，但就目前开展的研究结果来看，双语教育有促进儿童智力发展的作用，同时可以改变学生的就业能力，促进社会阶层的流动，因此双语教育对于个体促进作用十分明显。

文化与人格的发展研究涉及多个学科。自我是人本主义最为核心的概念，随着自我的出现，许多心理学家对自我的研究放在一个重要的位置，甚至有心理学家认为自我就是人格本身。由此可见，自我在人格研究中的关键作用。当然对于自我的探讨，经历了从传统的自我研究到社会建构的

---

① 胡琳丽，郑全全：《师范大学生自我和谐与学习适应性的关系》，《中国临床心理学杂志》第16卷第1期，2008年2月25日。

② 刘伟东，杨振宁，刘婕：《大学生自我和谐与问题解决能力的相关性》，《中国健康心理学杂志》第22卷第6期，2014年6月15日。

③ 宋迎秋，张韬：《大学生压力应对、自我和谐感与心理适应的关系》，《职业与健康》第27卷第11期，2011年6月1日。

过程，一方面是对自我构成的研究，另一方面是基于社会神经科学的基础上探讨自我的生理基础。从影响因素来看，文化对自我有重要影响。而语言和自我的关系，典型的代表就是维果斯基的历史文化心理理论和巴赫金的理论，二者都强调通过互动对话的方式来建构自我。

人格和谐、自我和谐是人格关注的重点，特别是自我和谐是人本主义提出的核心概念，一方面是自我和谐本身的研究，包括认识、延伸、悦纳、创造自我四个方面，并且有六个方面的特点，会通过语言表征来进行外显；同时，自我和谐受到青少年孤独感、自我价值定位、应对方式等因素的影响；自我和谐会影响青少年的心理健康、人际交往、社会适应等心理状况，可见自我和谐对个体发展起关键作用。

可见，对于双语教育的目的、对个体促进关系的影响已经取得了一定的研究成果，但目前主要是以实验研究，诸如第二语言对脑机制的影响研究和问卷调查的量化实证研究为主，对于综合性或者动态性、发展性的研究并不多，因此可以进一步加强这方面的研究。当前，由于文化的综合性，很多学科都会涉及文化对人格的核心自我的研究，但由于学科视角的不同，自我和文化乃至语言关系的研究可以从哲学、心理学、语言学、文学等视角着手，但应更多从心理学方面着手进行实证深层次的探究。

（三）国家通用语言文字教育现状、模式发展历程及影响实效因素

1.国家通用语言文字教育现状

国家通用语言文字教育在国家相关政策强有力的保证下取得了丰硕的成果。相关政策经历了从新中国刚成立时的简化汉字和推广普通话阶段，到改革开放后语言文字规范化和标准化建设阶段，再到21世纪的语言文字推广法治化阶段，体现了从"人治"到"法治"、推广力度从"应该"

到"提倡"再到"推行"的过程。①在具体的法规内容上体现了少数民族语言教育的平等发展过程，即从1949—1983年期间的民族平等和语言立法时期，到1984—1999年的民族区域自治和语言教育立法时期，再到2000—2009年的推广国家通用语和语言教育法规调整时期，发展到2010年至今的加强双语教育和完善语言教育法规时期。②而国家的政策保障正是对少数民族学习国家通用语言文字紧迫性和必要性的回应。必要性体现在：一是保障少数民族基本权利，二是增强其国家认同、提升民族凝聚力的需要，三是有利于民族间的互动沟通和民族团结，四是有利于促进双语教学和提高教育质量，五是有利于少数民族个体发展。紧迫性体现在国家通用语言文字的普及已纳入国家语言战略等。③

国家通用语言文字的普及为我国精准脱贫起到重要作用。特别是少数民族地区，如在云南少数民族聚居区，由于受家庭因素、传统文化传承、学校教学用语、民族气质及生活方式、双语教学模式及经济开发模式的影响，能流利使用普通话的比例达到了45.65%。④特别是云南的"直过民族"，在国家相关政策和云南当地政府的重视下，破解了当地由于历史、地理等因素造成的复杂语言环境带来的难题，促进了当地国家通用语言的规范化、标准化进程，增强了"直过民族"的中华民族身份认同，巩固了边疆的和谐稳定与繁荣。⑤在国家通用语言文字教育的实施过程中，

---

① 马永全：《新中国70年来国家通用语言文字教育政策变迁》，《河北师范大学学报（教育科学版）》第2期，2019年4月。

② 敖俊梅，祁进玉：《中国促进语言教育平等法规的研究——基于民族教育条例的文本分析》，《民族教育研究》第5期，2018年10月25日。

③ 方晓华：《少数民族学习和使用国家通用语言文字的必要性与紧迫性》，《双语教育研究》第4期，2017年12月20日。

④ 吴海燕：《云南少数民族聚居区语言教育研究》，《学术探索》第6期，2015年6月15日。

⑤ 饶峻妮：《云南"直过民族"国家通用语言文字的普及与推广》，《西南林业大学学报（社会科学）》第4期，2019年8月25日。

教师的素质至关重要。对西藏与甘肃藏区的调查结果显示，两地的教师把国家通用语言作为母语的比例不到5%，有13%的调查对象缺乏应用普通话交流的技能，具备交流能力的基本普通话水平都在二级以上，但三级和未入级的比例偏高，且使用普通话教学的意识淡薄。①而在对新疆少数民族教师的调查中显示，教师在课堂教学外使用国家通用语言文字的频率较低，听、读的语言输入技能明显高于说、写的语言输出技能，要求教师完全用国家通用语言文字难度较大，在具体的教学环节上其使用情况也有差别。②在中小学少数民族双语教师国家通用语言文字培训教材上，新疆的调查结果显示，使用的时间较长，滞后于实际需求。应在遵循价值多元性、与时俱进的学科新理念、融入地方文化资源、建构立体化教材体系、完善教材评价体系等方面进行改进。③

整体上存在东西部普及程度差距明显、乡村和民族地区普及程度不高、不同人群和地区普及质量不理想、社会语言文字教育服务有限等问题，究其原因是语言文字的法规意识不强、少数民族地区的语言环境比较复杂、语言水平和语言能力有待提高等。④具体到西藏，则存在语言规划的双重影响明显、语言文字法规意识不强、普通话水平不均衡、普及国家通用语言文字途径单一等问题。因此应从营造和谐的语言生态环境、完善普通话培训体系、充分发挥学校的教育作用等方面入手。⑤另外，还应

---

① 袁伟,付帅：《西藏与甘肃藏区中小学教师普通话普及状况调查对比分析》，《语言文字应用》第4期，2017年11月15日。

② 王洋：《新疆少数民族教师国家通用语言文字使用现状调查研究》，《当代教育与文化》第6期，2015年11月25日。

③ 曹春梅,买买提吐尔逊·阿布都拉：《新疆中小学少数民族双语教师国家通用语言文字培训教材现状探析》，《民族教育研究》第2期，2014年4月25日。

④ 石琳：《精准扶贫视角下少数民族地区国家通用语言文字普及深化的策略》，《社会科学家》第4期，2018年4月5日。

⑤ 张华娜,张雁军：《精准扶贫视角下西藏普及国家通用语言文字存在的问题及对策研究》，《西藏研究》第1期，2020年2月15日。

借鉴新疆在清末民国时期实施的国家通用语言文字普及策略，从大力建设国家通用语言文字学校、发展师范培养师资、发动社会力量推动国家通用语言文字教育等方面着手。①当然，还应该通过构建CIPP评估模型，从而形成标准化的国家通用语言文字推广评价体系②，通过教学环境支持策略、教学帮扶策略、教学常规管理策略、教学激励策略、教学巩固深化策略等③，加强少数民族骨干教师培训策略来推进国家通用语言文字的教育进程。

2.国家通用语言文字教育模式的发展历程

在多语言地区，国家通用语言文字教育模式本质上就是双语教育模式，国外最早将双语教育模式划分为添加式双语教育和缩减式双语教育，添加型双语教育是在母语学习的基础上增加第二语言、文化的学习，目的不是取代母语；而缩减型则是第二语言主要是主流语言的习得，会对个体造成压力的同时逐步取代母语。另外，还有根据促进双语种类的不同来划分，认为真正促进双语保留小语种的是强势双语教育，而同化少数民族促进少数民族融入主流社会的则是弱势双语教育。④当然国外双语教育模式研究最有代表性的是科林·贝克的观点。科林·贝克根据教育目的、社会目的和语言目的将双语教育分为强势、弱势双语教育两类，所谓强势双语教育是为了发展双语教育而开展，而弱势双语教育则是为了同化少数民族学生而进行的教育。同时，他进一步将其强势双语教育细分为浸入式双

---

① 赵新华：《清末民国时期新疆普及国家通用语言文字策略探析》，《民族教育研究》第2期，2015年4月15日。

② 成园园，李莉，王朋玉：《基于CIPP评估模型的国家通用语言文字推广分析——以新疆和田县小学生为例》，《语言文字应用》第3期，2019年8月15日。

③ 章家谊：《西部边疆地区教师国家通用语言文字培训教学管理策略探析——以上海市新疆少数民族骨干教师培训项目为例》，《教师教育论坛》，2020年2月15日。

④ 袁平华：《中国高校双语教学与加拿大双语教育之比较研究》，《高教探索》第5期，2006年9月10日。

语教育（含结构型浸入式双语教育）、淹没式双语教育（单设班/保护式英语）、种族隔离主义语言教育、过渡性双语教育、滴注式语言计划、分离主义语言教育六类，弱势双语教育细分为沉浸式双语教育、保留性双语教育、双向双语教育、主流双语教育四类[1]。另外，国内学者董艳教授就依据双语教育的目标对全球的双语教育类型进行了分类探讨，把双语教育分为过渡双语教育、保持双语教育（发展型、静止型）、二元语言双语教育、浸没（淹没）双语教育（美国式的结构淹没、加拿大式的浸没）、隔离主义教育、分离主义教育、外语教学式的主流双语教育、语言与文化的双语教育（双语单文型、双语双文型）、双方言教育。[2]

在我国，对双语教育模式研究最早的是严学窘，他根据地理分布来划分双语教育，提出延边式、内蒙古式、西藏式、新疆式、西南式、扫盲式等多种教育模式。[3]而后张伟提出三种模式的划分，一是在南方地区实行的针对少数民族实施汉语教育的单语教育计划；二是在云南、贵州实行的首先以少数民族母语教学，逐步使用双语，最后过渡到主流文化语言的双语过渡计划教学模式；三是长期保持双语教育的长期双语计划模式。[4]随后，周庆生教授根据双语教学计划类型的附加功能，比如保存语言文化以及由母语向主流语言过渡等，提出三类划分模式：保存型、过渡型和权宜型。保存型主要是为了让本民族文化语言得到传承，又分为保存Ⅰ型、保存Ⅱ型、保存Ⅲ型。保存Ⅰ型把汉语文当成一门课程而其余课程均用民族语授课直至小学毕业或者中学毕业；保存Ⅱ型则是所有课程均用汉语授课而民族语作为一门单独课程开设直至小学毕业或者中学毕业；保存Ⅲ型则是某些课程用民族语，另外一些课程用汉语授课直至小学毕业或者中学毕

---

[1] 科林·贝克（英）：《双语与双语教育概论》，翁燕荷，等译，北京：中央民族大学出版社，2008年。

[2] 董艳：《浅析世界双语教育类型》，《民族教育研究》第2期，1998年5月15日。

[3] 严学窘：《中国对比语言学浅说》，武汉：华中工学院出版社，1985年，第85–87页。

[4] 张伟：《浅谈双语教学的类型》，《贵州民族研究》第3期，1987年7月。

业；而过渡型则是让儿童从民族语过渡到汉语，一般采用小学一、二年级使用民族语教学，到三、四年级则是使用汉语文做辅助教学，到五、六年级则是用汉语文教学的模式。在此基础上衍生出四种教学模式。包括两段式，即一到三年级双语文向四到六年级汉文过渡模式和一到三年级的民族语文到四到六年级的汉语文教学模式，倾斜式则是小学阶段一年级开设民族语授课为主、汉语授课为辅逐步转由汉语授课为主、民族语授课为辅的教学模式，辅助式小学低年级使用民族语为以后高年级的汉语学习做辅助的教学模式。权宜型则是直接使用汉语授课直到毕业期间突击性地用民族语授三个月的课的教学模式。①王鉴教授在总结回顾我国双语模式划分的经验上，认为前面所提及的都是双语教学计划，并且都是静态研究双语教学模式，因此应该从双语教学的四大基础领域、影响双语教学因素、双语教学理论基础和实践基础几个方面来进行划分，分为保存双语教学模式、过渡双语教学模式、权宜双语教学模式。保存双语教学模式又分为以民族语授课为主、增设汉语文课的长期单一保存型和部分用民族语授课、部分用汉语授课的长期并行保存双语教育模式；过渡双语教育模式、权宜型双语教育模式则与周庆生教授提出的无多大差异，但具体操作策略上进行了细化探讨。②

3.彝族地区国家通用语言文字教育模式

在彝族地区，国家通用语言文字教育模式主要以彝汉双语教育模式来开展，对于其探讨，从教学体制、教学模式、方法、课程、教材等方面来开展。最早是来自基层实践者代晓明教师对彝汉双语教学的经验总结，以峨边县的实际情况为例，出现汉语水平不高、读音不准、师资薄弱、惯用本民族语言思维等问题，提出了针对性的"三七开"教学方法，即在彝族学生一进学校使用"70%彝语+ 30%汉语"、第二学期则是"70%汉语+

---

① 周庆生：《中国双语教育类型》，《民族语文》第3期，1991年3月。
② 王鉴：《论我国少数民族双语教学的模式》，《贵州民族研究》第1期，1999年2月15日。

30%彝语"的授课模式，而到小学三年级则是采用全汉语的教学模式，同时注重语言环境的营造和教师素质的提升。①而后是学者余惠邦关于彝族、藏族学生的汉语教学问题论述，针对汉语是第二语言，应该进行民汉双语以及民语和方言的语音、语法、语义等方面对比教学，并利用文学艺术作品来激发学生的学习兴趣，掌握汉语语音、语法、语句的组织规律，鼓励学生联系生活学以致用，提高学生的口语能力。②社科院普忠良教授在阐述了彝族存在聚居区、散居区、杂居区三种类型的社会语言特点基础上对彝汉双语的教育模式做了全面的总结，认为云贵川存在两种模式，一种是四川的"并行模式"，也就是在彝族聚集区实行的以彝语文授课兼开设汉语文的"一类模式"、以汉语文授课为主增设汉语文的"二类模式"并举的教育体制；在云贵则是实行"双语试行模式"，即实施汉语课为主加授彝文课的"二类模式"为主。③针对彝汉双语教育的教学手段，教授王世友就IRI（interactive radio instruction，一种新型教学模式）在彝区实施双语教育的可行性做了探讨，IRI通过交互式录音文本、收音机为教学媒介、收听者和收音机教师良性互动形成的教学模式，对于当时缺少教学资源和渠道的彝区来说的确是一个不错的选择。④

中央民族大学的朱文旭教授就云贵川彝族地区的双语教育做了详细的阐述剖析，在分析云、贵、川以及广西四个主要彝族分布地区的语言运用意愿等因素基础上提出少数民族双语教育有两种模式：部分双语教育和全部双语教育。部分双语教育主要体现在本民族语教学应用在民族语

---

① 代晓明：《彝族地区双语教学浅谈》，《中国民族教育》，1995年4月10日。
② 余惠邦：《谈谈对藏、彝族学生的现代汉语教学》，《汉语学习》第5期，1996年10月1日。
③ 普忠良：《我国彝族地区彝汉双语教育现状与发展前瞻》，《贵州民族研究》第4期，1999年11月15日。
④ 王世友：《IRI在彝族地区汉语教学中的可行性分析》，《民族教育研究》第15卷第1期，2004年1月

文、文科课程的教学中，其余课程均使用汉语教学，教材则采用全国统编版教材，在四川彝族聚居区实施的"一类模式"就是此类模式，云南彝区则主要以彝汉双语教育的实验为主，类似于四川的二类模式；而贵州则是规范彝文没有推广，仅限于毕节地区推行"二类模式"。如云南、贵州部分地方和四川实施"二类模式"的彝区就采用这种方式；全部双语教育则是指学校开设的全部课程均使用彝语教学。其中最为完善的是四川凉山彝族自治州的一类模式，其教学发展经验是"母语起步、汉语过渡、双语并重"①。从彝语和汉语学习的结果和使用的场合不同将彝汉双语教育的模式分为过渡转变型、保持发展型，过渡转变型是指在双语教育中逐渐使用汉语并让汉语成为学习者的主要语言的教育模式，同时又可以分为淹没型、过渡型，淹没型是直接对彝族学生入学开始就用汉语授课的模式，而过渡型则是用汉语教学的同时增设彝语文的模式；保持发展型则是主要以彝语教学为主汉语进行辅助的教学模式，主要是在彝族聚居区实施。②

具体到学科师资的培养，往往关注彝语文教师的培养，也有对彝汉双语数学师资的思考，通过对不同年龄段、不同职称、不同学科的交互培养，注重教育理念更新，培养教学型人才推进数学师资的发展。③对于彝汉双语对比教学的具体方法，由于二者都属于汉藏语系语言，都属于原创的方块文字，但很多地方有差异，比如彝语中的语音喉音、声母的清浊对立，而汉语有复元音韵母及鼻尾音韵母等方面都存在差异，因此可以从语言学的角度提出声母、韵母、声调的彝汉对比进行教学，提升教学效

---

① 朱文旭，肖雪：《彝族地区双语教育类型现状研究》，《民族教育研究》第5期，2005年10月16日。

② 史军：《试论四川彝汉双语教育模式》，《西南民族大学学报（人文社科版）》第30卷第6期，2009年6月10日。

③ 阿牛木支：《彝汉双语数学师资培养创新研究与实践》，《西昌学院学报（自然科学版）》第21第1期，2007年3月20日。

果。①教育的改革推动了彝汉双语教育的改革，就课程改革来说，同样有很多问题值得深思，尽管国家对彝汉双语教育的财政支持力度比较大，但分配到学校的资源却严重不足，同时课程衔接上学段之间的联系不强，因此要紧密围绕课程改革的目标，即"提高彝汉双语课程教学质量、育人水平"，加强学校氛围、经费投入、管理体系的建设来开展。②随着时代的进步，多媒体教学已逐步普及，如何结合彝族文字和汉字的特点进行多媒体教学已逐渐成为人们思考的重点。汉字和彝文的文化源远流长，特别是将汉字字源识字法融入多媒体教学中就是不错的教学手段。当然实行的过程中如何结合彝族儿童认知、思维的特点和语言发展规律，激发彝族学生的学习兴趣，需要不断地摸索与实践。③就彝汉双语的教材建设来看，应着重对彝族传统文化内容的发掘。凉山彝族的传统数学内容，包括了彝族特有的实物计数法，诸如谷物、大棒、刻木、结绳等，还有初级和复杂的运算法，解决现实中的生产、生活所需。④另外，云南的小学语文双语教材并不多，由于缺乏双语课程标准，存在编写教材模式化、形式及内容单一、学习及教学目标不明确等问题，因此应将教材生活化、灵活化、目标化、具体化、多样化。⑤

4.彝族地区国家通用语言文字教育选择与实施的影响因素及成效

在彝族地区，国家通用语言文字教育主要体现为彝汉双语教育。关

---

① 沙马打各，陈阿支：《彝汉双语语音对比教学》，《西昌学院学报（社会科学版）》第20卷第1期，2008年3月20日。

② 阿牛木支：《关于彝汉双语教育课程改革与建设的思考》，《西昌学院学报：社会科学版》第23卷第4期，2011年12月20日。

③ 李晓盼：《民族地区多媒体字源识字教学设计研究》，硕士论文，西南大学，2013年，第28页。

④ 吉克曲一，肖业：《凉山彝族传统数学与凉山彝族的双语教育》，《西南民族学院学报（哲学社会科学版）》第17卷，1996年12月30日。

⑤ 杨瑶，邓桦：《云南少数民族小学语文双语教材建设的问题及对策研究——以彝族为例》，《佳木斯职业学院学报》第11期，2016年11月15日。

于彝汉双语教育实施的影响因素，可谓仁者见仁，智者见智。这方面最早的要数张伟教授关于双语人的语言态度研究，他认为语言态度是对语言社会价值的反映，双语人对于自己的母语有维护或放弃两种态度，从而影响语言使用者的行为，而语言态度的差异往往是由于社会发展的差异、文化背景、人口数量、年龄、性别、职业、族群的凝聚力、居住环境的地理位置、文化程度等因素造成的，因此深入研究双语人的语言态度有利于双语教育的顺利开展。①随后是黄行教授关于双语教育态度的研究，他从社会心理学的视角出发，在基于双语教育态度由认知、情感、行为三部分构成的理论基础上，对认知和行为分别通过7个问题和3个问题组成的问卷进行调查，并用χ^2检验的方式得出凉山彝族对彝汉双语同时开展学习表示赞同，对两种语言的功能重要性也有清晰认识，但在以哪种语言为主的认识上还存在着很大的差异，原因主要是对彝语、汉语的功能及社会地位认识不同。②滕星教授对此做了系统的总结探讨，认为影响彝汉双语教育的因素主要是国家的语言文字法规政策导向，国际上的语言政策主要有融合性、片面性、多元一体化，而体现在国内则取其中间"民汉兼通"的双语政策；另外，彝族本身的社区语言特点、发展的文化生态环境对彝汉双语教育影响显著，应该处理好全国大语言环境和彝族社区语言的关系，当地语言环境和教学语言的关系，彝族学生在不同学段的文化需求、双语教学体制和地方课程以及师资水平的关系；凉山彝族人口数量占50%以上，又集中分布在昭觉、布拖、喜德、美姑等县，占比超过90%，因而设置彝汉双语教育的两类模式是可行的。③

彝汉双语教育政策也是影响国家通用语言文字教育模式实施的重要

---

① 张伟：《论双语人的语言态度及其影响》，《民族语文》第1期，1988年1月。

② 黄行：《凉山彝族双语教学态度的调查研究——兼论语言态度问题》，《民族语文》第6期，1990年12月27日。

③ 滕星：《影响与制约凉山彝族社区学校彝汉两类模式双语教育的因素与条件》，《民族教育研究》第2期，2000年5月15日。

因素。有学者认为凉山彝汉双语教育政策体系包括开设普及彝语文字的彝文课程、保障彝族学生学习和使用自己语言文字的权利、加强彝族学生学前双语教育。①另外还有对昭觉县彝族语言接触的探讨,在与汉语的接触影响下,在家庭等环节交际中双语倾向越来越明显;而在结构上、词汇上借入汉语词汇增多,语音上借词变化,句法变化不大,因此应该实施彝汉双语教育保护彝语。②彝汉双语教育内部及外部存在和谐与不和谐的因素都会影响其教育的开展,外部的和谐因素主要是国际双语教育模式的多样化、国家多民族的国情、社区彝族语言的功用较大、家庭的语言生态环境较好以及彝族源远流长的传统文化,内部和谐因素则是师资的结构水平、学生的规模和学习热情、教材的建设研发;不和谐因素主要体现在对学校开展彝汉双语教育的不同态度和观点上,影响彝汉双语的教育开展。③就学习者彝族学生的脑机制来看,通过实验法收集被试在不同条件下的反应时和正确率,研究结果发现,在学习彝汉双语时对汉语的加工以左脑为主,同时右脑也有活动,对汉语的语义加工存在典型语义N400效应。④

5.小结

在民族地区,国家通用语言文字教育的开展取得了丰硕的成果,但仍存在很多薄弱环节。在具体实施模式上,国家通用语言文字的教育表现为双语教育模式,其发展经历了由国外理论的探讨和引进到逐步本土化的

---

① 马兰兰:《彝汉双语教育政策研究——以凉山彝族自治州昭觉县为例》,《学园》第7期,2012年4月8日。

② 赵镜:《昭觉县新城镇彝汉语言接触情况调查研究》,硕士学位论文,中央民族大学少数民族语言文学系,2012年,第54页。

③ 杰觉伊泓:《凉山彝汉双语教学与和谐教育研究》,《社科纵横》第8期,2013年8月15日。

④ 班胜星:《彝汉双语者汉语加工模式的ERP研究》,《西南农业大学学报(社会科学版)》第11卷第10期,2013年10月15日。

过程，但由于我国民族众多，分布状况复杂多样，民族聚居杂居情况比较多，语言种类丰富繁杂，有语言无文字或者有文字但是使用情况不一或者存在文字多样不统一等情况，导致我国双语教育模式在曲折中不断摸索前进，每个民族的双语教育模式都经历了比较漫长的发展过程，因此梳理我国教育模式的发展有助于进一步明确和反思双语教育模式的完善。

随着时代的进步，双语教育受到了多种因素的影响，这种影响一方面来自教育模式本身的结构因素的作用，诸如教材的编写、教师的发展、学生自身的因素等，其中学生自身的需求和动机最为关键，影响着双语教育模式的发展和方向；而来自教育模式外部的因素主要包括家庭环境、语言文化环境、教育政策法律法规、社会经济的发展等，其中比较关键的语言文化环境决定了语言的功能，从而进一步影响双语教育模式的实施。

具体到彝汉双语教育的模式上，彝汉双语教育模式发展同样经历了由单语教学逐步转向双语教学、由混乱模糊逐步向规范统一发展的过程，到今天形成了两类模式并重的局面；从彝汉双语教育模式自身的因素看，影响主要体现在教材的设置、教法的开发等方面，而外部因素主要包括教育政策、语言态度、文化背景及程度等，因此如何在内部、外部因素的影响下对彝汉双语教育模式做出反思，是我们值得研究的方向。

（四）对于当前文献的评述

纵观当前的研究文献，由于社会认同产生在对移民和流动人口的研究基础之上，目前的研究对象往往集中在移民和留守儿童等群体上，当然，由于个体适应的共性，一方面是社会认同的概念、测量维度、相关理论的探讨已经比较全面，另一方面是对融合实践运用也有比较良好的效果。但由于社会认同不仅仅局限于移民、流动人口，对于诸如少数民族群体如何融入主流社会的研究不多，因此当前研究需要从以下几个方面努力。

（1）研究对象、领域及内容需要扩展，融合往往发生在两个不同的群体或者个体之间，因此对于有差异的群体都可以加以研究，当前更多是关注流动人口，当然近几年也将研究关注点转向少数民族流动群体，也有很多关于流动人口儿童社会认同的成果，但是很少有关于少数民族学生社会认同的成果，更多的是关注少数民族文化适应的问题或心理适应，从整体上进行分析的研究并不多。同时，对于少数民族学生的社会认同往往更多是从文化适应、学校适应等方面展开，对其内涵、维度没有清晰的定位和明确的界定，因此需进一步探讨少数民族学生社会认同的定义以及测量维度；另外，从文化适应、学校适应的影响因素看，影响因素复杂多样，包括学生自身因素、学校因素、家庭因素等，难以确定影响因素的途径、强度大小；而双语教育对少数民族学生社会影响则是通过两个途径实现的：一方面通过促进个体认知发展来实现，另一方面通过语言文化影响个体人格核心自我来实现，但其作用和途径仍然需要科学的检验；而彝汉双语教育模式发展经历曲折的过程，同时在实施效果上并没有进行科学合理的探究，因此可以反思其实施效果及影响因素。

（2）研究的方法和手段显得比较单一，目前对于社会认同往往使用问卷调查加以统计分析的手段，或仅仅使用描述的手段，系统运用量化研究或者质性研究的成果并不多，采用混合方法研究的更少，因此在研究过程中会出现两个问题：一是会损失很多动态的及有价值的数据，二是对少数民族群体的社会认同挖掘得不够深入。

（3）对于促进社会认同的措施研究不够，一般仅从社会学的社会制度、保障等方面着手，对教育等领域的研究不够深入，因此对策措施的实效性有待检验，虽然很多国家不断出台相应措施，但针对性仍需提高。

（4）理论本土化程度不足。由于社会认同理论源于西方文化背景中的社会排斥理论、社会认同理论、社会资本理论等，是在研究西方社会的基础上发展起来的，虽然对国内的研究有很大的启发和借鉴意义，但由于文化本身的差异，一方面是理论解释的力度受到削弱，另一方面解释的过程中可能出现偏差，因此如何针对国内的文化情境发展适合的理论也是值得思考的问题。

第一章 问题提出及研究设想

第一节 问题提出以及研究价值意义

一、问题的提出

(一)国家通用语言文字教育不同模式实施效果如何及影响因素有哪些

国家通用语言文字教育自新中国成立以来即受到重视。以南方的彝汉双语教育为例,其实施已逾60年,历经"起步阶段、停滞阶段、恢复试行阶段、规范实施阶段、完善阶段"[1]等发展阶段,无论在理论还是实践层面都取得了一定成果。理论上,加强了与相关学科的结合,并推动了教学运作模式的建构与类型的个性化研究;实践上,加大了双语教育研究的经费投入,建立了健全的激励机制,动员和鼓励了来自实践一线的教育管理人员和学校教师积极参与科研;扩大了双语教育科学研究队伍,增进了相

---

[1] 史军:《四川凉山州双语教学的历史、现状及发展措施》,《民族教育研究》第5期,2006年10月16日。

互间的交流与合作。①但是对于当前凉山彝汉双语教育的成果缺乏实证科学量化的研究，更多停留在文字论述和数据的简单描述层面，缺乏对凉山彝汉双语教育实施效果影响因素的系统研究，如影响强度、影响途径等问题尚待进一步探讨。

（二）不同模式下的少数民族学生社会认同程度是否有差异

少数民族学生在求学过程中，从相对熟悉的环境转入民族成分较多的学校生活，面临诸多不适应，主要体现在城乡差异、生活习惯、价值观念等方面的跨越，具体表现为日常生活习惯、行为方式、学习、人际关系、语言文化等方面的差异。在与汉族等其他民族学生互动的过程中，往往会出现对自己民族身份、文化的强烈认同，同时也会出现对其他民族文化的认可与接纳，因此二者如何调适成为彝族学生面临的问题。相对而言，学校教育背景下的少数民族学生社会认同具有其特点，但当前对于社会认同概念、含义缺乏统一界定，对少数民族学生的社会认同研究尤为不足，特别是在不同国家通用语言文字教育模式下，少数民族学生的社会认同程度及影响因素的分别探索。因此，在明确少数民族学生社会认同的概念、辨清社会认同测量维度的基础上，对少数民族学生社会认同程度进行精确测量显得尤为重要。

（三）国家通用语言文字教育不同模式对少数民族学生社会认同影响及强度、路径

任何教育都旨在促进个体发展与社会进步。国家通用语言文字教育在个体层面上无疑增强了少数民族学生的社会适应能力，提升了他们对主流文化的适应性，达到了促进社会认同的目的。当前，影响少数民族学生社

---

① 沙马日体，史军：《凉山彝区双语教育研究回顾与展望》，《民族教育研究》第5期，2007年10月16日。

会认同的最大障碍无疑是语言的交流与沟通。双语教育最直接的教育效果是提升少数民族学生的汉语水平，促进少数民族与其他民族学生之间的互动交流。同时，语言也能促进个体思维发展，进而促进少数民族个体的社会认知，促进自我发展以及个体社会适应能力，进一步促进社会认同。当然这二者的关系是否如此以及影响的强度如何，需要进一步建构模型，并运用动态的个人发展经验来验证模型的合理性，以探清二者之间的关系。

（四）社会认同视角下国家通用语言文字教育不同模式的审视和反思

本研究的主要目的是审视和反思社会认同视角下国家通用语言文字教育不同模式。当前，凉山少数民族双语教育已步入正轨，基本形成了"两类模式"或"三类模式"并存的局面。当前的教育目的更多注重知识技能的传递，对学生知情意的发展关注不多，特别是在应试教育背景下发展起来的国家通用语言文字教育，同样摆脱不了这种影响和制约。对于"一类模式""二类模式"及其他模式中哪类模式效果更好，尚无定论。在此背景下产生的双语教育一方面自身问题不断，很多地方需要提高完善，面临着教育模式选择、教材建设、师资培训等教育体系问题；另一方面，双语教育带来的教育效应问题也备受争议，由于教学内容与现实生活的脱节以及教育过程中的问题，对少数民族学生改变现状作用有限，未能有效促进学生就业，反而使双语教育的学生在就业上处于劣势。当前，从社会需求视角及个体发展相衔接的视角审视和反思双语教育势在必行。因此，通过促进社会认同视角反思双语教育，从而针对不同模式的具体问题提出改进对策措施。

二、研究的价值及意义

（一）学术价值

本研究的学术价值体现在几个方面。

（1）在研究领域和对象方面，体现了当前学科综合交叉发展的趋势。当前，对于社会认同的研究主要基于社会学角度，研究对象多为移民、流动人口等，尤其是国内更多关注城市中的少数民族流动人口；而对于少数民族地区国家通用语言文字教育的研究则基于少数民族教育视角，研究焦点仅集中在双语教育的模式、实效、政策等方面。本研究以少数民族学生为研究对象，从教育社会学的视角出发，并不局限于教育社会学，而是综合心理学、民族教育学以及社会学等学科视角进行研究，同时主要研究国家通用语言文字教育对社会认同的影响，拓展了社会认同的研究对象和领域。

（2）丰富和充实了国家通用语言文字教育的理论和研究方法，拓宽了国家通用语言文字教育的发展途径，增强了其应用性。同时，为社会认同研究的拓展提供了新的思路，也为研究其他群体之间的社会认同提供了借鉴。当前，对于国家通用语言文字教育的研究往往采用个案研究或调查研究的方法，研究方法比较单一，对资料的分析处理手段比较简单。因此，有必要采用混合研究的范式，在静态量化研究的基础上，采用动态质性研究来验证研究结果并挖掘数据的深层次意义，进一步提高研究的科学性和合理性。

（3）对于拓展本土化的心理学、教育学发展具有一定的意义。对社会认同理论以及实践经验的研究起源于西方文化土壤，在国内近年来虽已取得一定进展，但其理论框架仍基于西方社会认同研究，因此对于文化的适切性还有待进一步验证。由于我国民族众多，特别是少数民族文化璀璨多彩，民族之间又存在差异，因此进一步关注民族心理与教育之间的关系，有利于我国本土化的教育、心理、文化等相关理论的发展和推进。

（二）应用价值

本研究的应用价值主要体现在以下几个方面。

（1）对少数民族学生的心理发展以及积极融入现代社会具有积极作用。少数民族学生的成长始终是当前教育的重心之一，由于少数民族学生生活的地区经济类型比较单一、地理环境复杂，致使教育相对滞后，少数民族学生在心理适应、文化适应以及自我认同等方面都需要借助教育来完善和提升，因此双语教育对少数民族个体的发展具有重要的促进作用。

（2）对带动少数民族地区的经济、文化发展具有积极作用。教育最重要的作用在于文化传承，双语教育以语言为载体，实现对本民族文化的传承以及与他文化的交流和了解，同时通过教育使少数民族学生学习先进的经济观念，从而影响当地经济的建设和发展。

（3）为国家政策的实施提供借鉴，特别是为教育精准帮扶提供思路。当前，对少数民族地区的教育帮扶受到高度重视，在提倡义务教育均衡化发展的同时，由于各少数民族地区情况各异，需有针对性地提升少数民族教育质量，提高精准帮扶效果。在研究宏观因素的同时，也要深入研究受教育对象——少数民族学生，从而为当地政策制定提供参考。

（4）促进不同文化群体的互动，有利于和谐社会的建设。社会认同互动是当前国家建设的主题，不同文化群体冲突的原因往往是由于文化差异在交际交往互动过程中产生隔阂和误解所致，特别是文化歧视往往会引发群体之间的矛盾。因此，国家通用语言文字教育往往通过促进学生的社会文化认知，达到相互了解和互动的目的，促进群体之间积极有利的交往。

第二节　核心概念界定及理论基础

一、核心概念界定

（一）国家通用语言文字教育及模式

1.国家通用语言文字教育

《中华人民共和国国家通用语言文字法》第二条规定："国家通用语言文字是普通话和规范汉字。"因此，国家通用语言文字教育即对普通话和规范汉字的教育。在少数民族地区，通常以双语教育的方式开展，因此有必要对双语教育进行界定。双语教育概念的界定，国内外学者都从不同学科视角进行了探讨。国外具有代表性的是英国Derek Rownrtree提出的："双语教育是培养学生以同等的能力运用两种语言的教育，每种语言讲授的课业约占一半。"[①]《朗曼语言学辞典》指出："双语教育指学校采用第二语言或外语教授主课。"[②]目前，得到多数人认可的是M. F. 麦凯及M. 西格恩的定义："双语教育这个术语指的是以两种语言作为教学媒介的教育体制，其中一种语言常常是但并不一定是学生的本族语言，作为教育教学实施的工具。"[③]而我国比较有代表性的著名语言学家戴庆厦提出："双语教育主要是指在学校中使用一种以上的语言作为教学媒介的课堂教育。""双语教育即使用两种语言，其中一种通常是学生的本族语言，

[①] 朗特里：《英汉双解教育辞典》，北京：教育科学出版社，1992年。

[②] 理查兹：《朗曼语言学词典》，山西教育出版社，1993年。

[③] M. F. 麦凯（加拿大），M. 西格恩（西班牙）：《双语教育概论》，严正，柳秀峰，译，北京：光明日报出版社，1989年。

作为教育教学实施的工具。"①王斌华则提出了广义和狭义的双语教育概念。他指出,广义的双语教育是学校教育中的两种语言教育;狭义的则是指学校教育中使用第二语言或者外语教授具体学科的教育。②方晓华则指出,双语教育是"一种教育体制和教育系统,它是一个国家、民族、地区、学校实施包括用两种语言作为教学媒介语的教学系统。一定的学科课程使用某一种教学的媒介语,通过两种语言的课程体系教学,培养学生掌握本族语和本民族的文化、第二语言及文化,成为双语双文化人"③。由此可见,对于双语教育的概念,最为人们所接受的是M. F. 麦凯及M. 西格恩的定义,该定义不但提出了教学目标,还明确了教学语言,同时以动态历史的视角关注语言的属性,并将文化提升到一个重要的位置。

在本研究中,国家通用语言文字教育主要是指在少数民族聚集区学校教育中,应用民族语和国家通用语言文字同时作为课堂教学语言,教育目标则是以培养少数民族学生本民族语言及文化,同时学习汉(国家通用语)语言及文化的教育形式,具体主要是指彝汉双语教育等。

2.双语教育模式

当前,许多学者在使用教育模式和教育类型时相互替代,并未区分二者的差异,导致双语教育类型和双语教育模式的概念模糊不清。学界公认国内最早对双语教育模式的探讨是严学宭提出的按照地域划分的类型:延边式、内蒙古式、西藏式、新疆式、西南式、扫盲式。④这种分类方式划分的维度和标准并不统一,前五种是依据地域划分,后一种则是依据教育目的。随后,我国学者周耀文提出了七种类型,周庆生提出了三类型(保存、过渡、权宜),以及后来董艳根据国外双语教育情况划分了双语教

---

① 戴庆厦:《中国少数民族双语教育概论》,沈阳:辽宁民族出版社,1997年。
② 王斌华:《双语教育与双语教学》,上海:上海教育出版社,2003年。
③ 方晓华:《少数民族双语教育的理论和实践》,北京:学苑出版社,2010年。
④ 周庆生:《中国双语教育类型》,《民族语文》第3期,1991年6月30日。

育的类型：过渡型、保持型（又分静止型和发展型）、二元双语型、浸没（又称淹没，包括美国结构式和加拿大式）型、隔离主义、分离主义、外语教学式以及双方言教学等①。另外，王鉴在综合探讨这些概念后，依据1972年美国学者韦尔和乔伊斯所著《教学模式》中提出的"教学模式"包括教学目标、教学策略和教学计划以及社会和心理理论之间的关系从而形成模式化和类型这一概念，将双语教学模式划分为保存型（又分为长期单一和长期并行）、过渡型（又分三段式、两段式、倾斜式、辅助式）、权宜式。②这些划分标准都是基于本民族语言教学情况展开的。

在用词上往往是"教育类型""教学模式""教育模式"并用，但实际上它们相互之间有很大的区别。"教学模式"和"教育模式"的区别与前面"双语教学""双语教育"二者的区别类似，在此不再赘述。对于"教育模式"，查有梁在其《论教育模式建构》中分为宏观（教学体制）、中观（办学方式）、微观（教学模式）三个层次，同时他还提出要处理好这样四个关系：首先是教学模式和教育模式之间的关系，教学活动是教育活动，狭义的教育活动包含教学活动；其次是教育过程和教育模式，教育过程是教育模式的重要环节；再次是教育结构和教育模式，教育模式包含教育结构；最后是教育方法和教育模式，二者是具体和抽象的关系。可见，教育模式包含了教育类型，其涵盖的内容超出了教育类型的内容。③

当前，民汉双语教育主要有两类模式的划分，即"一类模式"是指理科课程用国家通用语授课，文科课程用本民族母语授课；"二类模式"则是除开设民族语文课程之外，所有课程都用汉语（国家通用语）授课；其他模式则是介于两类模式之间的双语教育模式。

---

① 董艳：《浅析世界双语教育类型》，《民族教育研究》第2期，1998年5月15日。

② 王鉴：《论我国少数民族双语教学的模式》，《贵州民族研究》第1期，1999年2月15日。

③ 查有梁：《论教育模式建构》，《教育研究》第6期，1997年6月17日。

（二）社会认同及其测量维度

1.社会认同

"社会认同"是一个动态的、渐进式的、多维度的、互动的概念[①]，是"一个综合而有挑战性的概念，而不仅仅具有一个维度或意义"[②]。这个概念主要用于研究移民的适应现象。Park 和 Burgess认为（社会）融合是"相互渗透和融合的过程，在这个过程中，某个群体逐渐形成对其他群体的记忆、情感和态度，通过共享（不同群体的）经历和历史，各个群体最终融汇到共同的文化生活中"。随后 Park 在《社会科学百科全书》中给出了一个更为清晰的定义：社会认同是对一种或一类社会过程的命名，通过这种或这类社会过程，出身于各种少数族裔和具有不同文化背景的人们最终共同生活在一个国家，使文化整合水平至少能够维持国家的存在。这两个概念都侧重关注移民在文化方面的融合。1960年以后，美国社会构成变得更为多元化，人们对以主流文化为衡量标准的融合概念提出了批评。鉴于此，Alba和Nee试图对融合的定义进行一定的调整和修补，将美国国际移民的社会认同定义为"种族差异的消减，以及由种族差异所导致的文化和社会差异的消减"[③]。国内学者任远将社会认同定义为个体与个体之间、不同群体之间、不同文化之间相互配合、相互适应的过程，其目标是以构筑良性和谐的社会为主。[④]

借助对少数民族流动人口以及流动儿童的研究，本研究中使用的彝族

[①] 杨菊华：《从隔离、选择融入到融合：流动人口社会融入问题的理论思考》，《人口研究》第33卷第1期，2009年1月29日。

[②] 张文宏，雷开春：《城市新移民社会认同的结构、现状与影响因素分析》，《社会学研究》第5期，2008年9月20日。

[③] 悦中山：《农民工的社会认同研究：现状、影响因素与后果》，博士学位论文，西安交通大学，2011年。

[④] 任远，邬民乐：《城市流动人口的社会认同：文献述评》，《人口研究》第3期，2006年3月。

学生社会认同主要是指彝族北部方言区的彝族学生在与主流文化群体接触互动的过程中,为应对文化、心理方面的差异,在保持自身文化和身份认同的同时,对主流文化予以认可、接纳,并主动去适应、整合差异,而做出积极调适的单向过程。限于篇幅,本研究不探讨主流社会文化群体对彝族学生的适应过程。

2.社会认同的测量维度

国外对移民的适应研究起初是单向维度的,而后社会认同的维度或模式逐渐向双向互动发展,历经了"二维""三维"到"四维"等阶段。单向理论的代表主要是戈登(Gordon)提出的七维度理论,包括文化融合、结构融合、婚姻融合、身份认同或认同性融合、态度接受、行为接受和公共事务融合。他在修正之后提出了双向互动的二维模式观点,指出移民的融合主要有结构性和文化两个维度的融合。结构性融入主要是移民在政治、组织上的参与程度提高,更多地体现在受教育机会、就业、经济收入等方向,是确定、客观的;而文化融合则体现在价值导向、社会认同上,包括文化价值、生活习俗、语言、社会规范、人际交往等。[1]三维度则是以杨格—塔斯(J.Junger-Tas)等人的观点为代表,他在借鉴弗缪伦(Vermeulen)、潘尼克斯(Pennix)二人观点的基础上提出,针对移民和少数族群的社会融入是个多维概念,包括社会—文化融入、结构性融入、政治—合法融入。社会文化融入由社会组织参与度、外群体的互动、移入地的行为规范接纳等构成;结构性融入具体体现在教育、收入、住房等方面;政治—合法融入则体现在政治合法权利、政治待遇方面。[2]四维模型则是以恩泽格尔(H.Entzinger)等人的观点为代表,他们在对欧盟的

---

[1] Gordon Milton M, Assimilation in American life, New York: Oxford University press, 1964.

[2] Josine Junger-Tas, Ethnic minorities, social integration and crime. European Journal on criminal policy and research, 2001, 9: 5–29.

移民政策进行分析的基础上，提出移民融入应该包括四个方面的内容，即经济融入、文化融入、政治融入以及主体社会对移民的态度（接纳或者排斥）。经济融入主要体现在就业以及稳定程度、经济收入、社会福利及保障、社会组织及活动的参与度等方面；文化融入则包括移民对当地社会规范的接纳、语言、行为失范、择偶观等；政治融入体现在移民的政治身份、政治参与以及与市民的互动等方面；主体社会对移民的态度，即社会融入，包括朋友圈、社区交往、支持网络等。[1]当然，也有基于文化适应来探讨的，根据对自身族群和主流文化的认同程度，提出了四个方面的类型：边缘化、分离、整合、同化。边缘化是指对自身族群和主流文化的认同度都较低；分离是认同自身本族群文化而排斥主流文化；整合则是对两种文化的认同度都较高；同化则是认同主流文化而排斥自身族群文化。[2]菲尼（Phinney）在此基础上对身份认同提出了双向模型，即移民是否要保持主流社会或自身族群的归属感和身份认同，从而划分出四种类型。[3]

田凯认为城市适应包括三个层面：最基础的是经济适应，包括居住条件、经济收入和职业；其次是社会层面的适应，主要是指生活方式，即个体、群体或全部社会成员在一定的价值观引导下，为满足自身的生存发展而表现出的稳定生产活动和行为特征，具体体现在闲暇时间、消费方式、社会交往等方面；最后是文化层面，体现在价值观和归属感等方面。[4]朱力认为城市适应由经济适应、社会适应、心理适应三个依次递进的层面构成，经济适应是基础，而后是生活方式、社会交往的接纳，最高层是心

---

[1] Han Entzinger, Renske Biezeveld, Benchmarking in immigrant integration, Erasmus University Rotterdam, 2003.

[2] Berry J W. Acculturation as varieties of adaptation. In A Padilla (Ed.), Acculturation, Theory, Models and some New Findings. Boullder, CO: westview Press, 1980, pp. 9-25.

[3] Phinney J S. Ethnic identity in adolescents and adults: Review of research. Psychological Bulletin, 1990, 108（3）: 499-514.

[4] 田凯：《关于农民工的城市适应性的调查分析与思考》，《社会科学研究》第5期，1995年9月28日。

理精神上的认同。①陆淑珍、魏万青提出社会认同主要包括经济、社会交往、文化等方面的适应，其中经济融合仍然是最基础的因素，文化适应是最重要的因素，经济适应、社会交往则对社会认同产生间接的作用。②张文宏等通过探索性因子分析研究发现，社会认同包括经济融合、身份融合、文化融合、心理融合四个因子。经济融合主要体现在添置房产意愿、亲属陪伴人数等方面；身份融合则包括职业稳定、身份认同、户口拥有等；文化融合体现在价值观、风俗习惯、语言熟悉程度等方面；心理融合则包括社会满意度、职业满意度、住房满意度等。③风笑天认为移民适应包括四个维度：经济适应、心理适应、生活适应、环境适应。其中，经济适应体现在提高经济信心、劳动收入满意度、生活水平变化等方面；环境适应则由邻里关系、住房满意指标构成；心理适应由思乡和念旧构成；生活适应包括生活习俗、生产劳动适应。④李树茁等人认为社会认同包括情感融合和行为融合两个维度。情感融合用生活满意度、交友意愿、是否受城里人歧视、未来打算等指标测量；行为融合则用社会支持网即交友网络、关系构成等指标测量。⑤陶菁认为青年农民工的社会认同体现在三个层面：经济层面、社会层面、心理或文化层面。经济层面主要包括工作、收入、住所等；社会层面包括与市民组织之间的互动、社会规范、生活习惯等；心理或文化层面包括对价值的认同、归属感等。⑥杨菊花在对融合

---

① 朱力：《论农民工阶层的城市适应》，《江海学刊》第6期，2002年12月30日。

② 陆淑珍，魏万青：《城市外来人口社会认同的结构方程模型——基于珠三角地区的调查》，《人口与经济》第5期，2011年9月15日。

③ 张文宏，雷开春：《城市新移民社会认同的结构、现状与影响因素分析》，《社会学研究》第5期，2008年9月20日。

④ 风笑天：《"落地生根"？——三峡农村移民的社会适应》，《社会学研究》第5期，2004年9月20日。

⑤ 李树茁，任义科，靳小怡，等：《中国农民工的社会认同及其影响因素研究——基于社会支持网络的分析》，《人口与经济》第2期，2008年3月25日。

⑥ 陶菁：《青年农民工城市适应问题研究——以社会关系网络构建为视角》，《江西社会科学》第7期，2009年7月25日。

和融入辨析的基础上提出，社会认同包括经济整合、文化接纳、行为适应和身份认同，并构建了具体的测量指标体系。经济整合参照当地居民，主要包括劳动就业、经济收入、职业声望、教育培训、社会福利以及居住环境等指标体系；文化接纳体现在语言实践及能力、文化了解和价值观等方面；行为适应包括生活习惯、婚育行为、人际关系、行为规范、教育及健康行为、社会活动参与等方面；身份认同由自我、归属感、心理距离等指标构成。① 黄匡时在借鉴欧盟提出的社会认同指标后，对社会认同的指标做了详细探讨，认为社会认同可以从三个方面解释：一是社会认同政策指数；二是流动人口社会认同总体指数；三是流动人口个体社会认同指数。当然，本研究关注和讨论的重点也是流动人口个体的社会认同，包括了六个方面的主要维度：经济融合、社区融合、社会关系融合、社会保护、制度融合、心理及文化融合。经济融合又包括住房融合、劳动保护、劳动力市场融合；社区融合则是获取服务、参与社区管理、自我服务；社会关系融合由同群关系、异群关系构成；制度融合则是子女教育、户籍融合；心理及文化融合则是文化适应、身份认同、城市评价；社会保护自成二级指标。② 周皓将社会认同分为五个维度：经济融合、文化适应、社会适应、结构融合、身份认同。经济融合体现在住所和经济收入上；文化适应则体现在居住时间、饮食、外表、语言等方面；社会适应则是对当地生活的接纳和价值观的理解；结构融合则是朋友圈、居住社区、政治参与、思乡程度等；身份认同则是居住城市意愿、自我认定等。③

流动儿童的社会认同主要体现在社会认同和社会交往上，社会交往指的是儿童在生活、学习的过程中与其他人之间的互动，在彼此接纳对方的基础上形成的社会认同；而社会认同则是儿童对于"我是谁"、与市民

---

① 杨菊华：《流动人口在流入地社会融入的指标体系——基于社会融入理论的进一步研究》，《人口与经济》第2期，2010年3月25日。

② 黄匡时：《流动人口"社会认同度"指标体系构建》，《福建行政学院学报》第5期，2010年10月20日。

③ 周皓：《流动人口社会认同的测量及理论思考》，《人口研究》第3期，2012年5月29日。

之间差别对比以及归属感所组成的自我认定、分类意识、情感归属。[①]在对流动儿童的社会适应研究基础上，提出了社会适应包括心理适应、学习适应、社会文化以及生活适应三个方面。心理适应主要是指个体在适应过程中符合社会规范的行为和良好的精神状况；社会文化和生活适应主要体现在语言、价值观、行为习惯等；学习适应则表现在学习的习惯、行为、情绪、成绩等方面。[②]另外，有学者从社会交往融合、文化融合、心理适应、身份融合四个维度研究流动儿童的社会认同，包括十一个指标：当地语言熟练度、当地价值观念接纳、当地风俗习惯了解、朋友圈结构、参与学校活动程度、参与社区活动次数、居住意愿、城市依赖感、社会接纳、身份认同、生活满意度等。[③]刘杨等人提出，流动儿童的社会认同过程有三种类型：U型、J型和水平线型。U型适应经历兴奋、震惊、调适、掌控四个时期；J型则是经历震惊、调适、掌控三个时期；水平线型适应则是整个适应过程没有太大变化。整个适应过程经历四个阶段：兴奋与好奇、震惊与抗拒、探索与顺应、整合与融入。在兴奋好奇阶段，体现出兴奋高兴的情绪状况，同时能生活在父母身边，对与老家不一样的事物感到好奇；在震惊与抗拒阶段，感受到心理的失望和震惊，情绪上有恐惧、孤独的体验，在社会文化、环境、语言、学习、人际关系等方面都感觉到不适应；在探索与顺应阶段，逐渐适应，走出思乡、孤独的状态，开始逐步开朗，在社会文化上已经能适应生活习惯、语言习得，人际关系网初步建立；在整合与融入阶段，心理上逐渐自信开朗，情绪状态也逐渐舒适，在社会文化层面有了自己的人际交往圈子，社会行为已经当地化，价值观念和身份

---

① 王毅杰，史晓浩：《流动儿童与城市社会认同：理论与现实》，《南京农业大学学报（社会科学版）》第2期，2010年6月20日。

② 李艳红：《国内流动儿童社会适应研究述评》，《中国特殊教育》第6期，2012年6月15日。

③ 刘庆，冯兰：《流动儿童社会认同的结构、现状与影响因素》，《中国青年政治学院学报》第6期，2014年11月20日。

认同趋向于当地人。①另外，从心理学的角度来解释个体的社会适应应包括两个层面：即观念和行为，具体可以通过外显的行为诸如学习成绩、行为问题等以及内隐问题诸如幸福感、抑郁等来测定。②由于流动儿童的特殊性，因此流动儿童的社会认同应从结构融合、文化融合、心理融合三个方面来解读。文化融合主要是基于价值和认知的融合，而心理融合则是基于自我和社会他者之间的互动以及自我同一性的发展等，结构融合则是社会交往的关系程度。③

因此，本研究在综合以上研究成果之后，结合少数民族学生兼具少数民族流动人口社会认同以及流动儿童社会认同特点，认为少数民族学生社会认同的测量维度包括文化认同、学校适应、身份认同、心理距离，并将会在后面的具体研究中进一步进行验证。

二、研究相关理论基础

（一）双语教育理论

广义的双语教育理论主要包括第二语言习得理论以及具体的双语教育理论。Schumann从语言对个体文化适应的角度提出"文化适应"假说。Schumann认为，学习者学习一种语言与其所处的语言文化环境密切相关。文化适应被看作第二语言习得的一个重要方面。学习者的习得水平在某种程度上取决于学习者对目的文化适应的程度。学习者与目的语社团存在着

---

① 刘杨，方晓义，蔡蓉，等：《流动儿童城市适应状况及过程——一项质性研究的结果》，《北京师范大学学报（社会科学版）》，2008年5月25日。

② 曾守锤，李其维：《流动儿童社会适应的研究：现状、问题及解决办法》，《心理科学》第6期，2007年11月20日。

③ 庄曦：《流动儿童与城市社会认同问题及路径探析》，《江苏社会科学》第5期，2013年10月15日。

较大的"心理距离"和"社会距离",其中社会距离指"学习目的与文化群体相互接触的程度","心理距离"指第二语言学习者与目的语群体由于情感因素造成的距离。Schumann进一步讨论了"社会距离"因素的七个方面,"心理距离"因素包括四个方面。①

Krashen提出一套完整的第二语言习得理论模式,其核心为语言输入假说。在输入假说中,Krashen认为,只有当习得者接触到可理解输入,同时又能把注意力集中在语言的意义而非语言形式时,第二语言习得才能产生。这一概念与苏联心理学家维果茨基提出的最近发展区相似。Swain的输出假说指出,除了"可理解输入"外,第二语言学习者要成功习得语言还需要"理解性输出",语言输出有助于促进第二语言学习者语言表达的流利性和准确性。②

影响第二语言习得的内部因素指第二语言学习者的习得机制研究,包括三个方面:关于语言迁移的研究;认知学派关于习得机制的不同理论;关于语言普遍性的研究。语言迁移的研究指一种语言对学习另一种语言产生的影响。认知学派关于语言习得机制的理论具有代表性的是"竞争模式",由Brian MacWhinney 提出的关于认知与功能主义的理论,用信息加工的观点来解释语言学习过程。学习者在建立语言形式与功能之间对应关系的认知过程中,各种语言提示线索通过竞争取得主导地位,并引导学者顺利完成对形式与功能对应关系的认知。③

另外,具体双语教育理论中的平衡理论、阈限理论等都对少数民族教

---

① Schumann J. The acculturateion model for second language acquisition. In R. Gingras (Ed.), Second Language Acquisition and Foreign Language Teaching. Arlington, VA: Center for Applied Linguistics, 1978, pp. 27-50.

② Krashen S. Principles and practice in second language acquisition. London: Longman, 1982.

③ MacWhinney B. Where do categories come from? In Child Categorization, ed. C Sophian, Hillsdale, NJ: Erlbaum, 1984, pp. 407-418.

育中语言的习得进行了研究解释。其中平衡理论将两种语言描绘为共同放置在一个天平上的两个物体。另外一个类似的在头脑中存在的"两个语言气球"理论,将单语人描绘成一个充满气体的气球,而双语人则被比喻为气体不足或只充一半气的气球。当第二语言的气球被充进更多气体时(例如,美国的英语),第一语言的气球在体积上就会变小。当一个语言气球增加时,另一个就会减少。阈限理论也被称为"临界理论",该理论认为双语能力的学习与学生认知水平的发展密切相关。一般而言,精通两种或两种以上的语言对学生的认知发展将产生正向效应;反之,未精通两种或两种以上语言的学生,其认知水平远比精通双语的学生低。阈限理论将学生的双语水平分为三个层面,即低级层面、中级层面、高级层面,学生各个层面的双语水平与其认知发展关系有所差异。[①]

双语能力体现在书面表达方面是写和读,口语方面则是说和听,因此有学者也将双语人划分为平衡双语人、双半语人。平衡双语人往往是一种理想状态,两种语言都能自由表达转换,而半语人词汇有限,两种语言的表达和运用都会显得吃力,但现实中往往不存在这类型的人,因此饱受批评;另外还有自然双语人,指的是童年时期就获得说双语能力的人,复合双语则是指在同一环境下同时学会两种语言,并列双语是指在不同场景学会两种语言。[②]

(二)心理语言学及社会语言学理论

心理语言学和社会语言学的研究表明,语言的产生、发展和思维有着密切的关系。其中最具代表性的是萨皮尔—沃尔夫(Sapir-Whorf)假设,Whorf以空汽油桶引起火灾为例,指出在很大程度上,我们生活在语言习

---

① 科林·贝克:《双语与双语教育概论》,翁燕珩,等译,北京:中央民族大学出版社,2008年。
② 科林·贝克:《双语与双语教育概论》,翁燕珩,等译,北京:中央民族大学出版社,2008年。

惯所构建的环境中。他还指出，语言是用来表达思想的，思想是一个独立的过程，不受语言的影响，后来他对此进行了一定的修正，认为思想的形成不是一个独立过程，而是某种特殊语法的一部分。当然，这一观点后来逐渐受到人们的质疑，并得到了修正。①②

对语言和思维关系的研究，皮亚杰（J.Piaget）、斯特恩（W.Stern）、列夫·维果茨基（L.V.Vygotsky）等都先后进行过研究。皮亚杰（J.Piaget）提出智力和语言的关系是智力活动，并且来自于动作的内在化而非语言，思维和语言同时获得，依赖于智力。以斯特恩为代表的唯理主义语言思维论则强调言语的"有意性"，即瞬间发现符号及其意义的可能性。列夫·维果茨基在批判皮亚杰"自我中心语言"观点的基础上提出，儿童最初的语言是纯粹社会性的，并非像皮亚杰认为的那样，是从我向语言往社会语言的转换，而是外部社会语言的内化。此外，他还认为在关键时期，思维会转化为言语，言语会转化为智力，并将言语发展分为四个阶段：原始或自然阶段、幼稚心理阶段、外部符号阶段、内部生长阶段。③

社会语言学的理论认为，社会结构影响、决定语言结构，语言结构影响、决定社会结构，社会和语言的影响是相互作用、相互制约的。因此，语言能体现社会阶层、性别、年龄等因素，同时语言也是文化的一部分，文化也是通过语言得以传承，语言的发展和演变也是社会历史发展演变的过程。④因此，社会语言学的理论对于本研究无疑具有重要的启示。

（三）社会学理论

1.社会排斥理论

很多学者认为，社会认同的研究源于对社会排斥的研究。社会排斥理

---

① 桂诗春：《新编心理语言学》，上海：上海外语教育出版社，2000年。
② 爱德华·萨皮尔：《萨皮尔论语言、文化与人格》，高一虹，等译，北京：商务印书馆，2011年。
③ 列夫·维果茨基：《思维与语言》，李维，译，北京：北京大学出版社，2010年。
④ 戴庆厦：《社会语言学概论》，北京：商务印书馆，2014年。

论兴起于20世纪70年代的法国,1974年维莱·勒内(Ren Lenior)首次提出"社会排斥"这个概念并用来解释被排斥在正式收入保障制度及稳定正式收入之外的边缘群体的生活状态,这些群体主要包括老人、单亲家庭、失业人口、残疾人群、受虐儿童、社会不适应者等特殊弱势群体。随后,国际社会将"社会排斥"应用于消除贫困的政策研究中,1995年哥本哈根会议明确提出了这一政策导向。当前,我国对排斥理论的研究与运用领域比较广泛,涉及失业人口、贫困、就业、教育等诸多方面。

社会排斥有多种分类方式:显性和隐性、主观和客观、主动和被动、制度和非制度、个体和群体。从人类生活领域可以分为经济排斥、政治排斥、社会及文化排斥。经济排斥指获取劳动生活资料时遭遇的不公平,一般体现在劳动力市场的分隔理论上;政治排斥则是参与政治权利的被剥夺或不足,体现在明确法令中不同层次的人群的权利;文化排斥是以自身种族文化衡量其他族群文化,体现为种族中心主义和文化中心主义。以功能主义的视角,从排斥成因可以分为结构性排斥和功能性排斥,功能性排斥因功能欠缺而被排斥在系统外;结构性排斥则是由于社会结构的不合理所致。此外,从被排斥对象的感受可分为主观社会排斥和客观社会排斥;从排斥的内外显程度可分为显性排斥和隐性排斥,诸如法律制度的排斥为显性排斥,而文化排斥则为隐性排斥;从被排斥对象的主观意愿角度又可分为主动排斥和被动排斥等。[1]

社会排斥往往会带来很多不利于社会发展的后果,主要包括不利于社会的整合与发展。随着社会的发展,人们的自我意识越来越强烈,被排斥群体容易产生反社会行为,易导致经济上的贫困和社会地位的分层明显;同时,也容易造成被排斥群体的心理焦虑等问题,违背了社会发展的公平公正原则。因此,社会排斥恰好是社会认同的对立面,可以用来解释和促

---

[1] 景晓芬:《"社会排斥"理论研究综述》,《甘肃理论学刊》第2期,2004年6月15日。

进社会认同。

2. 社会认同及社会距离理论

社会认同理论主要体现了社会认同的心理建构过程。该理论是在种族中心主义、现实冲突理论等基础上发展而来的，最初由Tajfel等人[1]通过实证研究提出，社会认同是指个体将自己归属于某一特定群体，并认识到由此带来的情感和价值意义。他们进一步对个体认同和社会认同进行了区分，对认同的主体和对象做了界定，即个体认同更多的是对个体特点的描述，而社会认同则是对社会类别群体或对社会的认同作用。

Turner进一步提出了自我归类理论，认为人们通常会将事物进行分类，即分为内群体和外群体，并将内群体的特征不断赋予自我，完成自我定型的过程。[2]此外，人们还通过群体间的社会比较来寻求自我评价，对于群体间的差异，个体更倾向于积极评价自己所属的群体；同时，由于自我激励导致的积极区分，个体在群体间的比较中往往会为了自尊而不断促进某方面特长维度的发展，从而与其他群体形成区分；此外，在群体内，高自尊或地位高的成员更容易形成群体偏见和歧视；在现实中，地位低的群体通常会通过社会流动、社会竞争、社会创造等方式进行自我激励，以打破群体边界，提高群体间的合理性。[3]

当然，由此可以引申出社会距离理论。社会距离的概念最早出现在布里尔·塔德（G.Tarde）的《模仿法则》中，同时提出社会阶级导致社会距离的产生，因此阶级差别就是社会距离，可以进行度量。齐美尔（G.Simmel）进一步将社会距离主观化，赋予其心理距离的含义。帕克（R.E.Park）、伯杰斯（E.W.Burgess）等人将社会距离应用到族群、种族关系的研究中。而博格达斯提出的社会距离测量法进一步推动了社会距离

---

[1] Tajfel H. Experiments in Ingroup Discrimination. Scientific American, 1970, 223（5）.

[2] Tafel H, Turner J C. The social identity theory of intergroup behavior. In: Worchel S, Austin W（eds）. Psychology of Intergroup Relations. Chicago: Nelson Hall, 1986, pp.7–24.

[3] 张莹瑞, 佐斌：《社会认同理论及其发展》,《心理科学进展》第3期, 2006年5月30日。

理论的发展，该方法从愿意与他人结婚、成为俱乐部会员、做邻居、做同事、成为一个国家的公民、成为本国游客、不想与他（她）发生任何接触等七个方面进行衡量，沿用至今。①

社会认同所产生的情感归属是社会认同的基础和目的，弱势群体通过认同可以获得更多的安全感和发展机会，通过调整比较等方式来获得自尊的发展和提高。此外，社会距离理论使用具体的交往状态、接纳预期、交往意愿等维度来衡量小群体的社会认同状态。

3. 社会资本理论

"社会资本"最初出现在利达·汉尼范（Lyda J. Hanifan）发表在《美国政治社会科学学术年鉴》上的"乡村学校社区中心"一文中，用于解释社会纽带和社区参与的重要性。而后，皮埃尔·布迪厄（Pierre Bourdieu）从社会网络的视角系统地解释了社会资本，包括：文化资本、经济资本和社会资本三种资本，并将其定义为资源的集合。文化资本包括学历、证书等为符号的学位制度化形式；经济资本则是以金钱为媒介的产权制度化形式；社会资本则是以社会威望、权威、头衔等社会契约制度化形式存在。詹弗斯·科尔曼（James S. Coleman）从功能视角定义社会资本，认为个体拥有物力、人力以及设计资本。物力资本主要是货币、机器设备等，由物质资料改造而来；人力资本则是体力、智力等，改变个人技能、行为行动创造得出；社会资本则可以通过人与人之间的关系体现。他的观点实现了从宏观到微观、从个体行动到社会结构互动的超越。②

社会资本带来的正负功能主要体现在：正功能具有生产性和收益性；负功能则是由于封闭性社会结构和结构性堡垒导致的后果：一是社会资本会限制个体的自由；二是阻碍外群体的社会资源；三是抑制组织内群体成员的创造和进步；四是资源的不平等迫使弱势群体产生敌对心理，不利于

---

① 史斌：《社会距离：理论争辩与经验研究》，《城市问题》第9期，2009年9月27日。
② 吴军，夏建中：《国外社会资本理论：历史脉络与前沿动态》，《学术界》第8期，2012年8月。

社会认同。当然，社会关系网络有利有弊，对社会认同的发展既有促进作用也有阻碍作用。

第三节　研究内容与研究设计

一、研究内容及目的

（一）研究对象

1. 样本的选取

本研究主要以凉山州昭觉A中学、昭觉B中学为调查点，以班级为单位，每个年级随机抽取16～18岁（高中）双语教育"两类模式"下共380名彝族学生，对其社会认同程度以及双语教育对彝族学生社会认同程度的影响进行研究，并探讨促进彝族学生社会认同的彝汉双语教育模式。

2. 调查点概况

1）凉山州昭觉A中学

昭觉A中学于1983年建校，并于1990年开始设置"一类模式"初中班，1993年开始设置"一类模式"高中班，是目前凉山州三所"一类模式"彝汉双语教育中最具代表性的学校。该校目前共有在校生3 700余人，其中高中生1 473名，初中生2 534名，大部分学生来自昭觉本县，其余来自雷波、美姑、金阳、布拖四县。学校有137名教师，其中少数民族教师70名。其现有高中年级学生基本情况见表1-1。

表1-1　凉山州昭觉A中学高中年级学生基本情况表

序号	班级	学生数	女生	男生
1	高一年级	213	107	106
2	高二年级	641	230	411
3	高三年级	619	198	421

2）凉山州昭觉B中学

昭觉B中学于1958年建校，1965年办成高中，1981年被评为四川省首批重点中学。该校目前有55个教学班，在校人数为4 275人，彝族及其他少数民族学生占比95.4%。学校有教职工166人，其中研究生学历3人，本科学历145人。该校曾被评为"凉山州二类学校综合质量一等奖"。高中学生的基本情况如表1-2所示。

表1-2　凉山州昭觉B中学高中年级学生基本情况表

序号	班级	学生数	女生	男生
1	高一年级	908	420	488
2	高二年级	385	150	235
3	高三年级	488	231	257

（二）研究内容及目的

本研究以凉山彝族学校国家通用语言文字教育"一类模式""二类模式"的现实情况为主要研究对象，从社会认同的视角考察彝族国家通用语言文字教育"一类模式""二类模式"及其他模式不同的实施效果，进而反思"一类模式""二类模式"及其他模式的教育目的、教学方法、教材建设、课程改革等方面的问题，有针对性地改进和完善不同模式中存在的不足，为政策的制定和具体实施提供建议。

（三）研究总体框架

（1）调查当前民汉双语教育"一类模式""二类模式"等不同模式

的开展现状及实施效果。从双语教育不同模式的教学实效、课程评价、课程开展状况、教学方法、师资专业能力、学生自身因素等方面调查少数民族双语教育不同模式的开展情况，了解当前双语教学不同模式中存在的问题和不足。并通过对双语教育的直接目标通用语、民族语的"听、说、读、写"四种能力熟练程度进行分级（具体测试时分五个等级），将两者语言都在一般水平以上的学生定义为双语人，通用语不会的学生定义为单语人，以此衡量少数民族不同模式双语教育的不同实施效果。具体如图1-1所示。

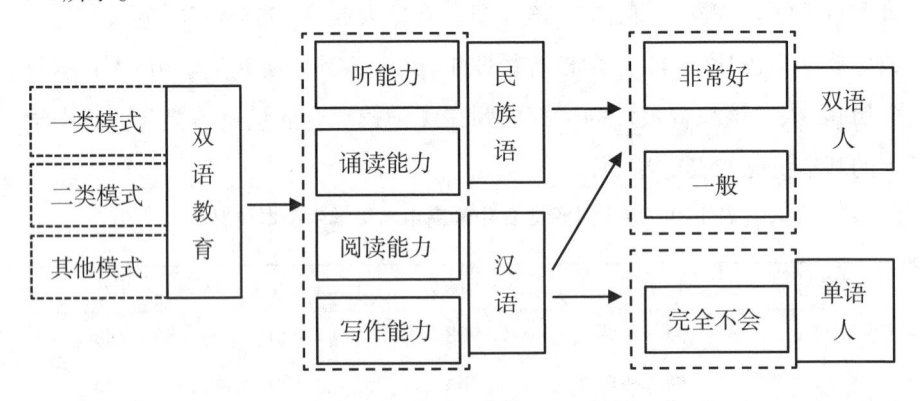

图1-1 双语教育现状研究框架图

（2）厘清少数民族社会认同的理论基础，界定社会认同的概念和测量维度，编制问卷测评少数民族学生在"一类模式""二类模式"等不同模式下的社会认同水平，比较二者是否存在差异。少数民族社会认同主要体现在对主流文化和现代文化的适应上，包括人际交往行为、身份认同、文化认同、心理距离等维度，借助已有研究编制修订量表测量各维度程度。

（3）分析少数民族学生社会认同与少数民族国家通用语言文字教育不同模式之间的关系，一方面探讨双语教育影响社会认同的因素；另一方面明确双语教育的目的就是增强学生的社会认同能力，验证这种关系的影响路径和影响强度，影响因素模型图如图1-2所示。

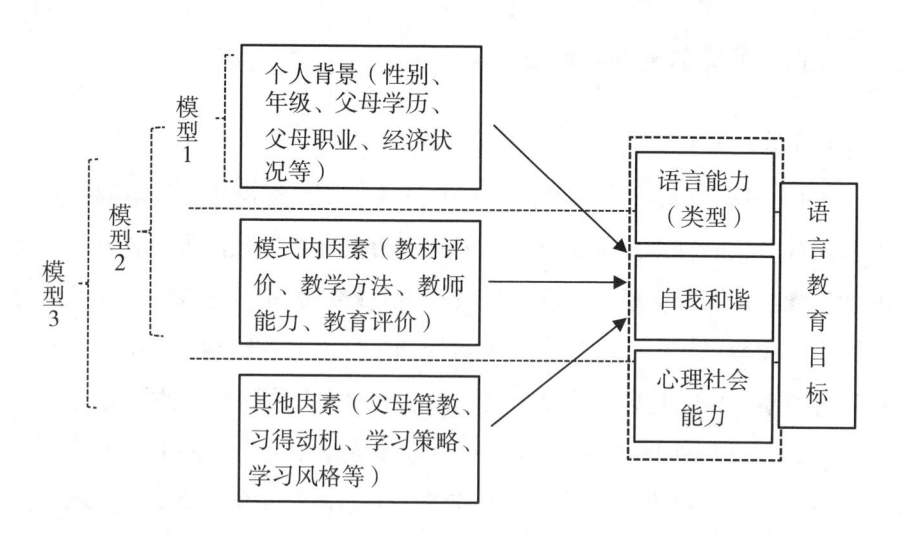

图 1-2　国家通用语言文字教育实施效果影响因素模型图

（4）基于社会认同的视角，对双语教育的外部因素（政策、教材、师资、课程、方法等），以及个体自身的内部因素（学习动机、策略、风格等）进行反思分析，提出针对性的建议和措施。总体研究框架如图1-3所示。

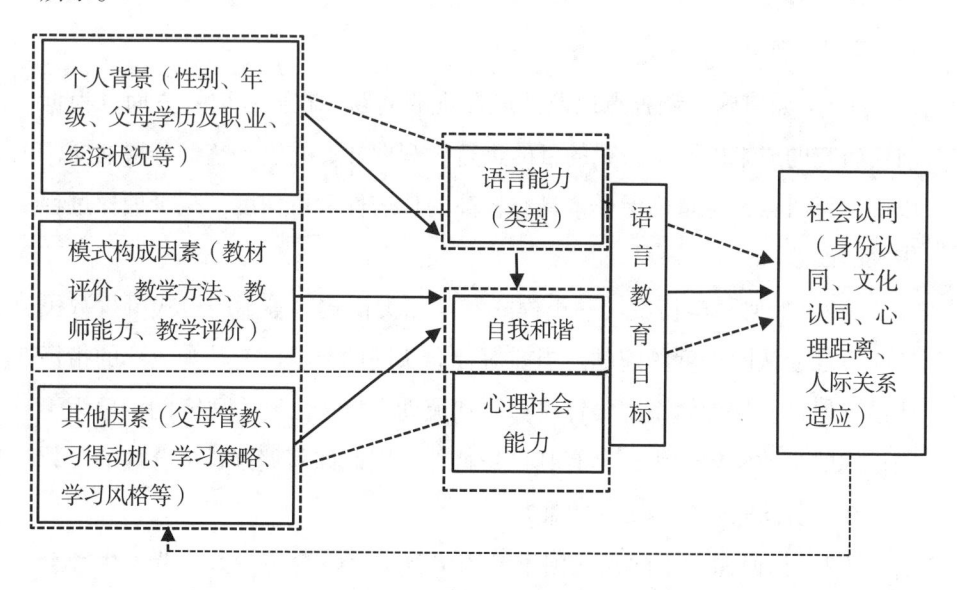

图 1-3　研究总体框架图

（四）研究的重点与难点

1.研究重点

（1）调查少数民族学生在"一类模式""二类模式"等不同模式下的不同社会认同程度。本研究的首要关键目的在于探究两类模式下少数民族学生社会认同程度是否存在差异及探讨其影响因素。在双语教育的两类模式中，少数民族学生的社会认同会受到多种因素的影响，其融合水平也往往有所不同，因此有必要对少数民族学生的社会认同程度进行调查。

（2）分析不同模式双语教育对少数民族学生社会认同的影响途径和强度也是关键。双语教育对少数民族学生的心理、文化具体会产生哪些影响以及如何产生影响，是需要深入探索的关键内容，这也是进一步提出策略的依据。

（3）探索不同模式双语教育促进少数民族学生社会认同的策略也是本研究的重点。这体现了双语教育在少数民族学生社会认同中的具体应用，也是检验本课题的关键，因此这部分是本研究的重中之重。

2.研究难点

（1）如何确定调查点以及选取样本的问题。在研究取样方面，根据前期研究的成果以及本研究的目的进行主观取样，并进行整群分层抽样，以确定调研点，尽量确保样本具有较高的代表性和可信度，减少抽样过程带来的误差。

（2）如何科学衡量"一类模式""二类模式"等不同模式下少数民族学生社会认同程度的问题。当前对社会认同的测量已有较为成熟的指标体系，但这些指标体系主要针对移民和流动人口。由于本研究的对象为不同模式的少数民族学生，具有其自身特性，因此如何编制科学合理的少数民族社会认同问卷是本研究的难题之一。

（3）如何探索不同模式国家通用语言文字教育与少数民族学生社会认同之间的具体关系。国家通用语言文字教育在少数民族学生社会认同中发挥着重要作用，但关键在于其如何发挥作用、能发挥多大的作用以及哪种模式发挥的作用更大，需要在数据分析和处理的基础上进行理论探讨，这也是难点之一。

（4）如何针对性地提出促进少数民族学生社会认同的双语教育"一类模式""二类模式"等不同模式的改进策略。本研究的最大难点在于根据前期的梳理和论证，如何依据现实情况制定科学合理的国家通用语言文字教育不同模式应对策略，并采取科学合理的手段付诸实践。

（五）创新之处

1.在学术思想上的创新

以往的社会认同研究主要源于对西方移民的研究，因此研究视角主要从社会学角度展开，目前虽有研究关注流动人口，诸如流动儿童的社会认同情况，但研究视角仍局限于社会政策保障等方面，尚未从社会学视野中拓展出来。本研究将少数民族学生的社会认同置于教育学、心理学和民族学的视角下进行研究，拓宽了社会认同的研究视野，也为当前多学科视角结合的研究思路提供了参考。

2.学术观点的创新

当前对少数民族学生的研究更多是从心理健康、人格特征、学业成就等方面入手，更多关注少数民族与汉族的差异，对少数民族学生如何融入当代主流社会的研究并不多。当前，在社会和谐共建的浪潮中，如何解决少数民族的生存和发展问题理应受到重视。本研究以少数民族学生的社会认同为切入点，以双语教育为杠杆，促进少数民族学生社会认同能力的发展。

3.研究方法等方面的特色和创新

纵观当前对社会认同和国家通用语言文字教育的研究方法，由于受研究对象和视角的限制，大多仅单纯使用两三种研究方法，研究途径和渠道较为局限。在使用量化研究时，很少应用定性研究，导致研究过程中损失了有价值的信息。本课题综合运用了社会学、心理学、教育学等多学科的研究方法，采用定性与定量相结合的方法进行研究，在研究方法上具有开拓性意义。

二、研究方法与设计

（一）研究思路

本研究在确定研究主题后，将利用万方、知网、维普、读秀、超星等数据库检索并搜集相关电子文献，同时通过网络及其他途径购买相关书籍，以获取充分的文献资料。在对文献资料进行分析的基础上，梳理当前文献研究的成果与不足，借鉴前人的研究思路编制民汉双语教育实施效果影响因素问卷以及学生社会认同问卷，对当前"一类模式""二类模式"等不同模式下少数民族学生的双语教育效果和社会认同现状进行测量，完成第一阶段的研究。随后，对不同模式的双语教育与少数民族学生社会认同之间的关系进行分析探讨，采用深入访谈、问卷调查等手段收集国家通用语言文字教育、双语教育与少数民族学生融合的相关资料，并运用数理分析模型进行论证分析，探究双语教育各因素对少数民族学生社会认同影响的途径、大小和强度等。接着，采用案例研究方法，深度访谈社会认同较好、社会认同适中、社会认同不良的三类学生，通过叙述分析和文本内容分析的方式探讨双语教育不同模式与少数民族学生社会认同之间的动态关系，从而进一步验证量化研究的结果。在厘清这些关系的基础上，对"一类模式""二类模式"等不同模式的双语教育，提出促进少数民族学生社会认同的针对性策略，并对实施途径、操作步骤等进行细化，确保措施切实可行。研究基本思路如图1-4所示。

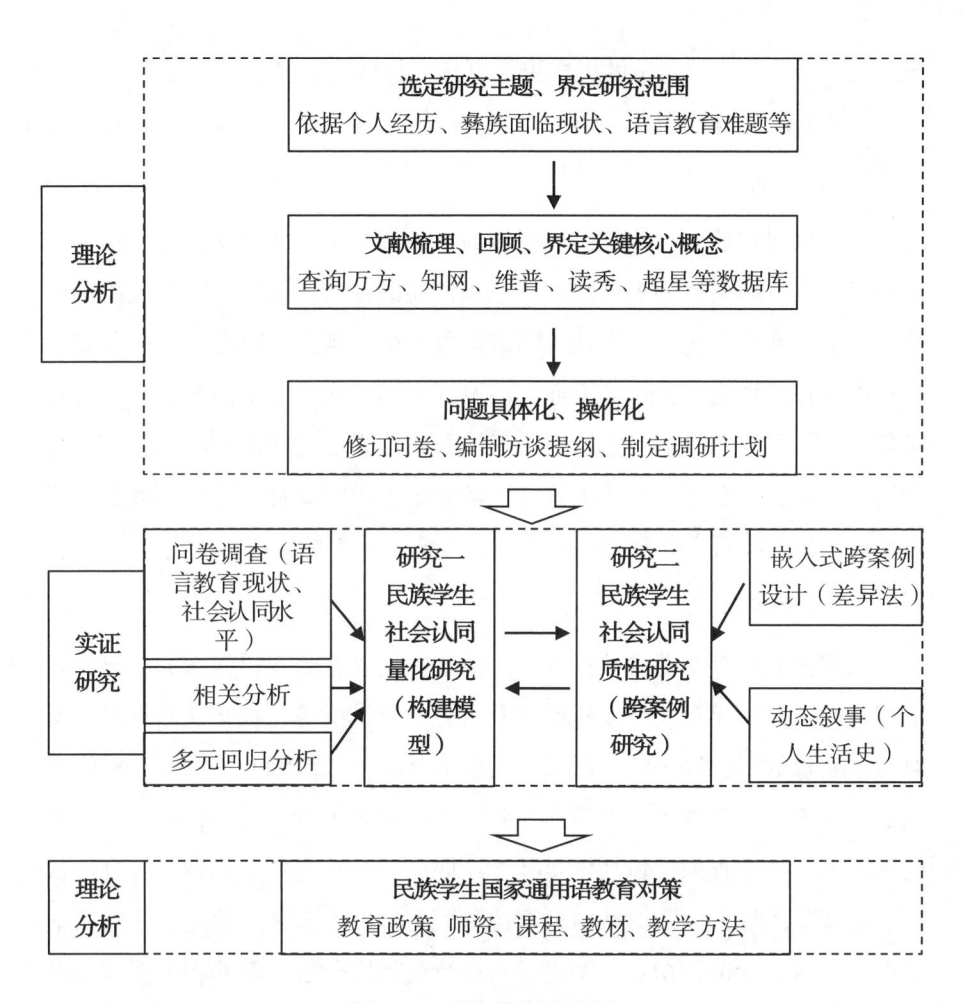

图 1-4 研究基本思路图

（二）具体研究方法

本研究主要采用量化与质性相结合的混合研究方法中的时间系列设计方法。[①]首先，通过量化研究探索双语教育"一类模式""二类模式"等不同模式的实施效果及影响因素，并探讨不同模式的双语教育对少数民族学生社会认同影响的途径、大小和强度；随后，运用质性研究动态视角分

---

① J. W. Creswell：《混合方法研究导论》，李敏谊，译，上海：上海人民出版社，2015年。

析二者关系，为后续对策的提出提供更具可行性的建议。

具体的研究方法和手段如下。

1.文献分析法

社会认同在社会学领域已取得较为丰硕的成果，尤其是关于城市少数民族流动群体的实证调查比较多，且从描述的视角进行的研究以及关于少数民族学生文化适应、心理适应的成果也不少。当前对社会认同的研究主要集中在移民和流动人口等方面，涉及社会学、人口学等内容，而本研究对象为少数民族学生的双语教育，又涉及民族学、文化心理学、教育学等学科。因此，需在综合分析大量文献的基础上，明确社会认同的概念及测量维度，为后续研究，包括问卷编制及数据处理等提供理论依据。

2.问卷调查法

问卷内容主要涵盖少数民族学生的基本信息、受双语教育的状况、当前双语能力、学习双语的动机策略及自身学习风格等、社会认同状况以及对双语教育的态度等。在编制问卷初稿的基础上，咨询专家同行，对问卷措辞进行修订，选取"一类模式"和"二类模式"等不同模式的学校作为问卷调查点，调查内容包括学生社会认同的几个维度：文化融合、身份认同、心理距离等，以及对双语教育的认同态度、实施具体情况、策略实施情况等。对问卷进行初步试调查后，进行信效度分析，删除相关系数小于0.5的项目，最终确定问卷定稿并进行调研。

对收集到的问卷数据进行编码录入，运用SPSS 19.0、Amos 22.0等软件对收集到的量化数据进行分析处理，删除或处理缺失值。对当前民汉双语教育的影响因素和双语水平进行分层线性模型回归；对少数民族学生社会认同现状程度进行描述统计；在双语教育对少数民族学生社会认同影响的途径上，运用相关分析、t检验，在显著相关的基础上，进一步运用两分类logit回归、线性回归、路径模型等方法分析影响的方向和强度大小。

3.案例研究和教育叙事研究

在对少数民族学生社会认同的探究过程中，往往会涉及对同伴、教师等周围交往情况的考量。为进一步验证量化研究的科学性和合理性，本研究在个案分析中采用叙事动态分析的方法。本研究主要采用解释性案例研究，即在理论假设的前提下，为解释不同模式双语教育对社会认同影响的理论，针对特殊事件展开研究。研究从案例设计、案例数据收集、数据处理与分析、报告呈现与分享等几个步骤进行设计。在案例设计阶段，界定少数民族学生社会认同案例，选定以跨案例交叉设计为主，运用社会认同理论、双语教育的相关理论进行阐释，并明确本案例即确定研究分析单位或内容为少数民族学生不同的社会认同水平与双语教育的关系，采用多案例整体性设计，运用变量差异法复制选定对象。数据收集主要通过以下几个渠道：文件、访谈资料、问卷调查、观察、实物、档案记录等。

在收集资料方面，主要应用深度访谈法。本研究在调查研究少数民族学生的社会认同程度时，在理论梳理的基础上，需对双语教育两类模式的少数民族学生、学校教师、同伴等多方进行访谈。访谈内容主要包括少数民族学生的家庭背景、受教育经历（双语教育）、汉语学习时间、学校课程设置、教材使用情况、教师专业能力、学习动机、自我心理状态、语言能力、身份认同、学校适应等；学校教师的基本信息、职业认同、教学能力、教学方法、教学策略、职业规划、教材评价、学生评价等。通过访谈资料挖掘个案的社会认同动态发展，应用案例研究以及生活史叙事，从而从另一个角度验证模型。

为提升研究的信效度，在资料收集环节，采用多元的收集方式并形成证据链；在撰写报告环节，让资料提供者对草案进行核实检查；同时，在资料分析环节，采用逻辑模型，在设计阶段用理论指导单个案例或使用复制重复方法进行多案例研究。信度是对资料真实可靠的质疑，或研究能否被重复的问题，在资料收集阶段可使用案例研究草案或建立资料库等策略。在研究报告撰写时，采用多案例贯穿整个分析和撰写过程的格式。

在教育叙事研究方面，通过目的抽样、最大差异法、典型个案抽样等方法，选择双语教育不同模式中的典型学生和典型教师作为研究对象。通过收集学生的访谈记录、教师的博客日志、相关新闻报道等多种方式收集资料，关注个体的特殊历史经历，通过讲故事追溯自己经历中留下深刻印象的教育事件，使自己经历的真实事件得以再现，以故事的形式撰写研究报告，从而获得故事背后的意义建构和解释。对学生的社会认同情况，包括心理融合、文化适应、身份认同等具体内容进行进一步合理分析，特别是在交往对象的民族成分、交往频率和亲密度等方面做出深层次的解释。研究报告的撰写采用情境类属式呈现，以弥补量化研究中的不足。

第二章 国家通用语言文字教育不同模式实施效果及其影响因素

第一节 国家通用语言文字实施效果的测量

一、国家通用语言能力、双语能力及测量工具

国内对少数民族国家通用语言能力的研究，最初是从对外汉语教育研究展开的。目前，对于国家通用语言能力的定义，从母语角度来看，语言能力更多地是指语言的交际运用能力；从操作层面来看，主要由篇章能力、语法能力、社会语言学能力、以言行事能力等组成。语法能力主要是指语言规则，即在语言表达的过程中决定使用哪些词汇的能力，篇章能力则是按照语言习惯将语言片段组成段落话语的能力；以言行事能力则是语言行动和社会功能；社会语言能力则是对语言的驾驭能力以及对文化社会环境的敏感性。[①]对于少数民族学生的国家通用语言能力，通常是从第二

---

① 王佶旻：《全球化视角下的汉语能力标准研究》，《语言战略研究》第1卷第5期，2016年9月10日。

语言的视角进行界定，认为少数民族学生的第二语言能力是一种专门的能力，一方面高于语言观察能力、语言记忆能力、语言理解能力和运用语言思维能力的汉语能力，另一方面具备从事汉语专业活动的语言迁移能力；并且具有将语言进行扩展的能力、触类旁通的迁移能力以及进行自我评价和纠正的能力，其结构成分是在进行语言活动（如读写）的过程中，对语言的词汇、语音、句法等基本单位进行配置、组织、转换和应变的能力，少数民族的汉语能力往往在汉语教学的学习模仿过程中强化发展起来。[①]

对于双语能力测量的本土探索，我国的才让措等以青海牧区"一类模式"为教学的藏族中小学生为研究对象，调查了他们的句子理解、阅读能力、听力理解、看图写作四个维度，并辅之以访谈、问卷调查、听课等方式，并运用数理分析软件进行统计分析。结果发现，虽然汉语水平起点较低、藏语水平起点较高，但随着年级的增加，水平都在上升，并且在小学和高中都有加速期，而初中则是缓冲期，而且藏语对汉语的影响更大，藏汉双语与思维显著相关。[②]

可见，当前对于少数民族语言能力的测量更多是国家通用语言能力的测量，而对于少数民族自身民族语言能力以及双语的语言能力测量目前还比较欠缺，需要进一步开发和研制。

二、测量的实施

研究工具主要是在借鉴科林·贝克《双语与双语教育概论》中的双语自测量表基础上进行编制修订，将此量表进行细化，将原来的测量选项修

[①] 张鸿义：《简论汉语教学中对民族学生汉语能力的培养》，《喀什师范学院学报》第4期，1987年8月29日。

[②] 才让措，普华才让，尖措吉等：《藏汉双语能力发展的生态化分析——基于青海藏族学生藏汉双语能力发展测验》，《中国藏学》第2期，2013年5月15日。

订成五点量表，原题项不变（量表具体见附录一）。量表的Cronbach's a 值为0.636，符合测量学标准。科林·贝克的原量表主要包括了听说读写四个技能的测量，并以三点间距"完全能、只能一点、现在不能"作为选项进行测量，具体如表2-1所示。问卷指导语为："在相对于每个问题和每种语言的一个方格中画勾"，题项1："如果现在和你讲这种语言，你能听懂这种语言吗？"其选项为"完全能听懂、只能听懂一点、现在听不懂"；题项2："你现在能讲这种语言吗？"其选项为"能讲得很好、能讲一点、现在不能讲"；题项3："你现在能读这种语言吗？"其选项为"能读得很好、能读一点、现在不能读、永远不能读"；题项4："你现在能写这种语言吗？"其选项为"能写得很好、能写一点、现在不能写、永远不能写"。[①]

表2-1 双语自评量表

在相对于每个问题和每种语言的一个方格中画勾	选项	语言1	语言2
如果现在和你讲这种语言你能听懂这种语言吗？	完全能听懂	□	□
	只能听懂一点	□	□
	现在听不懂	□	□
你现在能讲这种语言吗？	能讲得很好	□	□
	能讲一点	□	□
	现在不能讲	□	□
你现在能读这种语言吗？	能读得很好	□	□
	能读一点	□	□
	现在不能读	□	□
	永远不能读	□	□

---

① 科林·贝克：《双语与双语教育概论》，翁燕珩，译，北京：中央民族大学出版社，2008年，第26页。

续表

在相对于每个问题和每种语言的一个方格中画勾	选项	语言1	语言2
你现在能写这种语言吗？	能写得很好	□	□
	能写一点	□	□
	现在不能写	□	□
	永远不能写	□	□

问卷主要是利用学生的自习、空闲时间发放，当场测试，当场回收。在施测过程中，与整体问卷一起施测，发放问卷380份，回收380份，回收率达100%，有效问卷为375份，有效率为98.69%。

测量的样本情况如表2-2所示。

表2-2 测量样本情况统计表

类别		频率	百分比	类别		频率	百分比
性别	男	188	50.1	父亲职业	农民	307	81.9
	女	187	49.9		私企员工	3	0.8
年级	高一	130	34.7		公务员	15	4
	高二	137	36.5		个体户	8	2.1
	高三	108	28.8		其他	42	11.2
生源地	农村	349	93	母亲职业	农民	333	88.8
	城镇	25	6.7		私企员工	4	1.1
	城市	1	0.3		公务员	3	0.8
父亲学历	文盲	123	32.8		个体户	8	2.1
	小学	159	42.4		其他	27	7.2
	初中	56	15	父、母亲民族成分	都是彝族	364	97
	高中（中专）	26	6.9		一方是彝族、另一方其他少数民族	1	0.3
	大学（含专、本科及研究生）	11	2.9		一方是彝族、另一方汉族	10	2.7

续表

类别		频率	百分比	类别		频率	百分比
母亲学历	文盲	244	65.1	生活费使用情况	不够用	169	45.1
	小学	110	29.3		差不多	198	52.8
	初中	15	4		非常充裕	8	2.1
	高中（中专）	4	1.1				
	大学（含专、本科及研究生）	2	0.5				

三、结果分析

从问卷调查的结果来看，为了更直观地体现数据结果，主要从以下几个方面：总体的听说读写技能情况、不同模式下民族语的不同技能比较情况、两类模式下国家通用语言文字（汉语）的不同技能比较情况等分别进行描述统计分析。

（一）彝汉双语语言能力情况

1. "一类模式" "二类模式" 彝族学生彝语、国家通用语各项技能自评情况分析

1） "一类模式"彝语、汉语听说读写各项技能

如图2-1所示，从数据分布情况看，彝族学生的彝语 "听" 技能整体分布比较理想，水平都处于"一般"及以上层次，占比98.2%。彝族学生的彝语 "说" 技能整体分布比较理想，水平基本上都处于"一般"及以上层次，占比96.5%，其中"完全会"占到了一半（49.7%）。"一类模式"教育下的彝族学生彝语"读"的技能较为理想，三分之二（67.3%）的学生读技能都处于"一般"及以上层次，"完全不会"的学生占比为6.4%。

"一类模式"教育下的彝族学生彝语"写"的技能还存在提升空间，一半（43.9%）的学生读技能都处于"一般"及以上层次，"完全不会"的学生占比为14.6%。

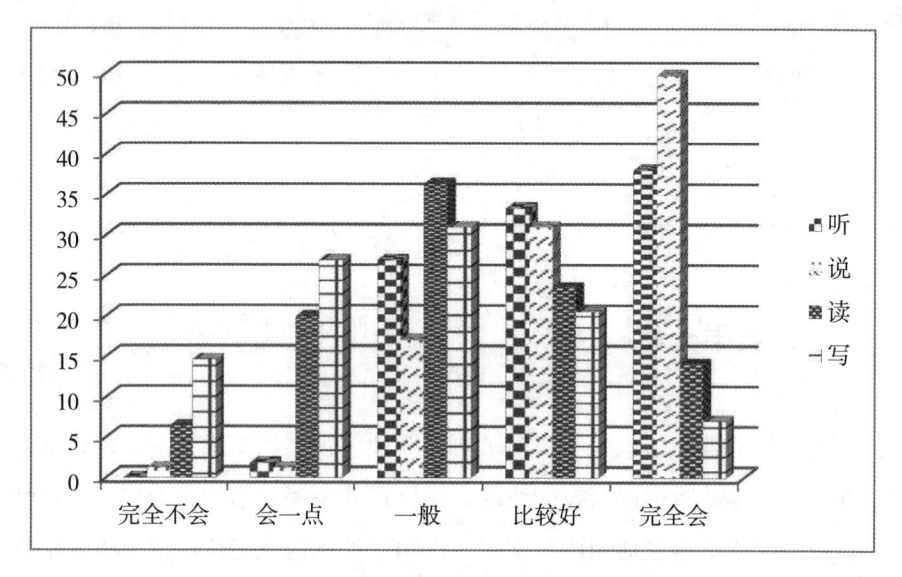

图2-1 "一类模式"彝语技能情况柱状图

从图2-2的数据结果看，"一类模式"下彝族学生汉语"听"技能整体比较理想，但主要处于"一般"和"比较好"之间的常态，达到一半（54.4%）的比例。"一类模式"下彝族学生汉语"说"技能整体比较理想，但主要处于"比较好"和"一般"这两个层次之间的常态，达到一半（58.5%）的比例，"会一点"以下的比例达到十分之一（10.5%）。"一类模式"下彝族学生汉语"读"技能整体比较理想，但主要处于"一般""比较好""完全会"三个层次，达到三分之二以上（87.2%）的比例，"会一点"以下的比例接近十分之一（12.8%）。"一类模式"下彝族学生汉语"写"技能整体比较理想，但主要处于"一般""比较好"这两个层次之间的常态，达到三分之二（63.7%）的比例，"会一点"以下

第二章 国家通用语言文字教育不同模式实施效果及其影响因素

的比例接近十分之一（8.2%）。

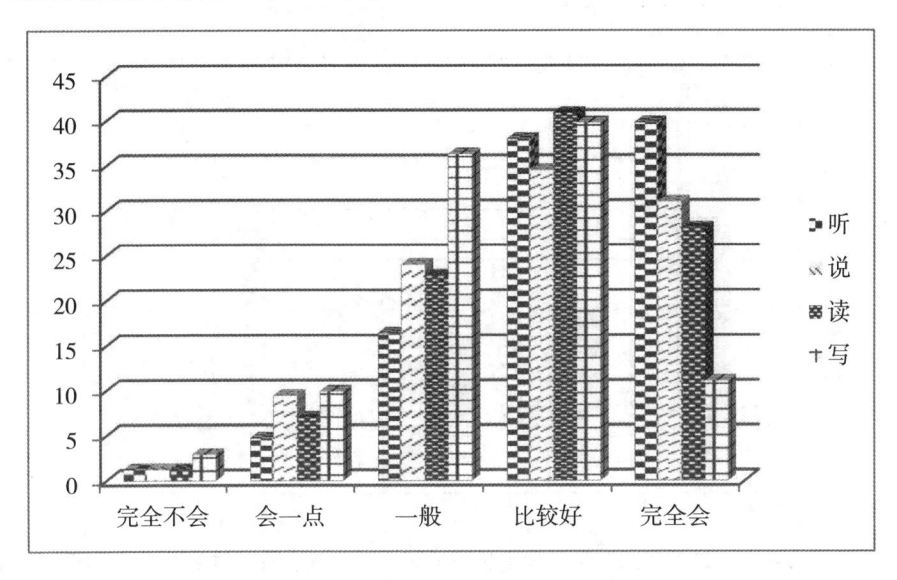

图 2-2 "一类模式"汉语技能情况柱状图

2)"二类模式"彝语、汉语听说读写各项技能

如图2-3所示，从数据分布情况看，彝族学生的彝语"听"技能整体分布比较理想，水平都处于"一般"层次以上，占比达92.6%。彝族学生的彝语"说"技能整体分布比较理想，水平基本上都处于"一般"层次以上，占比达95.4%，其中"完全会"占到了一半（51%）。"二类模式"教育下的彝族学生彝语"读"的技能并不理想，三分之二（60.3%）的学生"读"技能都处于"完全不会"的层次，"会一点"以上的学生占39.7%。"二类模式"教育下的彝族学生彝语"写"的技能并不理想，三分之二以上（71.6%）的学生"写"技能都处于"完全不会"的层次，"会一点"以上的学生占28.5%。

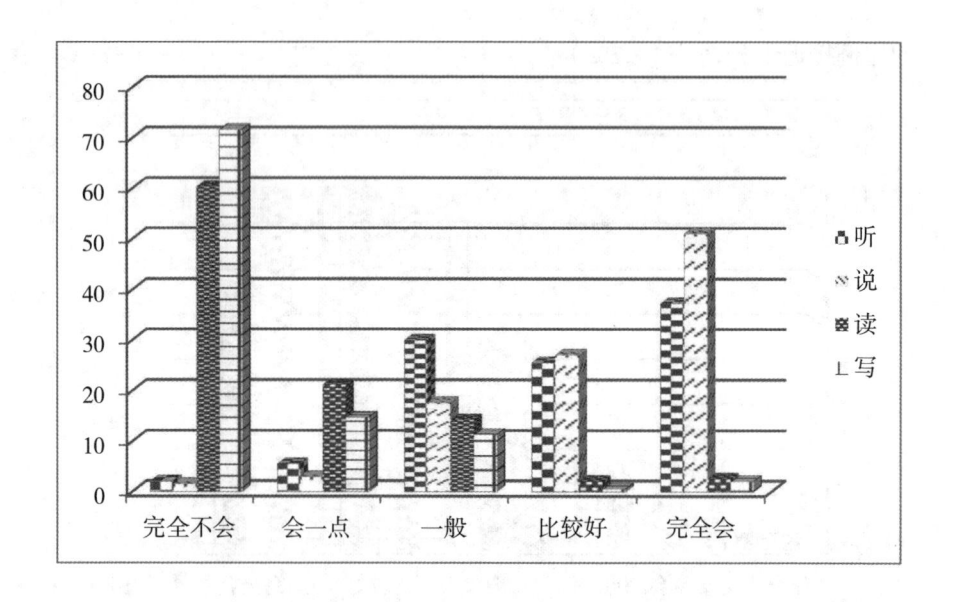

图 2-3 "二类模式"彝族学生彝语"听、说、读、写"技能情况柱状图

图2-4的数据结果表明,"二类模式"下彝族学生汉语"听"技能比较理想,处于"完全会"和"比较好"这两个层次的比例达到十分之九(91.2%),"会一点"以下的比例非常少(1%)。"二类模式"下彝族学生汉语"说"技能比较理想,处于"完全会"和"比较好"这两个层次的比例达到十分之九(85.3%),"会一点"以下的比例非常少(1.5%)。"二类模式"下彝族学生汉语"读"技能比较理想,处于"完全会"和"比较好"这两个层次的比例达到十分之八(77.4%),"会一点"以下的比例非常少(5.4%)。"二类模式"下彝族学生汉语"写"技能比较理想,处于"一般""完全会"和"比较好"这三个层次的比例较为均衡,均处于30%左右,综合比例达到十分之九(93.2%),"会一点"以下的比例非常少(6.8%)。

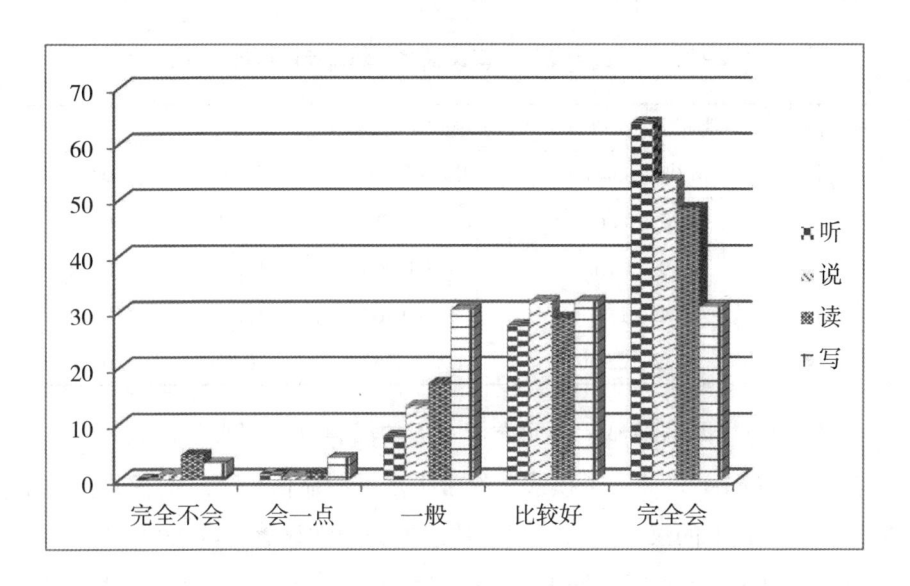

图2-4 "二类模式"彝族学生汉语"听、说、读、写"技能情况柱状图

2. "两类模式"下彝族学生的彝语、汉语各项技能的比较分析

为进一步探讨两类模式下彝族学生的彝语、汉语"听说读写"各项技能的差异，对两类模式的彝族学生进行交叉制表并进行独立样本t检验，以探讨教学模式的效果。

表2-3的数据结果显示，两类模式下的彝族语言"听"技能差异并不显著；另外，两类模式下的彝族语言"说"技能差异并不显著；两类模式下的彝族语言"读"技能差异非常显著（$p<0.001$），且"一类模式"的学生水平明显高于"二类模式"的学生；两类模式下的彝族语言"写"技能差异非常显著（$p<0.001$），"一类模式"的学生水平明显高于"二类模式"的学生；整体比较发现，两类模式下的彝语技能差异非常显著（$p<0.001$），同样也是"一类模式"的学生水平明显高于"二类模式"的学生。

表 2-3 "一类模式""二类模式"彝语技能情况统计表

项目因子	一类模式（n=171）	二类模式（n=204）	t	p
听	4.08 ± 0.847	3.91 ± 1.03	1.716	0.087
说	4.27 ± 0.866	4.23 ± 0.942	0.41	0.682
读	3.19 ± 1.106	1.65 ± 0.963	14.365	0.000
写	2.78 ± 1.14	1.47 ± 0.862	12.733	0.000
彝语技能	14.32 ± 2.956	11.25 ± 2.52	10.826	0.000

表2-4的数据结果显示，两类模式下的汉族语言"听"技能差异非常显著（$p<0.001$），"一类模式"的学生水平明显低于"二类模式"的学生；两类模式下的汉族语言"说"技能差异非常显著（$p<0.001$），"一类模式"的学生水平明显低于"二类模式"的学生；两类模式下的汉族语言"读"技能差异比较显著（$p<0.01$），"一类模式"的学生水平明显低于"二类模式"的学生；两类模式下的汉族语言"写"技能差异非常显著（$p<0.001$），"一类模式"的学生水平明显低于"二类模式"的学生；整体比较发现，两类模式下的汉语技能差异非常显著（$p<0.001$），同样也是"一类模式"的学生水平明显低于"二类模式"的学生。

表 2-4 "一类模式""二类模式"汉语技能情况统计表

项目因子	一类模式（n=171）	二类模式（n=204）	t	p
听	4.11 ± 0.921	4.53 ± 0.725	−4.988	0.000
说	3.85 ± 1.006	4.36 ± 0.804	−5.507	0.000
读	3.88 ± 0.941	4.16 ± 1.035	−2.763	0.006
写	3.46 ± 0.922	3.84 ± 1.007	−3.745	0.000
汉语能力	15.29 ± 3.177	16.89 ± 2.977	−5.026	0.000

3.两类模式下数据结果讨论

从上述数据结果来看，两类模式下彝族学生的彝语听、说技能无太大差异，读写技能则存在很大差异，汉语方面，听说读写都存在很大差异，这与两类教学模式的侧重点密切相关，"一类模式"下对彝语读写能力的提升有很大帮助，"二类模式"下对汉语的帮助比较大。不过，具体的影响因素以及影响强度路径，将在后续的分析中进一步深入探讨。

第二节　国家通用语言文字教育间接目标效果

一、心理社会能力

（一）心理社会能力问卷

心理社会能力指个体由内到外的各种综合能力，较强的心理社会能力是个体处理日常所需及应对各种挑战的根本，能保证个体在拥有良好心态的同时，在与环境及社会的互动中展现出积极的行为及适应能力。具体来说，主要包括人际关系能力、自我认知能力、缓解压力能力、调节情绪能力、创造性思维能力、决策能力等。①

本研究主要使用曾天德等人于2015年编制的《未成年人心理社会能力量表》进行测量②，该量表在进行探索性因素分析的基础上，确定由5个因素构成，即自我调控、沟通协调、社会应对、科学想象、自我防御。题目选项采用李克特量表设置，从"非常不符合"到"非常符合"5点计分，进一步的验证性因素分析确定该量表具有较高的信效度（Cronbach's a=0.879），各量表信度较高，其中自我防御分卷Cronbach's a=0.573，科学

---

① UNICEF, WHO. Skill-based Health Education including Life Skills. Life Skills Education in schools，2002，23（3）：7–8.

② 曾天德，朱淑英，陈明：《未成年人心理社会能力量表编制》，《心理与行为研究》第13卷第1期，2015年1月20日。

想象分卷Cronbach's *a*=0.612，自我调控分卷Cronbach's *a*=0.593，沟通协调分卷Cronbach's *a*=0.851，社会应对分卷Cronbach's *a*=0.644。

（二）彝汉双语教育学生心理社会能力概况

1.两类模式彝族学生心理社会能力描述

1）"一类模式"彝族学生心理社会能力描述

从表2-5数据整体分布来看，由于偏度绝对值均小于1.5，因此各量表的测量数据均为正态分布，符合进一步统计分析的需要。

表2-5 "一类模式"彝族学生心理社会能力描述统计表

维度	题目	*n*	极小值	极大值	均值	标准差	偏度	峰度
自我防御	n41	171	1	5	3.05	1.144	−0.056	−0.556
	n44	171	1	5	2.16	1.235	0.707	−0.658
	n425	171	1	5	3.75	1.052	−0.492	−0.577
	n427	171	1	5	2.44	1.27	0.457	−0.926
	n431	171	1	5	3.4	1.145	−0.209	−0.85
	n430	171	1	5	3.43	1.062	−0.357	−0.649
	n435	171	1	5	3.29	1.131	−0.226	−0.536
	n437	171	1	5	3.11	1.112	−0.132	−0.728
科学想象	n42	171	1	5	4.16	0.906	−1.004	0.53
	n47	171	1	5	2.67	1.393	0.273	−1.232
	n412	171	1	5	3.76	1.049	−0.649	−0.163
	n415	171	1	5	3.49	1.229	−0.514	−0.659
	n417	171	1	5	3.2	1.277	−0.208	−0.992
	n421	171	1	5	3.36	1.192	−0.418	−0.762
	n436	171	1	5	3.68	1.088	−0.495	−0.54

续表

维度	题目	n	极小值	极大值	均值	标准差	偏度	峰度
自我调控	n43	171	1	5	3.35	1.103	−0.266	−0.762
	n46	171	1	5	3.34	1.149	−0.2	−0.87
	n411	171	1	5	3.43	1.111	−0.271	−0.656
	n418	171	1	5	2.32	1.267	0.579	−0.853
	n419	171	1	5	3.02	1.079	0.095	−0.61
	n423	171	1	5	3.23	1.106	0.064	−0.832
沟通协调	n45	171	1	5	3.1	1.166	0.052	−0.81
	n48	171	1	5	3.49	1.119	−0.195	−0.805
	n49	171	1	5	3.93	1.049	−1.033	0.597
	n410	171	1	5	3.23	1.133	0.056	−0.781
	n413	171	1	5	3.31	1.081	−0.107	−0.717
	n414	171	1	5	3.25	1.164	−0.118	−0.885
	n422	171	1	5	3.41	1.125	−0.31	−0.775
	n426	171	1	5	3.4	1.176	−0.369	−0.647
	n429	171	1	5	3.22	1.045	−0.019	−0.364
	n433	171	1	5	3.11	1.153	0.118	−0.876
	n438	171	1	5	3.87	1.044	−0.619	−0.523
社会应对	n416	171	1	5	3.6	1.071	−0.633	−0.029
	n420	171	1	5	3.5	1.092	−0.267	−0.783
	n424	171	1	5	4.13	1.034	−1.241	1.169
	n428	171	1	5	3.81	1.075	−0.727	−0.186
	n432	171	1	5	3.11	1.258	−0.104	−1.001
	n434	171	1	5	3.67	1.1	−0.528	−0.575

2）"二类模式"彝族学生心理社会能力描述

从表2-6数据整体分布来看，由于偏度绝对值均小于1.5，因此各量表的测量数据均为正态分布，符合进一步统计分析的需要。

表 2-6　"二类模式"彝族学生心理社会能力描述统计表

维度	题项	n	极小值	极大值	均值	标准差	偏度	峰度
自我防御	n41	204	1	5	3.02	1.296	−0.101	−1.001
	n44	204	1	5	2	1.174	0.94	−0.154
	n425	204	1	5	3.92	1.062	−0.84	0.081
	n427	204	1	5	2.08	1.259	0.934	−0.221
	n430	204	1	5	3.39	1.272	−0.354	−0.863
	n431	204	1	5	3.42	1.198	−0.365	−0.715
	n435	204	1	5	3.24	1.261	−0.125	−1.002
	n437	204	1	5	3.06	1.206	−0.114	−0.888
科学想象	n42	204	1	5	4.45	0.832	−1.721	3.068
	n47	204	1	6	3.24	1.54	−0.279	−1.381
	n412	204	1	6	4.01	1.129	−1.106	0.589
	n415	204	1	5	3.84	1.207	−0.806	−0.351
	n417	204	1	5	3.19	1.537	−0.251	−1.403
	n421	204	1	5	3.61	1.347	−0.645	−0.728
	n436	204	1	5	3.95	1.154	−0.865	−0.252
自我调控	n43	204	1	5	3.27	1.119	−0.315	−0.635
	n46	204	1	5	3.32	1.183	−0.262	−0.776
	n411	204	1	6	3.42	1.131	−0.309	−0.528
	n418	204	1	5	2.27	1.253	0.59	−0.762
	n419	204	1	5	2.89	1.207	0.107	−0.849
	n423	204	1	5	2.85	1.31	0.178	−1.029

续表

维度	题项	n	极小值	极大值	均值	标准差	偏度	峰度
沟通协调	n45	204	1	5	3.01	1.224	−0.084	−0.834
	n48	204	1	6	3.59	1.223	−0.509	−0.529
	n49	204	1	6	3.96	1.159	−1.045	0.422
	n410	204	1	5	3.26	1.186	−0.222	−0.755
	n414	204	1	5	3.15	1.302	−0.177	−0.99
	n413	204	1	5	3.49	1.181	−0.382	−0.702
	n422	204	1	5	3.2	1.261	−0.266	−0.92
	n426	204	1	5	3.48	1.213	−0.46	−0.593
	n429	204	1	5	3	1.242	0.069	−0.867
	n433	204	1	5	3.22	1.188	−0.319	−0.792
	n438	204	1	5	3.86	1.158	−0.921	0.115
社会应对	n416	204	1	5	3.42	1.275	−0.356	−0.864
	n420	204	1	5	3.52	1.193	−0.454	−0.705
	n424	204	1	5	4.23	1.041	−1.452	1.597
	n428	204	1	5	3.61	1.175	−0.568	−0.601
	n432	204	1	5	2.92	1.233	−0.072	−0.987
	n434	204	1	5	3.75	1.098	−0.72	−0.104

2.两类模式下的彝族学生心理社会能力比较

表2-7的数据结果表明，两类模式下彝族学生的社会心理能力存在明显差别，"一类模式"得分高于"二类模式"得分。同时，在各维度上，除科学想象、沟通协调均无明显差异外，其余自我防御、自我调控、社会应对三个维度上都存在显著差异，且"一类模式"得分显著高于"二类模式"，这意味着相对于"二类模式""一类模式"的学生更倾向于内敛和敏感，同时具备更高的自我调控和应对各种社会情境的能力。

表2-7 两类模式下的彝族学生心理社会能力统计表

项目因子	一类模式（n=171）	二类模式（n=204）	t	P
自我防御	25.05 ± 4.292	23.78 ± 5.048	2.591	0.010
科学想象	25.04 ± 4.17	25.69 ± 5.161	−1.314	0.190
自我调控	19.22 ± 3.976	17.58 ± 3.96	3.982	0.000
沟通协调	38.16 ± 7.601	36.51 ± 8.52	1.966	0.050
社会应对	22.27 ± 3.953	21.08 ± 4.181	2.829	0.005
心理社会能力	129.74 ± 17.875	124.63 ± 19.995	2.586	0.010

二、自我和谐

（一）自我和谐问卷

采用崔红等人于1994年编制的"自我和谐量表"[1]，该量表共35个项目，包括自我与经验的不和谐（Cronbach's a=0.758）、自我的灵活性（Cronbach's a=0.545）、自我刻板性（Cronbach's a=0.574）三个维度。题目选项采用李克特量表设置，从"非常不符合"到"非常符合"5点计分，具有较高的信效度（Cronbach's a=0.754）。

（二）彝汉双语教育学生自我和谐概况

1.两类模式下的彝族学生自我和谐描述

1）"一类模式"彝族学生自我和谐情况描述

从表2-8数据整体分布来看，由于偏度绝对值均小于1.5，因此各量表的测量数据均为正态分布，符合进一步统计分析的需要。

---

[1] 崔红等：《人格维度与自我和谐的相关研究》，《中国心理卫生杂志》第6期，2005年6月16日。

表 2-8 "一类模式"彝族学生自我和谐情况描述统计表

维度	题项	n	极小值	极大值	均值	标准差	偏度	峰度
自我与经验的不和谐	n31	171	1	6	2.71	1.078	0.121	0.017
	n34	171	1	5	3.53	1.185	−0.493	−0.573
	n37	171	1	5	2.78	1.119	0.132	−0.555
	n310	171	1	5	3.16	1.309	−0.164	−1.085
	n312	171	1	5	2.47	1.356	0.507	−0.959
	n314	171	1	5	3.1	1.291	0.045	−1.058
	n315	171	1	5	3.23	1.251	−0.222	−0.919
	n317	171	1	5	2.77	1.33	0.135	−1.143
	n319	171	1	5	3.58	1.212	−0.528	−0.627
	n321	171	1	5	2.67	1.292	0.3	−1.067
	n323	171	1	5	3.18	1.343	−0.089	−1.181
	n327	171	1	5	3.08	1.293	−0.126	−1.034
	n328	171	1	5	3.29	1.119	−0.255	−0.592
	n329	171	1	5	3.49	1.139	−0.41	−0.648
	n331	171	1	5	2.95	1.294	0.132	−1.117
	n333	171	1	5	2.53	1.307	0.424	−0.934
自我的灵活性	n32	171	1	5	3.97	1.02	−0.951	0.529
	n33	171	1	5	3.89	1.024	−0.652	−0.13
	n35	171	1	5	4.23	0.895	−1.015	0.459
	n38	171	1	5	3.65	1.019	−0.546	−0.173
	n311	171	1	5	3.97	1.19	−1.044	0.192
	n316	171	1	5	3.78	1.23	−0.847	−0.207
	n318	171	1	5	3.26	1.151	−0.203	−0.701
	n322	171	1	5	3.6	1.146	−0.466	−0.611
	n324	171	1	5	3.7	1.174	−0.514	−0.713
	n330	171	1	5	3.92	1.029	−0.895	0.364
	n332	171	1	5	4.01	1.265	−1.063	−0.052
	n335	171	1	5	2.74	0.877	0.74	0.985

续表

维度	题项	n	极小值	极大值	均值	标准差	偏度	峰度
自我的刻板性	n36	171	1	5	3.05	1.189	0.004	−0.762
	n39	171	1	5	3.37	1.207	−0.235	−0.884
	n313	171	1	5	2.6	1.239	0.339	−0.76
	n325	171	1	5	2.6	1.322	0.345	−1.031
	n326	171	1	5	2.66	1.377	0.261	−1.228
	n320	171	1	5	2.8	1.244	0.236	−0.909
	n334	171	1	5	2.74	1.486	0.211	−1.426

2）"二类模式"彝族学生自我和谐情况描述

从表2-9数据整体分布来看，由于偏度绝对值均小于1.5，因此各量表的测量数据均为正态分布，符合进一步统计分析的需要。

表2-9 "二类模式"彝族学生自我和谐情况描述统计表

维度	题项	n	极小值	极大值	均值	标准差	偏度	峰度
自我与经验的不和谐	n31	204	1	5	2.56	1.204	0.185	−0.782
	n34	204	1	5	3.42	1.349	−0.441	−0.98
	n37	204	1	5	2.78	1.3	0.336	−0.915
	n310	204	1	5	3.3	1.387	−0.281	−1.146
	n312	204	1	5	2.34	1.407	0.582	−1.062
	n314	204	1	5	2.98	1.328	−0.04	−1.054
	n315	204	1	5	3.23	1.327	−0.179	−1.066
	n317	204	1	5	2.62	1.452	0.348	−1.227
	n319	204	1	5	3.61	1.318	−0.536	−0.841
	n321	204	1	5	2.51	1.209	0.463	−0.67
	n323	204	1	5	3.42	1.195	−0.39	−0.694
	n327	204	1	5	3.2	1.391	−0.221	−1.216
	n328	204	1	5	3.31	1.231	−0.304	−0.786
	n329	204	1	5	3.51	1.333	−0.454	−0.991

续表

维度	题项	n	极小值	极大值	均值	标准差	偏度	峰度
自我与经验的不和谐	n331	204	1	5	2.77	1.392	0.244	−1.189
	n333	204	1	5	2.52	1.423	0.52	−1.031
自我的灵活性	n32	204	1	5	4.14	1.055	−1.242	1.001
	n33	204	1	5	3.75	1.142	−0.608	−0.431
	n35	204	1	5	4.44	0.968	−2.003	3.796
	n38	204	1	5	3.61	1.167	−0.601	−0.361
	n311	204	1	5	4.14	1.271	−1.364	0.691
	n316	204	1	5	4.1	1.267	−1.256	0.391
	n318	204	1	5	3.33	1.246	−0.208	−0.915
	n322	204	1	5	3.81	1.142	−0.67	−0.342
	n324	204	1	5	3.94	1.275	−1.103	0.089
	n330	204	1	5	4.02	1.105	−0.946	0.029
	n332	204	1	5	4.15	1.27	−1.328	0.484
	n335	204	1	5	3.05	0.881	0.559	−0.14
	n36	204	1	5	2.91	1.291	−0.098	−1.056
自我的刻板性	n39	204	1	5	3.37	1.378	−0.318	−1.169
	n313	204	1	5	2.3	1.18	0.508	−0.642
	n320	204	1	5	2.84	1.346	0.139	−1.134
	n325	204	1	5	2.56	1.411	0.479	−1.068
	n326	204	1	5	2.48	1.333	0.464	−0.868
	n334	204	1	5	2.51	1.44	0.385	−1.247

2.两类模式下的彝族学生自我和谐比较情况

表2-10的数据结果表明，两类模式下彝族学生的自我和谐整体程度和各维度均无明显差异，虽然在得分上"一类模式"高于"二类模式"得分，且在各维度上除自我灵活性外，其余自我与经验的不和谐、自我的刻板性两个维度上均是"一类模式"得分高于"二类模式"，但两类模式下的彝族学生自我和谐程度并无差别。

表 2-10　两类模式下的彝族学生自我和谐比较情况统计表

项目因子	一类模式（n=171）	二类模式（n=204）	t	P
自我与经验的不和谐	45.92 ± 9.05	45.31 ± 9.361	0.632	0.528
自我的灵活性	45.24 ± 5.372	46.04 ± 5.648	−1.404	0.161
自我的刻板性	22.63 ± 5.276	21.55 ± 5.363	1.942	0.053
自我和谐	113.78 ± 13.561	112.91 ± 14.843	0.589	0.556

第三节　国家通用语言文字教育模式实施效果影响因素

一、测量工具

在双语教育模式的影响因素中，大致可分为教育模式外因素的影响和教育模式构成因素的影响。前文文献回顾已表明，模式外的影响因素主要源自家庭环境与社会文化环境，模式本身的因素则包括教材、教法、学生自身学习动机、学习时间的早晚等。但要具体量化测量，还需对其进行细化。因此，家庭环境主要包括父母职业、经济状况、父母学历、父母的民族成分、生活的地理环境、父母的管理方式等；而教育模式本身的影响因素则包括教材、教法、学生学习动机、学习时间早晚（二语习得关键期）、学习风格、学习策略等。其中，家庭以及社会环境文化因素除父母的管教方式外，其余基本属于人口统计指标，因此放在第一部分进行调查统计，而模式本身的影响因素则是在明确概念后，依据相关理论和测量量表经验展开。

（一）学生自身因素

学生自身的影响因素包括学习动机、学习策略、学习风格等。对这方面的探讨最早始于教育心理学领域，因此还需从心理学角度梳理学习动机、学习策略、学习风格等概念，并对其测量工具进行研讨，为本研究中涉及的学习动机、学习策略、学习风格等测量提供理论依据和测量工具。

1.习得动机

奥苏贝尔的学习动机理论将学习动机分为学习内驱力、自我提高能力、附属内驱力等。国内林锦秀[1]则是在奥苏贝尔的学习动机理论基础上，以认知内驱力、自我提高内驱力、附属内驱力三个变量为指标编制问卷，用以测量中小学生的学习动机，最终得到认知内驱力有4个项目、自我提高内驱力3个项目、附属内驱力5个项目，共12个项目的问卷，其信效度良好（Cronbach's a=0.819）。

2.学习策略

国内学者也先后对二语学习策略进行了探索。马广惠等认为，第二语言学习策略是指在学习第二语言的过程中，为完成规划任务而采取的包含内在心理活动及外在行为的学习方法、手段，其理论模式由学习规划、学习策略、学习者/语境因素、学习效果构成。[2]刘儒德向国内引荐温斯坦标准化学习策略量表（LASSI—HS），整个量表由态度、时间管理、动机、专心、焦虑、信息处理、学习辅助手段、选择要点、应试策略、自我测试10个分量表组成，题项采用李克特量表，即由"完全不像我"到"完全像我"5个等级构成，共76个题目。[3]本研究借鉴并修订问卷，其信效度良好

---

[1] 林锦秀：《中小学生学习动机量表的编制》，《广西师范学院学报(哲学社会科学版)》第4期，2011年10月25日。

[2] 马广惠，程月芳：《第二语言学习策略理论模式》，《上海理工大学学报（社会科学版）》第25卷第3期，2003年12月30日。

[3] 刘儒德：《温斯坦标准化学习策略量表简介》，《心理发展与教育》第2期，1996年6月20日。

（Cronbach's a=0.858）。

3.学习风格

我国对于学习风格测量的研究，一方面是对国外量表的引进介绍，如姜强等人在对Felder-Silverman量表的探讨中对用户学习模型进行修正，运用数据收集从而修正学习风格模型，具有较强的信效度；①另一方面是在基于西方学习风格理论的基础上对学生学习风格的问卷编制，用于测量我国学生的学习风格，取得了一定的成果。②本研究借鉴这些成果编制修订问卷，其信效度良好（Cronbach's a=0.752）。另外，父母管理问卷的信效度良好（Cronbach's a=0.572）。

（二）双语教育模式构成因素

教育模式构成因素主要包括教师专业能力、教学方法、教材课程建设、教育评价等。

1.教学方法

汉语作为第二语言教学，有很多关于语法、汉字教学、写作教学等方面的具体研究，特别是针对少数民族的汉语第二语言教学，有学者提出了从教学目标、教学原则、课堂教学等方面的宏观构想。③本研究基于此编制修订问卷，其信效度良好（Cronbach's a=0.842），达到测评要求。

2.教师专业能力

对于双语教师教学能力的研究，吐尔地·买买提等人在2008年提出，主要包括双语表达能力、运用双语处理专业知识能力、学习双语及学科知

---

① 姜强，赵蔚，杜欣：《基于Felder-Silverman量表用户学习风格模型的修正研究》，《现代远距离教育》第1期，2010年2月15日。

② 陆根书：《大学生学习风格量表的设计与开发》，《西安交通大学学报（社会科学版）》第23卷第3期，2003年9月30日。

③ 成燕燕：《第二语言（汉语）教学的总体设计》，《民族教育研究》第1期，1999年2月15日。

识能力、运用双语整合教学内容能力、营造双语教学环境能力。①随后，杨淑芹等在基于他们自己理论的基础上，对双语教师的评价体系等从双语教学表达能力、双语教学设计能力、双语教学实施能力三个方面进行测评，其中双语教学表达能力从母语（学历测量）、汉语（HSK测量）；双语教学设计能力则是从学科教材分析能力（查看教材分析）、教案设计能力（查看教案）测量；双语教学实施能力则是通过听课方式从课堂实施能力测量。②本研究问卷正是基于此进行编制和修订，问卷整体信度效度良好（Cronbach's a=0.721）。

3.双语教材及课程设置

对于课程教材的评价思考，胡晶君提出教材评价应该是对教材的价值做出判断，是评价主体依据自己的需要对教材的价值关系做出判断和预测；在评价过程中要质性和量化结合、多元性评价等；评价内容主要包括对教材本身的评价（教材目标、教材内容、教材组织、教材的呈现及表达）、对教材使用的评价（使用过程、使用效果）。③在此基础上编制和修订本研究相关问卷，其信度效度良好（Cronbach's a=0.687），符合测评要求。

4.教育评价

关于双语教育评价的研究，姜宏德认为双语教育评价是指运用科学的评价技术及方法，对双语教育的效果进行测定并做出价值判断的过程，包括四个要素：评价对象可以是双语教育中的任何元素，评价的本质是对价值进行判断，评价手段是科学的方法及技术，评价目的是提高教学质量。根据评价的范围、内容、基准、功能、方法等，可以分为不同的类型。④在此基础上编制修订问卷，信度效度良好（Cronbach's a=0.654）。

---

① 吐尔地·买买提，杨淑芹，哈米拉·斯拉木：《新疆少数民族中小学双语教师教学能力发展特征研究》，《新疆师范大学学报（哲学社会科学版）》第29卷第3期，2008年9月30日。

② 杨淑芹，于影丽：《新疆中小学少数民族教师双语教学能力评价方案建构研究》，《新疆师范大学学报（哲学社会科学版）》第32卷第4期，2011年7月30日。

③ 胡晶君：《关于教材评价的一些思考》，《广东教育》第6期，2003年6月1日。

④ 姜宏德：《关于双语教育评价的理性思考》，《教育发展研究》第6期，2005年6月15日。

二、国家通用语言文字教育不同模式实施效果影响因素分析

(一)彝汉双语教育实施效果的影响因素

1.两类模式实施效果的影响因素比较

为了比较两类模式下的影响因素差异,对二语习得动机、二语学习策略、学习风格、教师专业能力、教材评价、教学方法、教育评价进行t检验。其结果如下。

1)两类模式的二语习得动机比较

如表2-11所示,通过t检验结果显示,两类模式下的二语习得动机存在显著差异,无论是在分维度认知内驱力、自我提高内驱力、附属内驱力以及动机总体情况上都差异显著,而且"一类模式"的彝族学生学习动机比"二类模式"的更强烈,同时在认知内驱力、自我提高内驱力以及附属内驱力的各维度上均是"一类模式"彝族学生强于"二类模式"学生。

表2-11 两类模式下的二语习得动机比较统计表

项目因子	一类模式(n=171)	二类模式(n=204)	t	P
认知内驱力	14.37 ± 3.435	13.15 ± 3.823	3.226	0.001
自我提高内驱力	10.05 ± 3.015	8.18 ± 3.131	5.844	0.000
附属内驱力	17.05 ± 3.903	14.96 ± 4.702	4.629	0.000
动机总分	41.46 ± 8.123	36.28 ± 9.326	5.676	0.000

2)两类模式的二语学习策略、学习风格比较

如表2-12所示,通过t检验结果显示,两类模式下的学习策略、学习风格两类因素均不存在差异。

表2-12 两类模式下的学习策略、学习风格比较统计表

项目因子	一类模式(n=171)	二类模式(n=204)	t	P
学习策略	60.4 ± 10.322	61.78 ± 13.275	−1.113	0.267
学习风格	41.39 ± 6.58	42.09 ± 8.036	−0.914	0.361

3）两类模式的构成因素比较

如表2-13所示，通过t检验结果显示，两类模式下的二语教师专业能力、教材评价、教学方法、教育评价P值都存在差异，专业能力"一类模式"教师能力要高于"二类模式"；教材评价上"一类模式"认可度要低于"二类模式"；教学方法上"一类模式"比"二类模式"更丰富；教育评价"一类模式"好于"二类模式"。

表2-13 两类模式下的构成因素比较统计表

项目因子	一类模式（n=171）	二类模式（n=204）	t	P
专业能力	77.97±6.93	75.19±9.04	3.291	0.001
教材评价	38.23±7.81	39.92±4.84	−2.548	0.011
教学方法	97.89±4.28	89.14±7.28	13.847	0.000
教育评价	37.81±3.23	36.63±3.10	3.585	0.000

2.国家通用语言文字教育"两类模式"不同实施效果影响因素的回归模型分析

如图2-5所示，对于"两类模式"实施效果影响因素的实效验证主要是基于以下模型的假设。

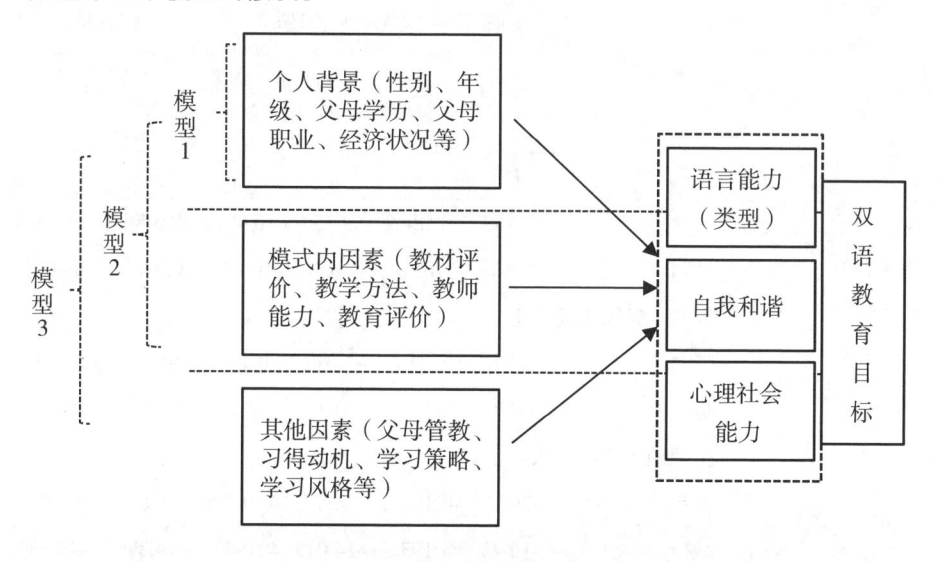

图2-5 教育模式实施效果影响因素模型图

分别对两类模式的教学效果影响因素进行分析。将问卷数据逐步代入"一类模式""二类模式"三类回归模型，结果如下。

1)"一类模式"双语教育实施效果影响因素分析

如表2-14所示，从模型的拟合优度来看，模型1的Hosmer 和 Lemeshow检验结果$p>0.05$（$=0.508$），模型2的Hosmer 和 Lemeshow 检验结果$p>0.05$（$=0.85$），模型3的Hosmer 和 Lemeshow 检验结果$p>0.05$（$=0.297$），表明模型的预测值和观测值之间无统计学差异，因此三个模型的拟合度均较好。模型1主要是个人背景对语言能力及类型的影响，结果显示年级有显著的影响（$p<0.001$）；模型2是将教育模式内的影响因素引入方程，结果表明年级影响减弱（$p<0.01$），母亲的职业也出现影响（$p<0.05$），教育方法和教育评价的影响则比较显著（$p<0.001$）；模型3则是将其他影响因素如学生个体的二语习得动机、开始彝语学习时间、父母管理方式等等引入方程，结果发现性别出现影响（$p<0.01$），年级影响仍然存在（$p<0.01$），教育评价的影响仍然比较显著（$p<0.001$），学习开始的时间也产生显著影响（$p<0.01$），另外在学习时间的维度上初中阶段、高中阶段和其他学习开始时间有差异。

表2-14 "一类模式"彝族学生语言能力影响因素 Logistic 模型回归结果

预测变量		模型 1 个人背景		模型 2 个人背景、模式构成因素		模型 3 个人背景、模式构成因素、其他因素	
		B	SE	B	SE	B	SE
常量		77.768	71484.2	69.559	61024.02	60.476	61400
个人背景	性别	0.297	0.24	0.653	0.342	0.978*	0.407
	年级（参照组高一）						
	高二	-1.821***	0.314	-1.077*	0.448	-0.683	0.511
	高三	-0.371	0.279	0.3	0.4	0.978*	0.485
	生源地（参照组农村）						
	城镇	-20.17	40193.3	-14.573	40193.6	-15.093	40193
	城市	-19.75	40193.3	-14.013	40193.6	-14.396	40193

续表

预测变量		模型1 个人背景		模型2 个人背景、模式构成因素		模型3 个人背景、模式构成因素、其他因素	
		B	SE	B	SE	B	SE
个人背景	父亲学历（参照组文盲）						
	小学	−0.715	1.121	−0.985	1.747	0.617	1.954
	初中	−0.548	1.113	−0.478	1.73	1.147	1.945
	高中（中专）	−0.971	1.111	−1.366	1.712	0.432	1.898
	大学（含大专、本科及研究生）	−1.889	1.099	−2.553	1.79	−1.299	2.042
	母亲学历（参照组文盲）						
	小学	−54.49	59115.8	−29.013	45915.85	−21.991	46416
	初中	−54.59	59115.8	−29.188	45915.85	−22.014	46416
	父母民族成分（参照组都是彝族）						
	彝族其他少数民族	−1.137	1.062	−1.741	4.584	−0.309	3.255
	彝族及汉族	−22.51	40193	−25.494	40192.97	−26.311	40193
	经济状况（参照组较差）						
	一般	−1.074	1.007	0.244	1.261	0.112	1.546
	较好	−0.827	0.996	−0.033	1.254	−0.465	1.532
模式构成因素	专业能力			−0.009	0.02	−0.013	0.023
	教材评价			−0.001	0.029	0.013	0.035
	教学方法			0.492	0.492	0.473	0.084
	教育评价			−1.82	−1.82***	−1.913***	0.287

续表

预测变量		模型 1 个人背景		模型 2 个人背景、模式构成因素		模型 3 个人背景、模式构成因素、其他因素	
		B	SE	B	SE	B	SE
其他因素	学习动机					0.172*	0.039
	学习策略					−0.009	0.021
	学习风格					0.034	0.037
	父母管理					−0.001	0.058
	学习时间（参照组小学阶段）						
	初中阶段					1.95**	0.605
	高中阶段					0.825	0.644
	从上学到现在					−0.075	0.57
卡方值		73.213		269.127		317.994	
Sig		0		0		0	
df		25		29		36	
−2 对数似然值		443.740		247.826		198.959	
Cox & Snell R^2		0.177		0.512		0.572	
Nagelkerke R^2		0.237		0.685		0.764	

注：*表示$p<0.05$；**表示$p<0.01$；***表示$p<0.001$。

如表2-15所示，从模型的拟合优度来看，模型调整后的R^2越大，模型的拟合度越高，结果发现，随着变量的引入增多，R^2越来越大，因此拟合度越来越好。模型1主要探讨彝汉双语教育"一类模式"中个人背景对心理社会能力的影响，结果显示各因素均无显著影响（$p>0.05$）；模型2是将"二类模式"教育模式构成因素引入方程，结果显示各因素对心理社会能力均无显著影响（$p>0.05$）；模型3则是将其他影响因素，如学生个体的二语习得动机、开始彝语学习时间、父母管理方式等引入方程，结果发现各因素对心理社会能力均无显著影响（$p>0.05$）。

表 2–15　"一类模式"彝族学生心理社会能力影响因素回归结果

预测变量		模型 1 个人背景		模型 2 个人背景、模式构成因素		模型 3 个人背景、模式构成因素、其他因素	
		B	β	B	β	B	β
常量		130.802		140.885		112.075	
个人背景	性别	0.064	0.002	−0.059	−0.002	−0.101	−0.003
	年级	3.266	0.143	3.578	0.157	3.109	0.136
	生源地	−6.552	−0.117	−6.006	−0.107	−6.361	−0.114
	父亲学历	0.352	0.023	0.244	0.016	0.218	0.014
	母亲学历	1.572	0.071	1.659	0.075	1.656	0.075
	父亲职业	1.11	0.093	1.211	0.102	1.04	0.087
	母亲职业	−0.229	−0.018	−0.469	−0.037	−0.682	−0.053
	父母民族成分	−2.632	−0.069	−2.48	−0.065	−1.817	−0.048
	经济状况	−1.298	−0.04	−1.126	−0.035	−0.691	−0.021
模式构成因素	专业能力			−0.121	−0.047	−0.081	−0.031
	教材评价			0.031	0.013	0.071	0.031
	教学方法			−0.148	−0.035	−0.138	−0.033
	教育评价			0.306	0.055	0.408	0.074
其他因素	学习时间					−0.333	−0.022
	动机总分					0.081	0.024
	学习策略					0.231	0.133
	学习风格					0.155	0.057
	父母管理					−0.079	−0.018
R^2		0.035		0.041		0.071	
ΔR^2		−0.019		−0.038		−0.039	
F		0.644		0.518		0.642	

注：*表示$p<0.05$；**表示$p<0.01$；***表示$p<0.001$。

如表2-16所示，从模型的拟合优度来看，模型调整后的R^2越大，模型的拟合度越高，结果发现，随着变量的引入增多，R^2越来越大，因此拟合度越来越好。模型1主要探讨彝汉双语教育"一类模式"中个人背景对自我和谐的影响，结果显示各因素均无显著影响（$p>0.05$）；模型2是将"二类模式"教育模式构成因素引入方程，结果表明除教育评价有显著影响（$p<0.05$）外，其余各因素对自我和谐的影响不变（$p>0.05$）；模型3则是将其他影响因素，如学生个体的二语习得动机、开始彝语学习时间、父母管理方式等引入方程，结果发现除学习动机（$p<0.05$）以及年级（$p<0.01$）对自我和谐有显著影响外，其余各因素均无显著影响（$p>0.05$）。

表 2-16 "一类模式"彝族学生自我和谐影响因素回归结果

预测变量		模型 1 个人背景		模型 2 个人背景、模式构成因素		模型 3 个人背景、模式构成因素、其他因素	
		B	β	B	β	B	β
常量		113.785		116.499	31.688	96.98	
个人背景	性别	1.211	0.045	1.163	2.224	0.606	0.022
	年级	−1.848	−0.107	−2.723	1.556	−4.085**	−0.236
	生源地	−0.143	−0.003	−1.211	3.883	−1.075	−0.025
	父亲学历	0.552	0.047	0.813	1.197	0.56	0.047
	母亲学历	−1.334	−0.08	−1.547	1.664	−1.635	−0.098
	父亲职业	0.405	0.045	0.136	1.026	0.255	0.028
	母亲职业	−1.281	−0.132	−0.827	1.122	−0.994	−0.103
	父母民族成分	1.227	0.043	1.191	2.635	1.248	0.043
	经济状况	1.596	0.065	1.623	2.129	2.386	0.097
模式构成因素	专业能力			0.129	0.159	0.136	0.07
	教材评价			−0.174	0.14	−0.115	−0.066
	教学方法			0.22	0.262	0.252	0.079
	教育评价			−0.668*	0.371	−0.56	−0.133

续表

预测变量		模型1 个人背景		模型2 个人背景、模式构成因素		模型3 个人背景、模式构成因素、其他因素	
		B	β	B	β	B	β
其他因素	学习时间					−1.424	−0.121
	学习动机					0.491*	0.194
	学习策略					0.1	0.076
	学习风格					−0.023	−0.011
	父母管理					−0.088	−0.026
R^2		0.039		0.079		0.133	
ΔR^2		−0.015		0.003		0.03	
F		0.717		1.039		1.294	

注：*表示$p<0.05$；**表示$p<0.01$；***表示$p<0.001$。

2）"二类模式"双语教育实施效果影响因素分析

将数据分别带入三类模型，其结果见表2-17、表2-18、表2-19。

表2-17 "二类模式"彝族学生语言能力影响因素Logistic模型回归结果

预测变量		模型1 个人背景		模型2 个人背景、模式构成因素		模型3 个人背景、模式构成因素、其他因素	
		B	SE	B	SE	B	SE
常量				59.817	45824	95.355	45694
个人背景	性别	0.782	0.413	0.788	1.011	0.759	1.44
	年级（参照组高一）						
	高二	−1.107**	0.445	1.471	1.077	3.071	1.794
	高三	−1.983***	0.529	−1.792	1.044	−1.251	1.687
	生源地（参照组农村）						
	城镇	−0.752	0.924	−4.421	2.464	−5.649	3.741

续表

预测变量		模型1 个人背景		模型2 个人背景、模式构成因素		模型3 个人背景、模式构成因素、其他因素	
		B	SE	*B*	SE	*B*	SE
个人背景	父亲学历（参照组文盲）						
	小学	38.622	14501	24.083	13391.1	18.759	13335
	初中	38.346	14501	27.748	13391.1	24.183	13335
	高中（中专）	38.376	14501	24.814	13391.1	20.782	13335
	母亲学历（参照组文盲）						
	小学	20.012	18600	6.223	17465.1	2.447	17166
	初中	19.314	18600	1.709	17465.1	−2.781	17166
	父亲职业（参照组农民）						
	私企员工	−0.091	0.989	−1.821	2.388	−3.09	3.228
	公务员	19.114	27189	14.498	24165.2	14.382	24377
	个体户	−2.221	2.174	−3.161	79.407	−4.528	491.7
	母亲职业（参照组农民）						
	私企员工	−2.624	1.722	0.668	57.919	−0.39	472.3
	公务员	17.636	10254	11.09	9469.31	7.398	9441
	父母民族成分（参照组都是彝族）						
	彝族及其他少数民族	21.116	40193	20.71	40193.1	22.846	40196
	经济状况（参照组较差）						
	一般	−1.126	1.822	−1.163	54.36	−1.612	137
	较好	−0.906	1.821	−2.254	54.364	−4.362	137
模式构成因素	专业能力			0.001	0.048	0.025	0.067
	教材评价			0.131	0.107	0.179	0.178
	教学方法			−0.354	0.199	−0.368***	0.348
	教育评价			−2.356**	0.727	−3.337***	1.597

续表

预测变量		模型 1 个人背景		模型 2 个人背景、模式构成因素		模型 3 个人背景、模式构成因素、其他因素	
		B	SE	B	SE	B	SE
其他因素	学习时间（参照组小学阶段）						
	初中阶段					1.362	1.852
	高中阶段					0.869	2.233
	从上学到现在					2.206	2.15
	学习动机					0.175**	0.136
	学习策略					0.127	0.077
	学习风格					−0.019*	0.114
	父母管理					−0.324	0.217
卡方值		38.73		171.119		183.02	
Sig		0		0		0	
df		17		21		28	
−2 对数似然值		176.552		44.163		32.261	
Cox & Snell R^2		0.173		0.568		0.592	
Nagelkerke R^2		0.265		0.871		0.909	

注：*表示$p<0.05$；**表示$p<0.01$；***表示$p<0.001$。

从模型的拟合优度来看，模型1的Hosmer 和 Lemeshow 检验结果$p>0.05$（=0.674），模型2的Hosmer 和 Lemeshow 检验结果$p>0.05$（= 0.985），模型3的Hosmer 和 Lemeshow 检验结果$p>0.05$（= 0.937），表明模型的预测值和观测值之间无统计学差异，因此三个模型的拟合度均较好。模型1主要探讨彝汉双语教育"二类模式"中个人背景对语言能力及类型的影响，结果显示年级对语言类型有显著影响（$p<0.001$）；模型2是将"二类模式"教育模式构成因素引入方程，结果表明年级影响减弱（$p<0.01$），母亲的学历出现影响（$p<0.05$），教育评价的影响则较为显著（$p<0.001$）；模

型3则是将其他影响因素，如学生个体的二语习得动机、开始彝语学习时间、父母管理方式等引入方程，结果发现学习风格影响显著（$p<0.05$），学习动机也产生影响（$p<0.01$），教育评价、教学方法则产生显著影响（$p<0.001$），并且都会产生副作用的影响。

另外，进一步用线性回归对"二类模式"彝族学生的心理社会能力双语教育影响因素进行分析，其结果如表2-18所示。

表2-18 "二类模式"彝族学生心理社会能力影响因素回归结果

预测变量		模型1 个人背景		模型2 个人背景、模式构成因素		模型3 个人背景、模式构成因素、其他因素	
		B	β	B	β	B	β
常量		165.053		146.894		81.676	
个人背景	性别	−3.193	−0.08	−2.886	−0.072	−1.187	−0.03
	年级	1.167	0.047	1.832	0.074	1.223	0.049
	生源地	−17.574**	−0.19	−17.311**	−0.187	−16.215**	−0.176
	父亲学历	1.044	0.045	0.971	0.041	0.472	0.02
	母亲学历	2.92	0.075	2.225	0.057	1.205	0.031
	父亲职业	−0.549	−0.032	−0.631	−0.036	1.01	0.058
	母亲职业	−0.642	−0.024	−0.21	−0.008	−0.132	−0.005
	父母民族成分	−25.26	−0.088	−24.413	−0.085	−25.346**	−0.089
	经济状况	0.93	0.024	1.264	0.033	1.726	0.045
模式构成因素	专业能力			−0.173	−0.078	−0.084	−0.038
	教材评价			0.05	0.012	0.058	0.014
	教学方法			0.16	0.058	0.436	0.159
	教育评价			0.333	0.052	−0.076	−0.012

续表

预测变量		模型 1 个人背景		模型 2 个人背景、模式构成因素		模型 3 个人背景、模式构成因素、其他因素	
		B	β	B	β	B	β
其他因素	学习时间					−1.673	−0.089
	学习动机					−0.334	−0.098
	学习策略					0.168***	0.112
	学习风格					0.902**	0.362
	父母管理					0.444	0.079
R^2		0.062		0.075		0.27	
ΔR^2		0.019		0.012		0.199	
F		1.425		1.186		3.797	

注：*表示$p<0.05$；**表示$p<0.01$；***表示$p<0.001$。

从模型的拟合优度来看，模型调整后的R^2越大，模型的拟合度越高，结果发现，随着变量的引入增多，R^2越来越大，因此拟合度越来越好。模型1主要探讨彝汉双语教育"二类模式"中个人背景对心理社会能力的影响，结果显示生源地对心理社会能力有显著影响（$p<0.01$）；模型2是将"二类模式"教育模式构成因素引入方程，结果表明生源地对心理社会能力的影响不变（$p<0.01$）；模型3则是将其他影响因素，如学生个体的二语习得动机、开始彝语学习时间、父母管理方式等引入方程，结果发现生源地影响不变（$p<0.01$），父母的民族成分显著影响（$p<0.01$），并且是副作用的影响，即父母民族成分越复杂，则越会导致学生心理社会能力变弱，另外学习风格的影响显著（$p<0.001$），是正向的影响，学习策略也产生影响（$p<0.05$），同样也是正向的影响，学习策略越科学，学生心理社会能力越强。

表 2-19 "二类模式"彝族学生自我和谐影响因素回归结果

	预测变量	模型 1 个人背景 B	β	模型 2 个人背景、模式构成因素 B	β	模型 3 个人背景、模式构成因素 B	β
	常量	115.546		96.87		75.801	
个人背景	性别	0.617	0.021	0.375	0.013	0.113	0.004
	年级	0.982	0.053	1.121	0.061	1.527	0.083
	生源地	−4.925	−0.072	−5.318	−0.078	−6.443	−0.094
	父亲学历	0.533	0.031	0.364	0.021	0.246	0.014
	母亲学历	0.175	0.006	−0.016	−0.001	−0.213	−0.007
	父亲职业	0.801	0.062	0.838	0.065	0.226	0.018
	母亲职业	−0.463	−0.023	−0.345	−0.017	0.263	0.013
	父母民族成分	−5.907	−0.028	−5.166	−0.024	−6.12	−0.029
	经济状况	2.508	0.088	2.872	0.101	3.243	0.114
模式构成因素	专业能力			0.044	0.027	0.088	0.054
	教材评价			0.164	0.053	0.102	0.033
	教学方法			0.283	0.139	0.321	0.158
	教育评价			−0.459	−0.096	−0.359**	−0.075
其他因素	学习动机					0.082	0.032
	学习策略					0.034	0.031
	学习风格					−0.096	−0.052
	父母管理					0.418	0.1
	学习时间					2.417*	0.174
R^2		0.02		0.028		0.061	
ΔR^2		−0.026		−0.038		−0.03	
F		0.43		0.424		0.669	

注：*表示$p<0.05$；**表示$p<0.01$；***表示$p<0.001$。

从模型的拟合优度来看，模型调整后的R^2越大，模型的拟合度越高，结果发现，随着变量的引入增多，R^2越来越大，因此拟合度越来越好。模型1主要探讨彝汉双语教育"二类模式"中个人背景对自我和谐的影响，结果显示各因素无显著影响（$p>0.05$）；模型2是将"二类模式"教育模式构成因素引入方程，结果表明各因素对自我和谐的影响不变（$p>0.05$）；模型3则是将其他影响因素，如学生个体的二语习得动机、开始彝语学习时间、父母管理方式等引入方程，结果发现除学习汉语时间早晚对自我和谐有显著影响（$p<0.05$）外，教育评价有显著影响（$p<0.01$），其余各因素均无显著影响（$p>0.05$）。

三、实施效果及影响因素

（一）彝汉双语教育影响因素

1. "两类模式"语言能力的影响因素

研究数据表明，"两类模式"下的教育效果影响因素各不相同。个人的成长背景中，经济因素、地理环境即生源地、父母的学历、父母的职业等均不会对彝族学生的语言学习产生显著影响，而年级、性别的差异则会产生影响，这可能与当地的文化有关，由于彝族文化中存在一定的男尊女卑思想，因此会产生影响；在教育模式的内部因素中，教育评价和教学方法对彝族学生的语言学习产生影响，且较为显著，这主要与两类模式下的教学方法和教育评价方式有关。随着对双语教育的重视，"一类模式"的教学方式以及评价方式得到了极大的重视，因此影响较为显著。在其他因素中，二语习得动机以及语言学习的时间产生了重要影响，"一类模式"下的学习动机和学习时间都比较早和系统，因此学习效果比较明显。

在凉山彝族聚居区，虽然目前主要以双语教育两类模式为主，但在长期的彝族社会发展过程中，形成了复杂多样的教育形式，这也影响到两类模式教学方式的开展和教育评价的完善，因此彝汉双语教育与彝族传统的教育形式不无关系。彝族文化传统教育始于古代彝族教育，教育往往在生产生活过程中完成，教学内容包括道德伦理、爱情婚姻、文学艺术审美、世界观等。到了近代，则出现了家支教育和毕摩教育。[①]这些教育的内容形式都对两类模式的开展产生了或多或少的影响。

另外，彝族文字的发展演变也对彝汉双语教育的开展产生了影响，特别是对教育模式的构成因素，尤其是教学方式和教育评价这两个因素。对彝文和双语教育的探索紧密相连，经历了曲折的发展过程。就凉山的彝族地区而言，解放后新彝文的创建和规范无疑对促进彝汉双语教育的发展具有重大意义。彝文的发展历程无疑也是彝汉双语教育发展历程的缩影，它不仅影响了双语教育的理念、教学方式、教育评价等，也影响了社会教育氛围，从而影响了彝族学生的学习动机等因素，进一步影响了彝族学生的语言能力。

2. "两类模式"心理社会能力水平及影响因素

在两类模式下，彝族学生的心理社会能力发展水平存在显著差异，"一类模式"学生的水平明显高于"二类模式"学生，在自我防御、自我调控、社会应对三个因子上，"一类模式"的水平均高于"二类模式"。之所以出现这样的结果，与彝族学生所处的文化氛围密切相关，"一类模式"下的学生具有较强的民族自尊心，对其他文化比较敏感，相对来说属于内敛型，因此在自我防御方面与"二类模式"存在明显差异；而在自我调控方面，"一类模式"高于"二类模式"的原因在于，在本民族的文化氛围中，彝族学生更容易形成自信心，因此自我掌控能力比较好。这同样也影响到社会应对，相对"二类模式"，"一类模式"所处的环

[①] 何香，张春祥：《浅析凉山彝族自治州彝族教育发展历史与现状》，《河北师范大学学报（教育科学版）》第11卷第7期，2009年7月25日。

境都是自己熟悉的文化情境，因此能够从容面对各种情况。这印证了蔡华等人提出的观点，即在社会适应力方面，两类模式下的彝族学生都有积极的表现，体现在责任意识强、有理想和信念、勇于挑战、抗压能力强、善于发展和调适自己，以便更好地适应社会；而在学习、人际关系处理、未来规划等方面存在一定差异。[1]安康提出，相对于其他模式，实施"一类模式"的双语教育能够促进学生的智力和适应力发展需求。[2]这与陈晓莉的观点相反，她认为两类模式下的彝族学生心理素质往往会出现差异，相对"二类模式"而言，"一类模式"教育下的彝族学生由于单纯接触彝族语言，很少接触汉语，导致汉语基础较差，加上生活环境的差异，难以适应学校的主流文化环境，从而出现文化不适、自卑心理、学习不良、焦虑心理、交往范围不广等问题。[3]

两类模式学生心理社会能力的影响因素各不相同，"一类模式"中，各因素对彝族学生的心理社会能力并无影响；而"二类模式"下，彝族学生的心理社会能力发展会受到个人背景因素的影响，如生源地、父母民族成分、学习风格、学习策略等。这也部分印证了前人的相关研究，比如王雪等人认为，儿童社会能力的发展会受到社会环境中家庭环境（如家庭收入、父母的清晰表达等特点以及父母的教养方式）、学校环境（如校园文化环境、班级氛围、同伴及师生关系等），以及宏观因素（如文化价值观、社会变迁中家庭结构变化及生活方式的改变等）的影响；[4]刘连启等人提出，母亲受教育程度、性格、班级/学校干部经历、体育活动、心理

---

[1] 蔡华，刘诚芳：《彝族双语教育两类模式大学生社会适应能力调查报告》，《西南民族学院学报（哲学社会科学版）》第3期，2000年3月28日。

[2] 安康：《凉山彝族地区同一背景下不同教育模式的对比研究——以喜德县H和Z小学为例》，《广西教育学院学报》第2期，2014年4月10日。

[3] 陈晓莉：《试论一类模式彝族大学生心理问题与调适——以西昌学院彝语言文化学院为例》，《科技视界》第36期，2014年12月25日。

[4] 王雪，李丹：《儿童社会能力发展的影响因素—社会环境和变迁的视角》，《心理科学》第39卷第5期，2016年9月20日。

外控、健康自评等会影响青少年的社会能力;①刘艳等人认为,母亲情绪表达、家庭教养方式、兄弟姐妹之间的关系等因素会影响儿童的社会能力发展,同时儿童自身的因素(如自我效能感、运动技能、学业成绩等)也会影响其社会能力发展。②当然,本研究并未验证出李小芳等提出的由于"一类模式"课程设置的缺陷、管理水平较差、师资力量薄弱等原因导致学生知识基础不扎实,以及存在自主性较差、主动性不强等导致学生在生活管理上的困难。③

在人生价值的取向上,两类模式的学生并无显著差别,他们都能在人际关系中发现并实现自我价值,总体呈积极向上、乐于奉献的趋势,对于"利"的取向多元化,但由于其他因素如经济的发展带来的享乐主义、无为思想的流行。④

3."两类模式"自我和谐程度及影响因素

双语教育最直接的目的,一方面是促进个体语言能力的发展,另一方面是促进个体的人格特别是自我的发展,而自我核心的关键在于自我和谐。从个体的发展维度来说,自我更多地体现了个体自身内部的发展。数据结果显示,"一类模式"和"二类模式"的自我和谐程度没有差异。当然,这与刘诚芳等人的研究有所不同,他们提出在两类模式学生人格特征的对比后,不同彝汉双语教育模式下的彝族男生在恃强性、聪慧性、忧虑

---

① 刘连启,刘贤臣,胡蕾,等:《青少年社会能力及其相关因素研究》,《中国心理卫生杂志》第1期,1998年1月20日。

② 刘艳,邹泓:《社会能力研究的概述与展望》,《教育研究与实验》第1期,2003年1月20日。

③ 李小芳,海来伍加,廖惠,等:《"一类模式"彝族大学生心理素质现状研究——以西昌学院一类模式彝族大学生为例》,《西昌学院学报(自然科学版)》第29卷4期,2015年12月24日。

④ 蔡华,刘诚芳:《彝族双语大学生人生价值取向的调研报告》,《西南民族学院学报(哲学社会科学版)》第21卷,2000年12月30日。

性、适应与焦虑性、幻想性、怯懦与果断性、紧张性、创造力等因素存在差异；而女生则在世故性、有恒性、怯懦与果断性等因素存在差异，不同的双语教育模式是影响彝族学生人格发展差异的重要因素。①

具体到彝汉双语教育对人格的作用和影响的研究，本研究结果显示，在"一类模式"中，主要受教育评价、学习动机、年级因素的影响；在"二类模式"中，则受到彝语学习时间的早晚、教育评价的影响。这一结果与西南民族大学刘诚芳教授等人的研究结果有所差异。他们通过问卷调查、访谈的方式，对两类双语教育模式下彝族学生的学业归因、人格特征、社会适应力以及人生价值取向进行分析。发现学业优良的大学生在两类教育模式下无差异，都归因于平时努力程度较高、具有浓厚的学习兴趣及较强的学习能力，而学业不良的彝族学生则体现在一类模式的学生认为是由于内部、稳定的学习能力以及英、汉语基础差所致，而二类模式的学生则认为是由于内部、可控的能力差、平时不努力的原因。同时，两类模式下的学生在学业优良情感体验、成功期待、未来努力方向上是一致的。②

---

① 刘诚芳，蔡华：《彝族双语教育两类模式的大学生人格特征的比较研究》，《西南民族学院学报（哲学社会科学版）》第21卷第1期，2000年1月28日。

② 刘诚芳，吉侯嫫阿华：《双语教育两类模式背景下的大学生学业归因倾向的比较研究》，《西南民族学院学报（哲学社会科学版）》第20卷第2期，1999年4月28日。

第三章 国家通用语言文字教育不同模式对社会认同的影响

从国家通用语言文字教育促进个体的功能以及教育目的视角出发，经过前文的讨论可以得出，国家通用语言文字教育的目的一方面是促进个体语言能力的发展，另一方面是促进个体社会能力、个体自我等多个方面的发展，从而影响个体适应社会的状况。因此，社会认同的状况无疑是衡量双语教育效果的一个重要指标和体现，但具体影响大小以及影响的路径如何，还需要将这些因素放在一个整体的路径模型中去讨论和检验，并在此基础上进一步应用质性研究的案例分析以及教育叙事研究来验证研究结果。

第一节 影响因素的量化研究

一、问卷修订和数据收集

（一）社会认同问卷及其修订

此部分测量主要用到的问卷是社会文化的心理状态问卷，并加上一部分的测量数据,整体进行关联度结构方程模型的建构。从对社会认同的分析来看,少数民族学生的社会认同主要包括心理距离、学校适应、文化认同、身份认同等。因此,在借鉴博格达斯的社会距离量表[1]、胡发稳编制的学校适应问卷[2]、文化适应理论的基础上,修订已有的问卷,形成少数民族学生社会认同问卷,以李克特量表的形式,即从"非常不符合"到"非常符合"5点计分进行测试。其中各分量表信效度较高,包括文化认同分量表(Cronbach's a =0.551)、学校适应分量表(Cronbach's a =0.664)、身份认同分量表(Cronbach's a =0.565)、心理距离分量表(Cronbach's a =0.897),其中总量表的信效度良好(Cronbach's a =0.715)。

(二)数据收集

测量主要是利用学生的自学和空闲时间发放,采用分年级随机抽取整班的抽样方式开展。整个施测过程约为45分钟,先由主试对被试学生进行指导语的解说:"亲爱的同学:您好,欢迎您参加我们这次调查。我们调查的目的主要是了解您当前的想法,此次调查资料仅为研究之用,全过程将不会涉及您的隐私和个人信息,请放心填写。所有题目均为单选题,无特殊说明的在您认为符合您情况的选项上打'√',感谢您的支持和配合。"测试结束后当场收回问卷,发放问卷380份,回收问卷380份,有效问卷为375份,有效率达98.68%。

其样本的构成情况见表3-1。

---

[1] Edward O. Laumann, Subjective Social Distance and Urban Occupational Stratification, American Journal of Sociology, Volume 71, Issue I (Jul, 1965).

[2] 胡发稳:《哈尼族青少年学生文化认同及与学校适应行为的关系研究》,昆明:云南师范大学硕士论文,2007年。

二、数据分析处理

（一）彝汉双语教育学生社会认同

1.两类模式彝族学生社会认同描述分析

1)"一类模式"彝族学生社会认同情况整体描述

如表3-1所示，从数据整体分布来看，由于偏度绝对值均小于2.5，因此各量表的测量数据均为正态分布，符合进一步统计分析的需要。

表3-1 "一类模式"彝族学生社会认同情况描述统计表

维度	题项	n	极小值	极大值	均值	标准差	偏度	峰度
文化认同	n51	171	1	5	4.57	0.811	-2.013	3.633
	n52	171	1	5	3.03	1.391	-0.053	-1.226
	n53	171	1	5	3.09	1.241	-0.037	-0.947
	n54	171	2	5	4.54	0.813	-1.77	2.248
	n55	171	1	5	2.84	1.17	0	-0.758
	n56	171	1	5	3.33	1.121	-0.169	-0.551
	n57	171	1	5	3.46	1.139	-0.256	-0.837
学校适应	n58	171	1	5	3.73	1.101	-0.854	0.222
	n59	171	1	5	4.2	0.98	-1.32	1.606
	n510	171	1	5	3.78	1.11	-0.619	-0.483
	n511	375	2	5	3.82	0.926	-0.132	-1.052
	n512	375	2	5	3.92	0.852	-0.472	-0.362
	n513	375	2	5	3.86	1.007	-0.281	-1.143
	n514	375	2	5	3.57	0.984	0.132	-1.067
身份认同	n515	171	1	5	4.51	0.903	-1.964	3.49
	n516	171	1	5	4.59	0.824	-2.051	3.562
	n517	171	1	5	4.25	0.927	-1.418	2.121
	n518	171	1	5	4.39	0.941	-1.615	2.191

续表

维度	题项	n	极小值	极大值	均值	标准差	偏度	峰度
身份认同	n519	171	1	5	4.37	0.951	−1.588	2.061
	n520	171	1	5	4.22	1.022	−1.395	1.613
	n521	171	1	5	4.12	1.247	−1.34	0.698
	n522	171	1	5	1.68	1.044	1.619	2.015
	n523	171	1	5	1.58	1.061	2.03	3.395
	n524	171	1	5	2.23	1.262	0.776	−0.444
	n525	171	1	5	2.28	1.316	0.705	−0.722
心理距离	n526	171	1	5	4.12	1.056	−1.267	1.204
	n527	171	1	5	4.33	0.881	−1.386	1.771
	n528	171	1	5	4.4	0.872	−1.857	4.038
	n529	171	1	5	4.35	0.89	−1.447	1.89
	n530	171	1	5	4.29	0.967	−1.512	2.026

2）"二类模式"彝族学生社会认同情况整体描述

如表3-2所示，从数据整体分布来看，由于偏度绝对值均小于2.5，因此各量表的测量数据均为正态分布，符合进一步统计分析的需要。

表 3-2 "二类模式"彝族学生社会认同情况描述统计表

维度	题项	n	极小值	极大值	均值	标准差	偏度	峰度
文化认同	n51	204	1	5	4.55	0.884	−2.183	4.577
	n52	204	1	5	2.77	1.55	0.19	−1.486
	n53	204	1	5	2.73	1.333	0.213	−1.021
	n54	204	1	5	4.58	0.925	−2.306	4.598
	n55	204	1	5	2.61	1.264	0.216	−1.014
	n56	204	1	5	3.22	1.254	−0.137	−0.91
	n57	204	1	5	3.43	1.191	−0.392	−0.598

续表

维度	题项	n	极小值	极大值	均值	标准差	偏度	峰度
学校适应	n58	204	1	5	3.8	1.146	−0.827	0.013
	n59	204	1	5	4.1	1.103	−1.141	0.496
	n510	204	1	5	3.75	1.217	−0.609	−0.699
	n511	375	2	5	3.82	0.926	−0.132	−1.052
	n512	375	2	5	3.92	0.852	−0.472	−0.362
	n513	375	2	5	3.86	1.007	−0.281	−1.143
	n514	375	2	5	3.57	0.984	0.132	−1.067
身份认同	n515	204	1	5	4.64	0.845	−2.658	6.67
	n516	204	1	5	4.61	0.959	−2.732	6.906
	n517	204	1	5	4.17	1.164	−1.4	1.093
	n518	204	1	5	4.46	0.994	−2.123	4.099
	n519	204	1	5	4.42	0.903	−1.572	2.097
	n520	204	1	5	4.46	0.928	−1.829	2.951
	n521	204	1	5	4.43	1.187	−2.056	2.927
	n522	204	1	5	1.58	1.139	1.901	2.409
	n523	204	1	5	1.48	1.005	2.084	3.325
	n524	204	1	5	2.43	1.435	0.493	−1.123
	n525	204	1	5	2.06	1.283	0.968	−0.18
心理距离	n526	204	1	5	4.43	0.962	−1.884	3.283
	n527	204	1	5	4.57	0.854	−2.272	4.989
	n528	204	2	5	4.62	0.695	−1.716	1.991
	n529	204	2	5	4.63	0.707	−1.873	2.635
	n530	204	1	5	4.55	0.826	−1.853	2.796

2.两类模式下的彝族学生社会认同比较情况

表3-3的数据结果表明,两类模式下彝族学生的社会认同程度存在明显差异,"一类模式"得分高于"二类模式"。同时,在各维度上,除了身份认同和心理距离无明显差异外,其余文化认同、学校适应两个维度上都存在显著差异,且除了心理距离"一类模式"得分低于"二类模式"外,其余得分均显著高于"二类模式",即彝族学生对本民族文化认同"一类模式"高于"二类模式",另外在学校适应上也是"一类模式"学生相对"二类模式"学生适应良好。

表3-3 两类模式下的彝族学生社会认同比较情况统计表

项目因子	一类模式（n=171）	二类模式（n=204）	t	P
文化认同	25.03 ± 4.085	23.75 ± 4.368	2.898	0.004
学校适应	27.25 ± 3.022	26.5 ± 3.442	2.211	0.028
身份认同	38.79 ± 4.598	17.58 ± 3.96	1.077	0.282
心理距离	22.02 ± 3.584	22.35 ± 3.812	−0.844	0.399
社会认同	22.27 ± 3.953	21.08 ± 4.181	2.233	0.026

（二）影响路径模型建构

1.个人背景对彝族学生社会认同影响

为确保路径模型建构的严谨性,先从个人背景对彝族学生社会认同影响进行回归分析,以确定是否有必要将其纳入模型,从而简化模型。

如表3-4所示,个人背景的变量经回归结果显示,其对彝族学生社会认同的影响均不显著,因此可排除在模型之外,从而简化模型。

表 3-4　个人背景对彝族学生社会认同影响情况表

因变量	自变量	非标准化系数 B	标准误	标准系数	t	P	R^2	F	P
社会认同	（常量）	113.732	3.404		33.41	0.000	0.23	84.1	0.000
	性别	0.335	1.035	0.017	0.324	0.746			
	年级	−0.94	0.648	−0.08	−1.449	0.148			
	生源地	−2.423	2.067	−0.07	−1.172	0.242			
	父亲学历	−0.047	0.616	−0.01	−0.077	0.939			
	母亲学历	1.274	0.905	0.089	1.408	0.16			
	父亲职业	0.497	0.533	0.069	0.933	0.351			
	母亲职业	−0.563	0.647	−0.07	−0.87	0.385			
	父母民族成分	−1.263	1.748	−0.04	−0.723	0.47			
	经济状况	1.22	0.996	0.068	1.226	0.221			
	学习时间	−0.106	0.448	−0.01	−0.237	0.813			

注：*表示$p<0.05$；**表示$p<0.01$；***表示$p<0.001$。

2.路径模型建构

为全面探索双语教育模式对彝族学生社会认同程度的影响，将所有数据均放入路径模型进行分析。其预设基本模型的构成如图3-1所示。

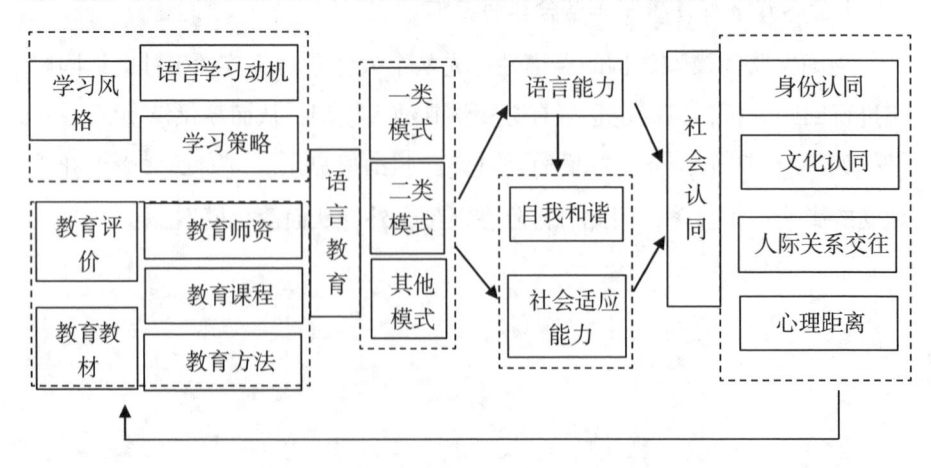

图 3-1　彝族学生社会认同影响因素路径模型图

1）"一类模式"彝族学生社会认同影响因素

将"一类模式"的调查数据代入路径模型中，其具体的影响路径系数如图3-2所示。

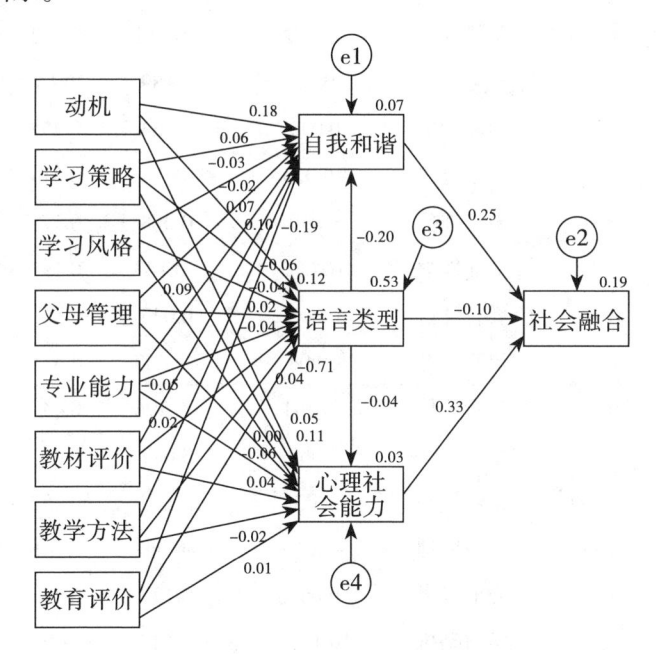

图3-2 "一类模式"彝族学生社会认同影响因素路径图

具体路径系数及显著性检验见表3-5。

表3-5 "一类模式"彝族学生社会认同影响因素路径系数估计及显著性检验表

内因变量	路径假设	外因变量	标准化系数	非标准化系数	SE	Z	P
语言类型	<---	教育评价	−0.715	−0.096	0.007	−13.62	***
语言类型	<---	学习策略	−0.06	−0.003	0.002	−1.136	0.256
语言类型	<---	父母管理	0.023	0.002	0.006	0.429	0.668
语言类型	<---	专业能力	−0.037	−0.002	0.003	−0.698	0.485
语言类型	<---	教学方法	0.039	0.004	0.005	0.748	0.454
语言类型	<---	学习动机	0.116	0.009	0.004	2.209	0.027
语言类型	<---	教材评价	0.02	0.001	0.003	0.383	0.701

续表

内因变量	路径假设	外因变量	标准化系数	非标准化系数	SE	Z	P
心理社会能力	<---	学习风格	0.086	0.231	0.204	1.134	0.257
心理社会能力	<---	父母管理	−0.002	−0.011	0.332	−0.033	0.974
心理社会能力	<---	学习策略	0.11	0.189	0.13	1.448	0.148
心理社会能力	<---	学习动机	0.049	0.163	0.254	0.642	0.521
心理社会能力	<---	教学方法	−0.023	−0.095	0.314	−0.302	0.763
心理社会能力	<---	教材评价	0.039	0.088	0.172	0.512	0.609
心理社会能力	<---	专业能力	−0.056	−0.143	0.194	−0.738	0.461
心理社会能力	<---	教育评价	0.006	0.033	0.6	0.056	0.956
心理社会能力	<---	语言类型	−0.04	−1.633	4.515	−0.362	0.718
自我和谐	<---	教育评价	−0.191	−0.796	0.447	−1.78	0.075
自我和谐	<---	学习策略	0.063	0.082	0.097	0.847	0.397
自我和谐	<---	学习风格	−0.034	−0.07	0.152	−0.459	0.647
自我和谐	<---	父母管理	−0.019	−0.063	0.248	−0.256	0.798
自我和谐	<---	专业能力	0.065	0.127	0.144	0.88	0.379
自我和谐	<---	学习动机	0.177	0.447	0.19	2.36	0.018
自我和谐	<---	教材评价	−0.046	−0.08	0.128	−0.623	0.533
自我和谐	<---	教学方法	0.103	0.326	0.234	1.395	0.163
自我和谐	<---	语言类型	−0.202	−6.298	3.365	−1.872	0.061
社会认同	<---	心理社会能力	0.328	0.168	0.035	4.741	***
社会认同	<---	语言类型	−0.105	−2.195	1.452	−1.512	0.13
社会认同	<---	自我和谐	0.255	0.172	0.047	3.682	***

注：*表示$p<0.05$；**表示$p<0.01$；***表示$p<0.001$。

从路径分析的结果来看，动机、学习策略、学习风格、父母管理、教学方式、专业能力、教材评价、教育评价等的标准误均显著（$p<0.001$），且心理社会能力、语言类型（能力）、自我和谐、社会认同这些潜变量的残差均为正数，因此路径分析是有效的。前面回归模型已探索清楚"一

类模式"彝族学生语言能力受到教育评价、学习动机的影响，此处再次得到验证；另外，为探索动机、学习策略、学习风格、父母管理、教学方式、专业能力、教材评价、教育评价等对自我和谐以及心理社会能力的影响，发现只有学习动机对自我和谐的影响显著（$p<0.05$），即学习动机越强烈，语言越接近双语人，语言类型对自我和谐的影响接近显著（$p=0.061$），其余因素均不显著（$p>0.05$）；而在对语言类型、自我和谐以及心理社会能力对彝族学生社会认同程度的影响上，心理社会能力、自我和谐的影响都比较显著（$p<0.001$），并且呈正向作用，随着心理社会能力、自我和谐增强，彝族学生社会认同也增强，而语言类型则不明显（$p>0.05$）。

2）"二类模式"彝族学生社会认同影响因素

将"二类模式"的调查数据代入路径模型中，其具体的影响路径系数如图3-3所示。

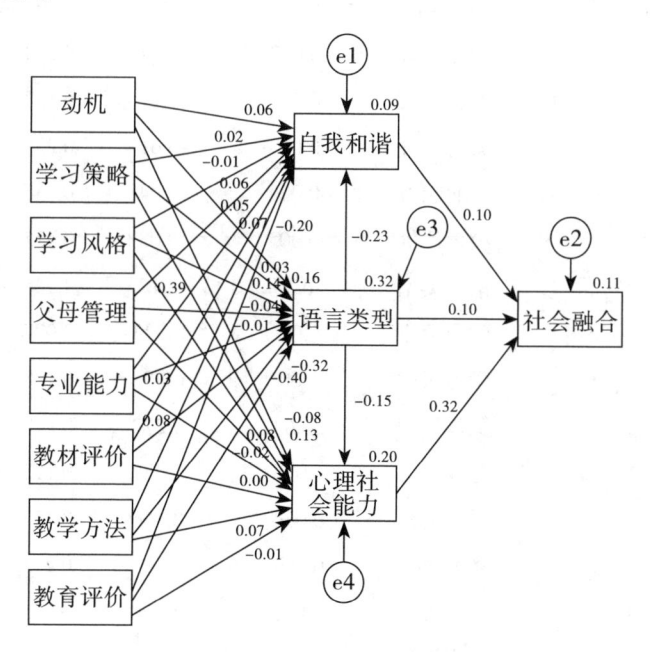

图3-3 "二类模式"彝族学生社会认同影响因素路径图

具体路径系数及显著性检验见表3-6。

表3-6 "二类模式"彝族学生社会认同影响因素路径系数估计及显著性检验表

内因变量	路径假设	外因变量	标准化系数	非标准化系数	SE	Z	P
语言类型	<---	学习风格	0.141	0.006	0.003	2.445	0.014
语言类型	<---	教育评价	−0.321	−0.037	0.007	−5.554	***
语言类型	<---	学习策略	0.026	0.001	0.002	0.449	0.653
语言类型	<---	父母管理	−0.042	−0.004	0.006	−0.718	0.473
语言类型	<---	专业能力	−0.01	0	0.002	−0.168	0.866
语言类型	<---	教学方法	−0.402	−0.02	0.003	−6.95	***
语言类型	<---	学习动机	0.164	0.01	0.004	2.837	0.005
语言类型	<---	教材评价	0.077	0.006	0.004	1.332	0.183
心理社会能力	<---	学习风格	0.385	0.939	0.155	6.06	***
心理社会能力	<---	父母管理	0.083	0.457	0.348	1.315	0.188
心理社会能力	<---	学习策略	0.132	0.195	0.093	2.109	0.035
心理社会能力	<---	学习动机	−0.083	−0.277	0.214	−1.295	0.195
心理社会能力	<---	教学方法	0.07	0.19	0.188	1.01	0.313
心理社会能力	<---	教材评价	−0.003	−0.014	0.255	−0.055	0.956
心理社会能力	<---	专业能力	−0.022	−0.048	0.136	−0.351	0.726
心理社会能力	<---	教育评价	−0.005	−0.033	0.425	−0.076	0.939
心理社会能力	<---	语言类型	−0.15	−8.175	4.148	−1.971	0.049
自我和谐	<---	学习策略	0.02	0.023	0.077	0.301	0.764
自我和谐	<---	学习风格	−0.006	−0.01	0.128	−0.082	0.935
自我和谐	<---	父母管理	0.063	0.272	0.288	0.945	0.344
自我和谐	<---	专业能力	0.046	0.077	0.112	0.685	0.494
自我和谐	<---	学习动机	0.064	0.166	0.177	0.94	0.347
自我和谐	<---	教材评价	0.029	0.091	0.211	0.433	0.665
自我和谐	<---	教学方法	0.067	0.14	0.155	0.901	0.367
自我和谐	<---	语言类型	−0.231	−9.754	3.43	−2.844	0.004
自我和谐	<---	教育评价	−0.201	−0.983	0.352	−2.795	0.005

续表

内因变量	路径假设	外因变量	标准化系数	非标准化系数	SE	Z	P
社会认同	<---	心理社会能力	0.317	0.161	0.034	4.747	***
社会认同	<---	语言类型	0.102	2.836	1.885	1.504	0.133
社会认同	<---	自我和谐	0.095	0.063	0.044	1.413	0.158

注：*表示$p<0.05$；**表示$p<0.01$；***表示$p<0.001$。

从路径分析的结果来看，动机、学习策略、学习风格、父母管理、教学方式、专业能力、教材评价、教育评价等的标准误均显著（$p<0.001$），且心理社会能力、语言类型（能力）、自我和谐、社会认同这些潜变量的残差均为正数，因此路径分析是有效的。前面回归模型已清晰表明，"二类模式"下语言能力受到教育评价、教学方法的显著影响（$p<0.001$），学习动机的影响也较为显著（$p<0.01$），学习风格的显著影响（$p<0.05$）在模型中再次得到验证。此外，为探究动机、学习策略、学习风格、父母管理、教学方式、专业能力、教材评价、教育评价等对"二类模式"彝族学生自我和谐以及心理社会能力的影响，发现教育评价和语言类型对自我和谐的影响比较显著（$p<0.05$）；学习风格则对心理社会能力的影响最为显著（$p<0.001$），教学方法和教学策略对心理社会能力的影响则比较显著（$p<0.01$），即这两个因素能够促进心理社会能力的发展。而在语言类型、自我和谐以及心理社会能力对彝族学生社会认同程度的影响方面，心理社会能力的影响最为显著（$p<0.001$），即随着心理社会能力的增强，彝族学生的社会认同也会增强；而自我和谐、语言类型则没有影响（$p>0.05$）。

三、影响因素的量化路径

（一）少数民族学生双语教育不同模式教育效果

从少数民族学生双语教育效果的整体水平描述中可以看出，其整体水平比较理想，大部分处于常态状态，因此少数民族学生的"民族语、汉语（国家通用语）"双语能力、自我发展和谐程度、心理社会能力都处于均衡状态。

双语教育的直接目的是提高彝族学生的双语能力，即汉语和彝族本民族的语言技能。语言能力分别从"听、说、读、写"四个方面进行自我评分估计，结果显示两类模式下的彝语"听、说"能力无显著差异，表明彝族学生对自己的母语较为重视，同时也体现了语言文化环境的重要性；而在彝语的"读、写"方面，"一类模式"的水平显著高于"二类模式"的彝族学生，这与学校教育模式的不同有关，一类模式注重学生彝语的"读、写"，进一步强化了彝族学生的彝文能力及技能，而二类模式更注重汉语教学，从而产生了两种语言技能的差异；自我和谐方面，两类模式下不存在差异，这与当地整体的外部彝族文化环境为主的因素有关，文化环境进一步影响家庭环境及学校环境，因此二者差异不大，同时自我发展是人格中较为核心的部分，会受到自我应对方式、自我压力大小、自我定位及价值观等因素的影响，在彝族文化的影响下，这些因素对自我作用差异不大，因此自我和谐程度并不明显；两类模式下心理社会能力存在明显差异，进一步分析自我防御、自我调控、社会应对三个维度差异较为明显，其影响因素主要与家庭因素中的教养方式、父母的教育、自身人格特质等有关。

在影响双语教育实施效果的因素方面，习惯上将彝族学生的双语教育分为两个方面。

一方面来自教育模式构成的因素，主要包括双语教育的教材及课程设置、双语教师的专业能力、教学方法以及教育评价等因素。前文已探讨过语言能力受这些因素的影响，此外主要探讨自我发展、心理社会能力受这些因素的影响。研究结果显示，教学方法对心理社会能力影响较为显著，可能是教师会影响学生的认知发展，积极的教学方法会促进学生的学习兴趣；而学生个体的自我和谐会受到教育评价的影响，教学方法影响较为显著，这与学生获得自我效能感有关，在不同的评价方式和教学方法下，学生得到的反馈不同，自身的归因方式也会影响自我发展程度，进而体现在自我和谐程度上。

另一方面来自学生自身的因素和其他因素，学生的自身因素包括学习动机、学习策略、学习风格以及父母管理方式。研究结果显示，学习风格对心理社会能力影响较为显著，学习策略对心理社会能力影响较为显著，学习风格和学习策略体现了一个人获取知识的效率以及渠道的程度，因此心理社会能力自然会受到不同程度的影响；而对自我发展的影响上，只有学习动机接近于影响其发展，其他因素不直接影响自我和谐，但进一步研究显示，学习动机等个体自身因素会通过语言能力影响自我和谐。

（二）彝族学生社会认同水平及影响因素

彝族学生的社会认同水平整体较为理想，大部分学生的整体得分较高，且高于平均分，说明整体上都较为融合。此外，从社会认同的维度来看，文化认同、心理距离和身份认同都处于高于平均水平的状态，文化认同体现了对本民族文化的认同，而身份认同则体现了对自我的定位。心理距离均高于平均分，说明彝族学生对汉族学生没有太大的心理距离，比较接纳汉族学生。此外，从学习适应方面来看，基本上都处于平均分水平，这说明学生的学校适应处于比较均衡的状态，这与学校的整体氛围有很大关系，另外整体的学习成绩相差不大也是关键因素。

在影响社会认同水平的因素方面，心理社会能力和自我和谐程度是直接影响因素，特别是心理社会能力对彝族学生的社会认同程度影响最为显著。心理社会能力是个体应对社会的积极状态和行为，对个体的社会认同具有直接的影响作用，而自我和谐则是个体的心理状态，自然也会影响彝族学生的社会认同程度。但值得深入探究的是，语言能力并不直接影响社会认同，而是通过影响自我和谐来影响彝族学生的社会认同。

第二节　影响因素的质性研究

随着教育研究方法的转向及学科发展需求，混合研究设计逐渐被引入教育学科的研究中。由于量化研究更多体现了静态横截的特点，因此质性或定性研究的特点可以对量化研究形成互补，从动态发展的视角来观察和探讨事物发展的规律。因此，对于少数民族学生社会认同影响因素的研究，在从量化层面开展的同时，还应进行个案以及个人成长史的梳理，从而对量化的路径影响模型进行阐释论证。

一、少数民族学生社会认同多案例研究

为了更好地运用和呈现动态质性研究的特点，本部分研究主要采用案例研究与教育叙事研究相结合的方法展开。尽管这两种研究方法存在一定区别，但也有交叉之处。

（一）研究设计

本部分研究案例设计部分主要采用变量差异的复制法则进行跨案例研究设计，即在确定好分析单位后进行多案例设计，主要应用解释性案例（因果式）研究的思路开展。具体设计思路如图3-4所示。

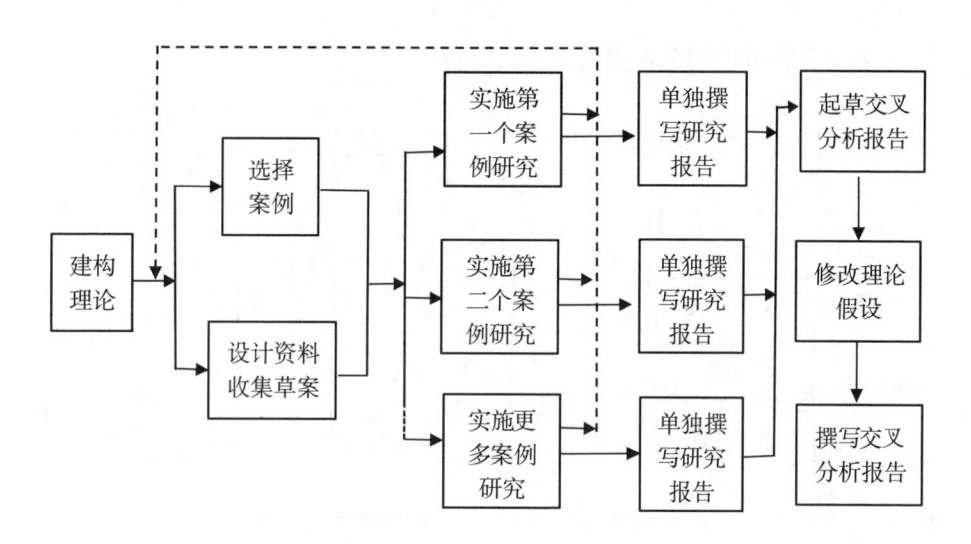

图 3-4　少数民族学生社会认同案例分析设计思路图

1. 分析单位及逻辑假设

本研究的分析单位主要为彝汉、蒙汉、藏汉等双语教育不同模式下的少数民族学生社会认同状况以及来自民汉双语教育的影响，因此分析单位可以具体体现在以下方面，具体如表3-7所示。

表 3-7　少数民族学生社会认同案例分析单位表

分析单位类型	社会环境	教育模式	个体
	对教育局、高校教师、学生访谈	对教师、学生访谈、观察	对学生访谈、观察
学校		教育模式类型	学校适应（社会认同）
家庭			父母职业、父母学历、父母管理、经济条件、父母民族身份
班级（教师）		课程开展、师资专业、教材情况、教学方法、教育评价	
学生	生源地、文化认同（社会认同）、心理距离（社会认同）		学习风格、双语学习动机、学习时间、学习策略、身份认同（社会认同）

研究分析单位的逻辑假设如图3-5所示。

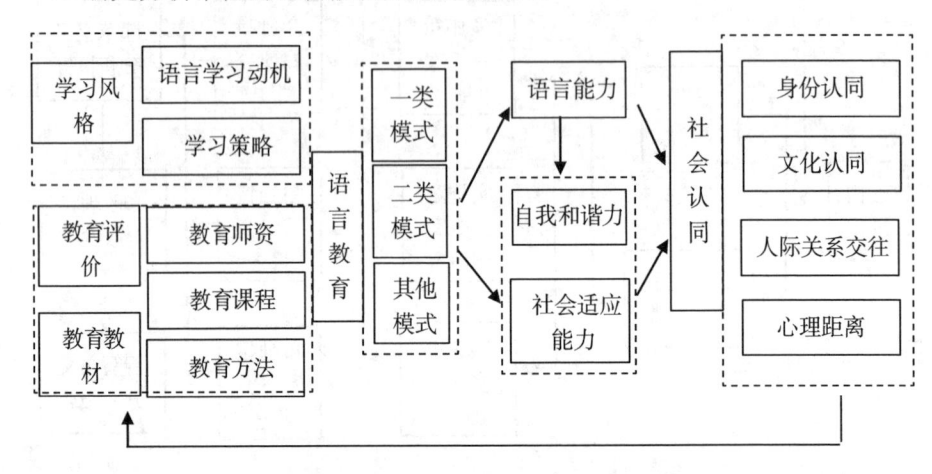

图 3-5　少数民族学生社会认同案例分析逻辑假设关系图

2.资料收集

为形成资料的三角验证，提高研究的外部效度、内部效度、结构效度以及信度，采用多种资料来源，其具体来源见表3-8。

表 3-8　资料来源及分析单元对应表

资料来源对象	获取方式	资料类型	分析单位
学校	访谈教师	访谈记录	教育模式类型、学校适应（社会认同）
班级	访谈、观察	访谈记录、观察文本、课程表、教材等	课程开展、师资专业能力、教材情况、教学方法、教育评价
学生	访谈、观察	访谈记录、观察文本	生源地、父母职业、父母学历、父母管理、经济条件、父母民族身份、学习风格、双语学习动机、学习时间、学习策略、心理距离（社会认同）、文化认同（社会认同）、身份认同（社会认同）

调查资料的收集主要来自对学生、教师的访谈。在抽样过程中遵循最大差异法，以性别、生源地、年级、彝汉双语教育模式、社会认同情况等变量进行划分。最后，学生访谈的样本构成如表3-9所示。

表3-9 彝族学生访谈案例基本表

序号	编号	性别	生源地	年级	彝汉双语教育模式	社会认同情况
1	S1A	男	乡村	高一	一类模式	较好
2	S1B	女	城镇	高一	一类模式	一般
3	S1C	男	乡村	高一	一类模式	较差
4	S2A	女	城镇	高二	一类模式	较好
5	S2B	男	城镇	高二	一类模式	一般
6	S2C	男	乡村	高二	一类模式	较差
7	S3A	女	乡村	高三	一类模式	较好
8	S3B	女	乡村	高三	一类模式	一般
9	S3C	男	城镇	高三	一类模式	较差
10	S1a	女	城镇	高一	二类模式	较好
11	S1b	女	城镇	高一	二类模式	一般
12	S1c	男	乡村	高一	二类模式	较差
13	S2a	男	城镇	高二	二类模式	较好
14	S2b	女	城市	高二	二类模式	一般
15	S2c	女	乡村	高二	二类模式	较差
16	S3a	女	乡村	高三	二类模式	较好
17	S3b	男	城镇	高三	二类模式	一般
18	S3c	男	城镇	高三	二类模式	较差

学生访谈核心内容结构分析如表3-10所示。

表3-10 彝族学生访谈核心内容基本构成表

访谈提纲题号	核心内容关键词	分析单元维度
一（1）	籍贯、就读年级、家庭成员、家庭经济来源等	家庭背景
一（2）	小学求学经历、求学小学规模、教师教材、教学用语、课程等	教育经历
一（3）	中学求学经历、求学小学的规模、教师教材、教学用语、课程等、学业成就	教育经历

续表

访谈提纲题号	核心内容关键词	分析单元维度
一（4）	家庭氛围、成长经历、生活价值观	家庭背景
一（5）	家庭关系、沟通频率等	父母管理
一（6）	生活经历、价值取向	家庭背景
二（1）	彝文技能水平、家庭文化熏陶、彝文学习动机、学校彝语文课程设置	学习时间及学习途径
二（2）	当前学业成就、学习困难及原因	学习适应、学习因素
二（3）	汉语水平、汉语学习兴趣、汉语技能、学习汉语目的、学习汉语经历	学习动机
二（4）	当前学校课程设置、课程爱好取向及原因	课程设置
二（5）	学习目的、生活规划及原因	学习动机
二（6）	汉语听说技能、学习困难处理及应对、描述汉语教师形象	影响学习效果因素
二（7）	汉语使用时间及使用场合	语言能力
二（8）	彝文、汉语教材评价及反思、学习思考	双语教材
三（1）	生活满意程度、生活应对及生活价值取向	自我和谐
三（2）	汉族朋友数量、交往原因及交往话题	身份认同、心理距离
三（3）	本民族（彝族）朋友数量、交往原因及交往话题	身份认同
三（4）	兴趣爱好、生活价值取向、学校人际交往等	学校适应
三（5）	参加本民族（彝族）传统节日频率及原因	文化认同
三（6）	课余文化活动安排、文化价值取向	文化认同
三（7）	彝语歌曲及状况、文化价值取向	文化认同
三（8）	师生交流形式即内容、师生关系	学校适应
三（9）	维护本民族（彝族）形象的强弱	身份认同
三（10）	同学评价、老师评价和自我评价的协调；父母亲及其他亲人的评价	自我和谐
三（11）	榜样形象、内心映射、生活价值观	身份认同、心理社会能力等综合反映
三（12）	生活满意度、价值观、学习动力	学习动机

教师访谈的样本情况如表3-11所示。

表 3-11 双语教师访谈案例基本表

序号	编号	性别	是否本地人	教龄	双语教育模式	教授科目
1	J1	女	是	20	一类模式	彝语文
2	J2	女	是	15	一类模式	彝语文
3	J3	男	是	6	一类模式	彝语文
4	J4	男	是	5	一类模式	语文
5	J5	女	否	2	一类模式	语文
6	J6	女	否	12	一类模式	语文
7	J7	男	是	13	二类模式	彝语文
8	J8	男	是	18	二类模式	彝语文
9	J9	女	是	6	二类模式	彝语文
10	J10	男	否	9	二类模式	语文
11	J11	女	否	3	二类模式	语文

教师访谈核心内容构成如表3-12所示。

表 3-12 教师访谈核心内容基本构成表

访谈提纲题号	核心内容关键词	分析单元维度
一（1）	家庭环境、是否本地教师	基本信息
一（2）	从教经历、职业兴趣、社会支持（阻抗）、从教动机	职业认同
一（3）	教学专业、任教科目、教学任务	基本信息
二（1）	备课习惯、专业熟练程度	教学方法
二（2）	专业知识学习途径及习惯、专业教学能力自我提升途径	学习能力
二（3）	教学目标及教学理念、教学手段及方式	教学目的
二（4）	教学沟通能力、知识结构	职业规划
二（5）	教学计划及教学执行能力	教学规划
三（1）	教材解读能力、教材修订能力、教学反思能力	教材评价

续表

访谈提纲题号	核心内容关键词	分析单元维度
三（2）	教材感悟能力	教材评价
三（3）	教学资源思考及建设能力	教材及教学方法
三（4）	课堂管理方式	教学方法
三（5）	教学管理能力、紧急情况处理	教学方法、教学智慧
三（6）	教学创新能力、反思能力	教学方法
三（7）	对学生的定位及教学行为	教学评价、教学理念
三（8）	教学沟通能力及教学手段方法	教学方法、教学理念
三（9）	自我评价、教师角色解读、学生接纳程度	教师形象
三（10）	教学目标评价	教育评价

（二）资料分析处理

首先，将对彝族学生的访谈录音转录成文本，转录文本字数情况如表3-13所示。

表3-13 彝族学生访谈时间及转录字数表

序号	编号	访谈时间（分钟）	转录文本字数（字）
1	S1A	45	11 653
2	S1B	35	7 297
3	S1C	37	7 785
4	S2A	40	10 056
5	S2B	39	9 987
6	S2C	43	10 879
7	S3A	48	12 043
8	S3B	39	9 383
9	S3C	45	11 356
10	S1a	42	10 982
11	S1b	38	8 769

续表

序号	编号	访谈时间（分钟）	转录文本字数（字）
12	S1c	42	10 532
13	S2a	41	10 121
14	S2b	39	8 821
15	S2c	41	9 221
16	S3a	43	9 516
17	S3b	45	10 981
18	S3c	38	8 053

教师的转录文本基本情况如表3-14所示。

表 3-14 教师访谈时间及转录字数表

序号	编号	访谈时间（分钟）	转录文本字数
1	J1	40	9 023
2	J2	38	8 531
3	J3	43	9 569
4	J4	48	12 070
5	J5	42	9 331
6	J6	35	7 055
7	J7	43	10 112
8	J8	38	9 098
9	J9	46	11 275
10	J10	40	9 778
11	J11	37	8 376

在将录音文件转录成文本后，依据预先的理论假设和对应的问题进行文本整理。在具体的处理技术上，采用逻辑模型的方法分析资料，即在以理论假设的基本关系（见图3-5）上进行逐步解释和推导，提出竞争性的解释，最后验证理论模型的路径是否可行，从而寻求与量化研究结果的一

致性程度。例如，在解释双语教育模式的实效性时，主要以语言能力来衡量，兼顾其他能力，包括心理社会能力，以及自我和谐的心理状态等。因此，将在资料分析和报告的撰写中逐一进行解释和排除，形成明确的因果关系路径。

（三）彝族学生社会认同的多案例交叉分析讨论

1.彝族学生社会认同的总体特点

通过对彝族学生多个个案资料的收集与分析，我们发现，在不同双语教育模式下，彝族学生的社会认同程度存在差异。综合以往文献，我们确定了彝族学生社会认同的主要维度包括学校适应、心理距离、身份认同和文化认同。在资料收集的过程中，我们采用了半结构式访谈，这也可以发现并得到验证。对于社会认同较好的彝族学生来说，他们在这四个维度上体现出以下特点（S1A、S2A、S3A、S1a、S2a、S3a身上均有体现）。

（1）学校适应良好，与同学、老师的关系互动较为频繁和亲密，学习成绩处于中上等水平，在班级中担任班干部，家庭成员之间关系亲密，家庭管理比较民主。

S1A：我对我的家庭总是充满幸福温暖的回忆，家是我最温暖、最慈爱的天堂。爸爸对我影响最深，他是一位地地道道的彝族人，熟知许多彝族习俗和文化，身上总是洋溢着彝族男人的气息，总能让人感受到彝族男人的勇敢和坚强……而这一切，都给我留下了深刻的印象和影响。

S2a：我在学校班级中担任班长一职，班上的同学们有事情都喜欢来找我，这主要是出于对我的信任吧。

S1A：我的学习成绩还不错，在整个年级都名列前茅。

S2A：我印象最深的事是在中考结束后的那个假期，我因中考成绩不理想，而未能被当地普通高中录取。面对这种情况，很多亲戚都劝我的父母，说我读高中只是浪费钱，不应该让我继续读书。当时我非常害怕，一味地逃避，从不与父母交流。但是我的父母非常有耐心，整个假期都在安慰我、鼓励我，又为我争取到了读高中的学习机会。这件事让我感动，教会我感恩，教会我爱与被爱。

（2）在心理距离维度上，他们与汉族朋友交往较多，相互的交流以民族文化、语言差异等话题为主，体现了他们积极了解、消除隔阂的态度，并对汉族朋友给予了正向、积极的评价。

S2A：我有很多汉族朋友，我们在一起的时候会聊很多关于本民族的文化、语言等方面的差异，当然也会聊一些学习方面的内容。

S1A：我有几个汉族朋友，他们身上有一种魅力让我深深喜欢。我们会一起逛街、谈论人生等。

S3a：我的汉族朋友较多，和他们在一起可以交流汉语，我们一般会交流学习心得和一些课外活动。

S2a：我的汉族朋友很多，因为汉族孩子比较懂礼貌，和他们在一起能学到很多东西。我们在一起要么聊天，要么玩游戏。

（3）在身份认同和文化认同维度上，彝族学生普遍具有较强的认同感，尤其体现在他们强烈维护本民族的民族形象，且在表达民族认同情感时，部分学生善于理性控制情感，采用较为合理的方式表达；此外，对他们本民族传统文化也有着较强烈的认同感，并能够理性对待。

S2A：彝族朋友不算多，同学很多。因为我们生活在一个集体中，拥有共同的血统，有公共的语言和共同的目标，所以我喜欢和他们在一起学习。我每年都会参加彝族年，因为这是老祖先留下的传统节日，我们有责任将它世代传承下去。

S2A：我经常参加彝族的传统节日，因为在那几天，彝族人会相聚，亲人也会相聚，一家人在一起会非常开心。当听到有人说彝族人不好时，我会感到气愤，但我会在心里默默地想，我们这一代的彝族人会改变你们的看法。

S3a：经常或偶尔参加彝族的传统节日活动，通过这些活动，如火把节，可以感悟彝族文化的魅力，感悟美好。喜欢听彝族歌曲，最喜欢听奥杰阿格和阿鲁阿卓的歌。当听到有人说彝族人不好时，我会沉着、冷静，坚持具体问题具体分析。

S2A：当有人说彝族人不好时，我肯定会生气，但我不会做出不好的事情，因为我会反思是不是我们真的做错了。

S1A：当别人说我们彝族人不好时，我会虚心听取别人指出的不足，我认为，犯错误不要着急，重要的是发现错误后及时纠正。我觉得这更多是一种促进本民族发展的一种动力。因此，要理性看待别人的评价，虚心听取自己的不足，并及时加以纠正。

而在社会认同较差的学生身上，则体现出以下特点（S1C、S2C、S3C、S1c、S2c、S3c）。

（1）学校适应一般或较差，与班上同学交往不多，喜欢独来独往，与家人联系交流较少，家庭成员之间沟通也较少。

S3c：同学们对我的评价可能是不爱说话，开不起玩笑。老师对我的评价可能是我平时看上去比较乖巧、努力，但成绩不好。父母将我视为未来的希望，把希望寄托在我身上。我不经常回家，想家了就往家里打电话。

S2C：印象最深的是在初中毕业成绩出来后，成绩很不理想，在选择高中时，与家人产生了很多分歧，还大吵了一架，甚至准备不读高中了。

（2）在心理距离上，与本民族的交往较为频繁，而与汉族学生的交往则相对较少。

S1C：没有汉族朋友，都是彝族的。有五六个彝族朋友，他们都待人真诚，如同真正的亲兄弟一般。我们一起玩游戏、打篮球等，不喜欢与老师聊天。

S2C：汉族朋友很少，彝族的朋友挺多的，喜欢和他们在一起是因为行为习惯相同，共同语言较多，在一起时一般会聊天。

S1c：我的汉族朋友不多，彝族朋友较多，因为他们有一种亲切感。一般会做一些关于学习的事情。

（3）在身份认同和文化认同上，倾向于对本民族文化的认同，日常关注的焦点也是本民族文化，并且具有强烈的民族情感，极力维护自己民族的形象，同时对自己民族的评价也较为积极正向。

S2c：我的彝族朋友多，因为彝族孩子比较热情、讲义气。我们在一起会用彝族话聊天，还会回忆起一起吃东西、爬山的经历。会经常参加彝族的活动，喜欢参加彝族的传统节日活动，原因是我们彝族的节日丰富多彩，在火把节和彝族年都可以穿上美丽的彝族服饰。当听到有人说彝族人不好时，我的第一反应是反驳那个人的评价，并向他讲述彝族最好的方面。

S3C：如果有人对我们的文化产生不良影响，第一反应是站起来反驳。

S1c：当听到有人说彝族人不好时，我会进行反驳。

可见，彝族学生的社会认同在四个维度上体现出不同的特点，归纳起来可以用表3-15来体现。

表3-15 彝族学生社会认同总体特点

社会认同情况	彝汉双语教育模式	案例编号	总体特点
较差	一类模式	S1C	学校适应情况一般或较差，与班上同学交往较少，喜欢独来独往，与家庭的联系交流不多，家庭成员之间沟通较少；在心理距离上，与本民族交往较多，而与汉族学生的交往相对较少；在身份认同和文化认同上，倾向于对本民族文化的认同，日常关注的重点也是本民族文化，并且具有强烈的民族情感，极力维护自己民族的形象，同时对自己民族的评价也较为积极正向
		S2C	
		S3C	
	二类模式	S1c	
		S3c	
一般	一类模式	S1B	学校适应情况一般，同伴关系、师生关系良好，家庭互动适中；在心理距离上不排斥与汉族交往，与本民族交往较多；在身份认同和文化认同上，对本民族认同强烈，积极维护本民族的形象和传承本民族文化，能够理性对待民族情感
		S2B	
		S3B	
	二类模式	S1b	
		S3b	
		S3b	

续表

社会认同情况	彝汉双语教育模式	案例编号	总体特点
较好	一类模式	S1A S2A S3A	学校适应情况较好，与同学、老师的关系互动较为频繁和亲密，学习成绩偏中上等，在班级中担任班干部等职务，家庭成员之间关系亲密，家庭管理比较民主；在心理距离上与汉族朋友交往较多，相互之间交流的话题多以民族之间的文化、语言差异等为主，体现了相互之间的了解和消除隔阂，并对汉族朋友以正向、积极评价为主；在身份认同和文化认同上，普遍来说彝族学生都有较强的认同感，尤其体现在强烈维护本民族的民族形象上，在表达民族认同情感上也有一部分学生善于理性控制情感，用比较合理的方式表达；而且对自己本民族的传统文化有较强烈的认同感，并能够理性对待
	二类模式	S1a S2a S3a	

2.彝族学生社会认同的双语教育影响因素及其路径

在彝族学生社会认同的过程中，双语教育首先会通过双语语言能力影响彝族学生的融合程度，这一点在量化的实证中已得到进一步证明，在案例分析中也有所体现。一般来说，双语能力均衡，特别是汉语能力强，是彝族学生社会认同较好的关键因素，而且学习动机更多地来自自我发展内驱力。

S2A：我喜欢学习汉语，汉语水平较好，能听懂广播。我学习汉语是为了开阔眼界、丰富生活、走得更远。学习汉语过程中印象最深的事是：我刚去上小学一年级时，班主任老师因为班上人数已招满，不愿让我报名。但是当时不知是因为年龄小不懂事还是其他原因，我硬是赖着班主任老师不走。最后她要求我用汉语做自我介绍，我竟毫不怯场地完成了这个任务，而且完成得很出色，才被老师破格收下。自那时起，我就更喜欢学习汉语了。

在影响双语能力的因素上，来自教育模式的因素中，教师的专业能力和教学方法起到重要作用，同时双语教材以及教育评价的方式方法也会影响双语能力的学习。

S2A：汉语老师一般只照着书上讲，所以不存在听不听得懂的问题，只是感觉无聊。无聊时我会偷看课外书。

S1A：我觉得学习最大的困难是教师在教学方面不够优秀，因为他可能粗略地讲完知识点后几乎不再做其他方面的练习和补充。但我们班是重点班，大部分老师还是比较优秀的。

S3a：汉语老师讲的课完全能听懂，没有听不懂的时候。汉语老师风趣、勤奋。

S2A：彝文、汉语的教材内容都比较有趣，关键还是在于老师的教学方式。

S1A：彝文教材应该多一些彝族作家的文章进入，汉文教材应该减少文言文等古文，因为我们学起来实在有些吃力。

S2b：我觉得现在的彝文、汉语教材应改编得灵活一些，有用，在与别人交流时会觉得说话很流利。

在影响双语能力的因素上，来自彝族学生自身的因素主要包括学习策略、学习动机，它们都会对语言能力的发展产生影响；学习策略上，主要问题是学习时间的管理不够科学合理；学习动机更多的是来自"改变自己的命运"，属于学习动机的附属内驱力较多，也有部分是属于学习内驱力的，即"为了成为更好的自己"。

S3b：我认为学习最大的困难在于不会合理安排时间，平常上课仅能勉强完成作业，放假时又一味地沉迷于电视，导致自己对自己产生看法，以至于到后来打击了自己的学习热情。

S1A：我喜欢汉语，水平还可以，汉语广播听起来毫不费力。我学习汉语是为了成为更好的自己，希望成为更有用的人。印象最深的是曾经帮助同学写感谢信给他们的资助人。

S3a：我喜欢汉语，觉得自己的汉语水平挺不错，能听得懂汉语广播，学习语文主要是为了顺应历史发展趋势，迎接高考。小学时，有次语文课上学习成语，看图猜成语，是门和山的结合，有同学举手发言说这是开门见山，让我印象深刻。

S3c：我觉得自己现在的学习成绩很差，学习最大的困难是盲目自大的心理造成的，原因在于不知道努力，不会合理安排时间。

S2b：我喜欢学习汉语，认为自己的汉语水平挺好，能听得懂汉语广播，学习汉语的目的是教学、提高素养和丰富知识。学习汉语过程中印象最深刻的事是小学老师曾将我的作文当作范文来念。

此外，在影响双语语言能力的其他因素上，父母的管理交流方式、学习彝族文字的时间早晚等都是影响彝、汉双语的关键因素。

S2C：我在小学时上过两堂彝文课，到高中时会写一些了。家里人不会写。我觉得彝文是先人留给我们的智慧，应该继承。

S2A：家庭对我来说永远是最温暖的避风港，对我影响最大的是我的姐姐，她是我的第二位母亲，也是我的第一位启蒙老师。我的母亲更多的是给予我身体和生命上的成长，而我的姐姐则更多地给予我精神上的成长。我正在学习彝文，会写彝文字，我的爷爷也会写，我认为学习彝文非常有必要，彝文现在是我们这所学科目中的主科之一。

S3A：家庭对我来说意味着责任和温暖，这一生对我影响最大的是妈妈，她教会了我很多做人做事的道理，她教会了我们要礼貌待人，要有上进心，要好好学习。我学过彝文，会写彝文，家里爷爷也会写，我觉得学习很有必要，学校为我们专门开设了彝文课程。

在彝族学生的自我和谐方面，主要源于自己对自己的一个认识，这可以通过自己的榜样是什么样的人物形象来体现，从心理上折射出理想的自我，此外来自同学、教师眼中的评价则是社会自我。因此，自我相对和谐的学生，其社会认同程度也会相应较高。

S2C：没有人评价过我，我最崇拜的是母亲，她将我们送到学校去上学。

S3c：这个我就不知道了，别人怎么看我那是别人的事情，至于我，只需做好我当下之事。我最崇拜积极向上的人，因为我也要积极向上，成为实力派。

S2c：同学们对我的评价也许是不爱说话，开不起玩笑。老师对我的评价可能是我虽然平常看上去比较乖巧、努力，但成绩不好。父母亲视我为未来，把希望寄托在我身上。我最崇拜外向、朋友多、做事果断、稳重的人，因为我做事总是冲动。

S2A：同学们都说我是个努力的孩子，我认为自己是个努力积极向上的学生；老师经常赞扬我是好学生，母亲觉得我是个懂事、努力的孩子。生活当中我最崇拜"阿四龙"这样的人，因为他们勤劳、善良、坚强、勇敢。

S1A：我在班里是一位篮球大队长，大部分同学都喜欢篮球，所以应该是喜欢我吧。在同学们心目中我是一位称职的同学，有带头作用。我最崇拜的是敢作敢当、大气、诚实守信、有担当又负责的人。敢作敢当的人不会被人看不起，诚实守信的人做人真诚，做事守信、有担当的人让人有安全感。

综上所述，彝族学生社会认同的双语教育影响因素可以用图3-6来表示其影响路径以及因果关系。

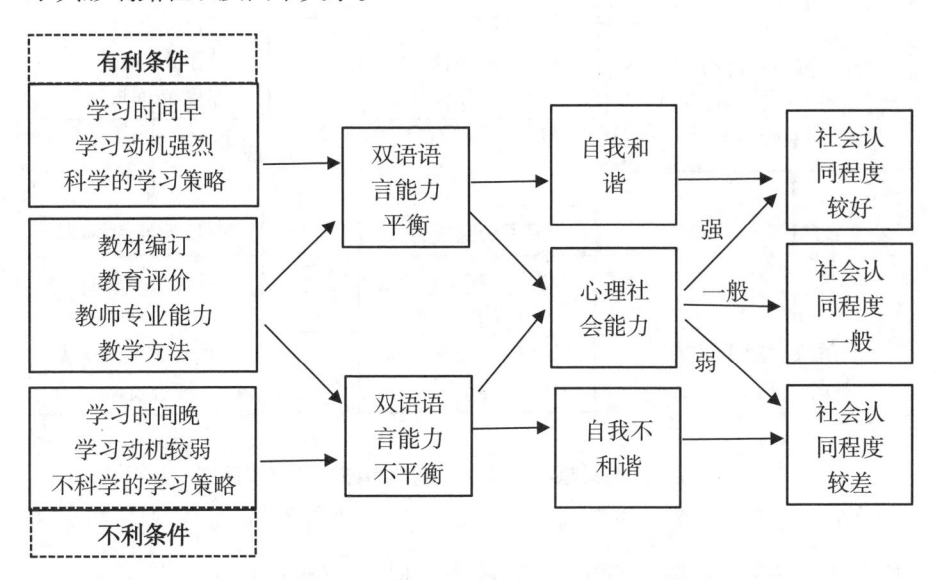

图3-6 彝族学生社会认同案例分析因果关系图

二、少数民族学生社会认同的教育叙事研究

为深入探究双语教育对社会认同的影响，运用教育叙事的研究方法，从典型个案中精心筛选并细致分析材料，通过个人成长叙事史验证其合理性。

（一）研究设计

在研究样本的选取上，采用特殊典型抽样法，从不同视角（身份差异）展示不同双语教育对少数民族学生社会认同的影响。因此，在选择样本时，主要选取不同样本进行研究，包括社会认同较好但家庭情况特殊的彝族学生1名，以及外来支教四年并获得社会高度认可的教师1名。具体研究步骤见图3-7。

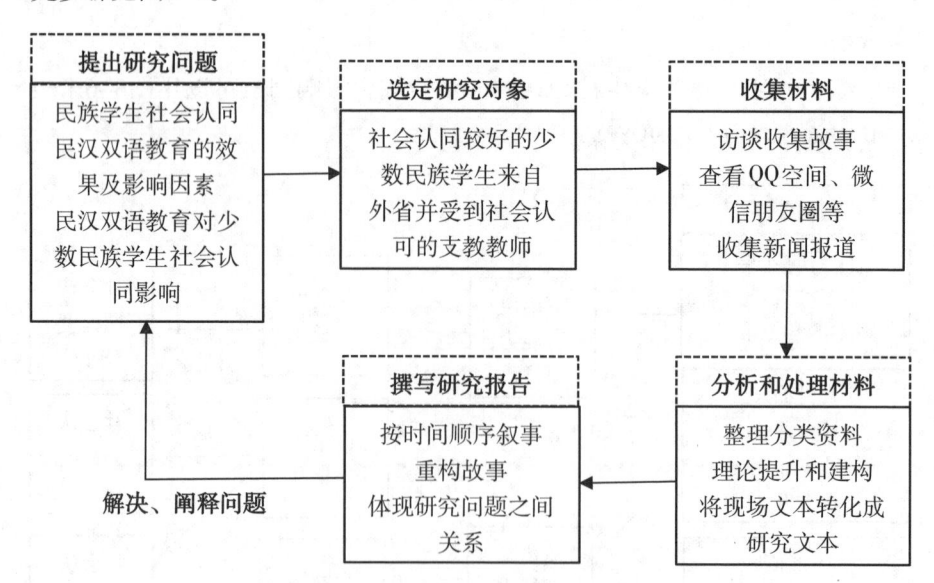

图3-7 少数民族学生社会认同教育叙事研究步骤图

在收集资料的方式上，对研究对象进行半结构访谈。以研究问题为基本框架和主线，收集关键事件。在收集过程中，征得访谈对象同意后进行

录音，并关注其神态语气等，同时查看访谈对象的QQ空间、微信朋友圈等动态以及日记，特别是与主题相关的重要事件进行摘录。此外，还关注媒体新闻对研究对象的相关报道，收集对支教教师张老师的相关报道，从不同视角反映和摘录关键事件。收集资料的过程及来源如表3-16所示。

表3-16 少数民族学生社会认同教育叙事研究资料来源情况表

研究对象	资料来源
少数民族学生	访谈本人、教师、同学；微信朋友圈
支教教师	访谈本人、同事；新闻报道；QQ空间日志等

在资料处理方式上，首先将访谈资料转化为文本，并将网络上的新闻报道、日记等围绕问题进行主题分类和梳理。在研究报告的呈现上，通过探讨双语教育的实施效果，以及双语教育构成因素（如教育评价、教学方法、教材课程、教师专业能力等）对个体的影响，同时描述和阐释自身的学习动机、学习策略和其他因素（如父母管理、学习时间早晚等），或从教师的视角进行描述阐释，构建少数民族学生动态发展的过程，采用"故事+反思"的方法呈现研究结果，并采用先叙事教育故事再进行讨论的"情境—类属"型写作方式，即按照时间顺序和主题呈现研究对象相结合，对研究问题进行反思。在少数民族学生社会认同的发展过程中，梳理其在成长过程中家庭的影响、学习动机、学习策略、学习民族语时间的早晚以及教育系统内教材课程、教师专业能力、教育评价、教学方法等因素对社会认同的影响（"走出大山的孩子"）；而支教教师则从另一个视角审视当地文化、经济如何影响少数民族学生的社会认同，同时作为一名教师他又是如何通过自身努力试图改变当地学生的双语教育情况。这里同样依据时间顺序叙述支教老师从进入凉山到登上"2016年感动凉山十大人物"领奖台所发生的一系列教育故事，从而以一个文化的"他者"同时也是教育中的主要引导者的多重身份揭示和反思凉山双语教育的现状与不足（"走进大山的老师"）。

（二）两个故事①

1.走出大山的孩子

望着城市中熙熙攘攘的人群，她第一次真切地感受到了"车水马龙"和"摩肩接踵"的含义。这些曾经只存在于汉语课本中的成语，如今却给她带来了心理上的冲击，既有惊喜，也有迷茫。在学校报到时，如果不是有学姐学长的引领，她甚至都分不清东南西北。躺在大学宿舍的床上，她回忆起在小县城中学的日子，脑海中不断浮现出毕业聚餐的欢乐场景，以及没有入学前尽情嬉戏的童年、充满童趣的小学、开始懵懂的初中和焦虑不安的高中。

1）学习动机：给妈妈过上好日子

她出生在临近县城的一个小山村，比起其他的孩子似乎多了一些不同。就在她牙牙学语时，父亲在一次外出农活之后倒在地里再也没有起来，留下了母亲、哥哥和她三人。从此，这个以种植苦荞和土豆为生的家庭，陷入了更加艰难的生活境地。

都说母亲是伟大的，从自己母亲的身上，她也感受到了这点。在她进入小学前一年就体会到了，那时虽然对很多事情并不很明白其中缘由，但她记得那一次在奶奶病重的时候，妈妈一直在病床前忙前忙后地服侍照顾，连续五六天没有合眼，丝毫没有一句怨言，于是她记住了妈妈对奶奶的这份孝心，而那一刻在她心里种下了刻苦努力读书、将来让妈妈过上好日子的决心。

当然，入学之前的她也像其他孩子一样，在母亲的怀里撒娇，听母亲讲述彝族古老的故事和神话传说。母亲会给她讲彝族民间故事，现在还记得靠智慧娶到媳妇的青蛙仙子和用聪明善良赢得幸福生活的阿丝木呷，以及赢得彝家护心帕那个对爱情忠贞的聪明媳妇的故事，还会教她一些做人

---

① 应研究对象要求，隐去其姓名特用"她"来指代研究对象即叙述者。

的道理。爷爷是村里最年长的一辈，受人尊重，是个生活得很明白的人，身上有股最原始、最传统的彝风，是当地的"苏依、德古"。爷爷会给她讲彝族文字的起源，教她写那些弯弯拐拐的彝族文字，会给她讲火把节和彝族十月新年的来历。那个时候，她就知道了彝族文化是多么的迷人和神秘。而最让她难以忘怀的，是那些和小伙伴们一起在村头玩耍、玩抓石子游戏的美好时光，以及跟在身着彝族盛装的新娘身后疯跑的场景和在彝族新年欢聚一堂杀猪宰牛的欢乐时光。这些都在她脑海中留下了深刻的印象，直到她上了大学，才知道这些是多么的难能可贵和与众不同。

这段入学前的经历，首先给她带来了学习上的动力。从奥苏贝尔的学习动机概念分析，她的学习动力主要属于附属内驱力，即她学习的动力并非源于学习本身的乐趣，也不是出于自我提高的目的，而是为了改变生活的现状。与这里的大多数孩子一样，她面临着来自环境和经济落后的压力，同时也承受着父亲去世带来的困难。但她乐观恬静的性格让她觉得这段时光给她留下了如何孝敬父母、如何生活和做人的道理。同时，母亲和爷爷等家庭成员的言传身教，让她受益匪浅，接受了彝族文化的熏陶，也在她心中留下了彝族文化的痕迹。特别是爷爷教会她写彝族文字，让她对彝族文化产生了浓厚的兴趣，为她将来进入高等学府深造奠定了基础。

2）双语教育：艰难的求学之路

从进入小学那天起，她的求学之路便似乎有些崎岖。由于她年龄偏小，且入学学生太多，当她到学校时，招生名额已满，班主任老师本不想让她报名，但她强烈的求学愿望驱使她紧紧缠着班主任老师，后来班主任老师实在拗不过她的央求，便提出让她用汉语进行自我介绍。没想到，自幼有几个汉族朋友的她，用流利的汉语完成了介绍，老师深感惊讶，破例收下了她。这份小小的成就感让她意识到学好汉语还是很有用处的，从此她便爱上了汉语学习，在语文课堂上总是时刻准备回答老师的问题，每当看到老师赞赏的目光，她的心里就无比满足。

她的小学时光总体来说是美好的。那些课本上精美的插图，那些丰富多彩的自然地理知识，使她了解到了大山之外的世界，让她明白我们并非生活在一个四四方方的世界，而是一个圆球上；老师总是那么地和蔼可亲，这些老师基本上都是中师毕业，且都是当地的彝族，他们在课堂上主要用彝语授课，穿插着汉语解释，后来到了高年级，老师逐渐开始以汉语授课为主了。回想起来，这对她的语言学习是多么地有用和科学。当然，如果都是美好的事情那该多好。在五年级的一天放学时，她的同桌告诉她，明天不来上学了，说完便挎上书包自己走了，后来她才知道，由于家中经济条件的原因，为了让她同桌的哥哥读书，父母早早便将同桌嫁给邻村的男孩，以获取一份丰厚的聘礼。她在为同桌惋惜的同时，也深刻体会到了求学机会的来之不易。

在帮妈妈干家务活的闲暇之余，她多数时间都在拿着书本摇头晃脑地朗读或者静静地做作业，这个时候，妈妈的脸上总是洋溢着笑容。在班级里，担任班长的她总是不厌其烦地帮助同学们，有时不放心总是不断叮嘱同学们，同学们总是嫌她啰嗦，给她起了个外号"老奶奶"，当然，这里面更多的是对她成熟稳重的赞赏和对她付出的感谢。虽然在班级事务上花费了不少时间，但她的成绩从未跌出过班级前三。不出意外的话，她应该有机会到凉山的州府西昌就读。然而，就在中考那年，命运和她开了个玩笑。由于她太在乎中考成绩，中考前那晚，长时间的超负荷学习加上心理负担过大，她居然发起了高烧。怕耽误中考，她昏昏沉沉地踏上了考场，结果可想而知，成绩并不理想。然而，母亲总是一如既往地鼓励她，让她别在意，去"一类模式"的学校也一样能有好出息。

高中生活的开始，比她预想得还要美好。幸运的是，学校专门成立了"爱心班级"，为经济困难的学生提供专门的经济援助，减轻了他们求学的后顾之忧。来自四面八方的彝族同学聚在一起，让她感受到了家庭的温暖。老师对他们同样付出了爱心和耐心，很快她就从中考失利的阴影中走了出来。彝文的神秘、汉语的韵味和数学的妙不可言都让她竭尽全力地投入高中学习，很快她又找回了那个自信、懂事、坚强的"老奶奶"。学校除了课堂教学，还总是为学生提供实践的机会。每年的火把节、彝族年，学校都会组织学生自己动手，杀猪、做菜，像模像样地体验彝族的传统节日，这不仅让每个班级的同学走得更近，也让老师和学生零距离接触，欢歌载舞。每当这个时候，她就会为自己是一个彝族人而感到骄傲和自豪。

从小学到高中的求学之路对于"她"来说是比较曲折的，但是由于"她"对学习本身有着浓厚的兴趣，这个时候的学习动机已经由附属内驱力转向了学习内驱力和自我提高内驱力，更多地源于学习对象的吸引和自身发展的需求。而促使"她"做出这种转变的原因，一方面是同桌退学以及中考失利但母亲的鼓励让"她"更加珍惜求学的机会；另一方面是教材本身的编排比较合理，能够引起"她"学习知识、增长见识的兴趣。同时，教师合理的教学方式和对教学事业的热爱、尽职尽责的教学态度也让"她"的学习效率更高。因此，"她"的双语能力得到了较好的发展。当然由于"她"活泼的性格，在与同学的交往中，特别是在班级组织的活动中锻炼了"她"的能力，这也无形之中促进了"她"学习成绩的提高，促进了"她"心理社会能力的发展。同时，在学习、参与彝族传统节日等活动的过程中，自我得到了不断发展，自我和谐程度较高，从而表现出较好的社会认同程度。

3）功成名就：高等学府的橄榄枝

三年的高中生活转瞬即逝，整个高三下学期都在做题与考试中度过，很多同学都感受到了前所未有的压力。然而，经历过中考失利的她，似乎并没有那么焦虑和担忧，更多的是一份坦然。老师时常鼓励他们好好学习的同时也要放松心态，还会不厌其烦地为他们分析错题，指出薄弱环节，并分享自己学生时代的学习心得体会，这让他们对自己的未来充满了希望。而母亲也尽量不让她做家务，让她专心学习，偶尔也会关心她的学习和学校生活，但从不要求她必须怎么做，她非常感激母亲，虽然对她期望很高，但从不会轻易给她压力，这或许是很多母亲都难以做到的。

6月7日，高考如期而至，她坦然地走进考场，没有往日的压力和顾虑，感到格外轻松和淡定。尽管部分题目不会做，但她认为这是正常现象，早已想好只要做到问心无愧就好。6月8日，当考完最后一门英语之后，她像往常放学一样走出考场。她知道，接下来所能做的就是等待，等待分数公布后填报志愿，等待志愿填报后的录取通知书。而分数公布那天，班主任老师将班级中几个成绩较好的同学召集在一起，祝贺同学们都取得了优异的成绩，并帮助他们分析高考志愿的填报。她作为班级最高分，在老师的鼓励和开导下，报考了最好的民族高校。这一次，她不负众望，接到录取通知书的那天，与老师的激动和同学的羡慕不同，她表现得很淡然，似乎这对她来说是理所当然，也是实至名归。当然，她想得更多的是在这个假期找份兼职，赚更多的钱为学费做准备。

　　高中三年生活是在"她"中考失利后开始的，"她"能够坦然面对、及时调整心态，这与母亲的关爱、同学的关心以及老师的关照是分不开的。母亲吃苦耐劳、忍辱负重的品质一直是影响"她"健康成长的重要因素，同时母亲对她的支持、鼓励、包容和期待也是"她"不断勤奋上进的关键因素。而在学校里，教师的耐心和爱心对"她"的帮助最大，特别是教师在学习上能够及时给予他们客观、科学的反馈，让他们了解自己学习上的不足之处，有针对性地进行提高，这也是她最终取得高分的关键。作为衡量教育质量的评价方式，目前高考是社会认可度最高的。因此，在取得好成绩的同时，班主任老师对"她"填报志愿以及获得录取都付出了不少精力。当然，最重要的是"她"自己的自我和谐和较强的心理社会能力，使"她"能够坦然面对这些挑战，最终取得成功。

　　后记：转眼间，大学生活已经过去半个学期了。经历了刚入学时对大学的懵懂好奇，也经历了加入彝族火把协会的兴奋和第一次在京彝族年的狂欢，还记得在学院晚会上第一次将彝族舞蹈带给同学们时的自豪。她结识了不少其他少数民族或汉族同学，脸上稍显黝黑的皮肤已经渐渐消退。在她的朋友圈里，频繁出现的是大学中各种活动和比赛的通知，特别是双语歌曲之类的最为醒目。或许再过两年，自己已经不再轻易被别人认出是

第三章 国家通用语言文字教育不同模式对社会认同的影响

来自山里的彝族孩子，但内心深处，她依然是那个站在大山山顶渴望走出来的孩子，是那个想把彝族文化带给世界，又想把外面的世界带进大山里的孩子。

2. 走进大山的老师

2017年4月8日，"2016年感动凉山十大人物"颁奖典礼在四川凉山州西昌市举行。与获此殊荣的其他大部分是凉山本地人不同的是，其中有一位来自沿海地区江苏的六旬老人——张老师。他略显佝偻的身材，但脸上总洋溢着温暖的笑容。作为昭觉民族中学的支教老师，获此殊荣实至名归，因为他为这里奉献的实在是太多了。

1）艰难开始

2013年的3月28日，张老师在他的日志里写道："飞机在两个小时之后就起飞了，我即将踏上一个未知的征途，或许会很辛苦，但我会努力，让它变得有意义，至少不会虚度光阴。"一个偶然的决定改变了张老师平稳宁静的退休生活。从新闻报道得知四川大学研究生支教队在凉山州昭觉民族中学支教的感人信息，从照片上看着这些艰苦的孩子后，他决定应该做一些事情了。于是他联系了民中的马校长，马校长担心张书迎老师受不了30多个小时火车的旅程，建议他坐飞机到成都再转车到西昌，而接近十个小时的汽车依然让张老师下车之后两耳轰鸣，过半天才缓过来，这些和后面遇到的情况比起来似乎微乎其微。

开始在这里支教生活的第一天，这里的情况似乎就让张老师感觉到超出想象，在他的QQ空间里，张老师这样说："活过了一甲子，有过这种感觉的次数并不多，甚至于我是语文老师也无法用语言将这种感觉表达出来，无法表达自己感情受到的冲击和自己内心的辛酸。"因为这里条件的艰苦超出了他的预期。触动张老师神经的第一件事是一个寒冷阴雨绵绵的早晨，到菜市场买菜的张老师看到一个本地彝族妇女背着几个月大的孩子在卖菜，寒冷让大人都禁不住打哆嗦，更何况是孩子，在自己的老家这样

—171—

的孩子这个时候正在温暖的家里享受亲人的呵护；而另一件事则是发生在班上一位受资助的同学身上，那天刚好把资助款给那个同学，结果当时忘了叮嘱那位同学写信告诉资助人，等他准备去班上找那位同学时，刚好碰到他的班主任说那位同学刚好去找张老师却没有找到，张老师很诧异这位同学的撒谎，后来这位同学跟他解释假如让班上的同学知道他领到钱了就会被同学借光；第三件事情则是在张老师的牵线下，苏州的一个公益组织给学校捐赠了七千多件旧衣服，在分完适合学生穿的衣服后，想着不会有太多的学生要剩下的衣服、鞋子，就集中放在一个房子里，每次让三个班级的学生来挑选，结果不一会房间就挤满了人，把门关上还有人在使劲擂门，而屋里则是每个人的手里尽可能地抱着衣服，甚至有个男孩拖着一大袋衣服说给家里的六个兄弟姐妹带回去，而在这之后的第三天还有女生问张老师能不能让她们再去选选衣服，后来张老师买来十多个袋子将剩下的老旧成年人衣服分装好让学生假期带回家。这些都刺痛着张老师的内心，这似乎是他小时候经历的事情而现在却活生生地重现在眼前。

　　无疑，从沿海地区到凉山腹地，张老师首先面临的是从经济发达地区到贫困地区的过渡。而这两者观念上的差距，给张老师带来了心理上的巨大冲击，为其在文化适应和生活适应方面都带来了挑战，也改变了他的一些观念。正如那位同学一样，在艰苦的环境下，不得不通过撒谎来保住自己来之不易的助学款。同时，在这样的环境下，很多学生为了基本的生存条件，不得不失去天真的本性。其次，张老师无私的奉献精神，是对教师职业道德最真实的诠释。一位六十多岁的高级教师，放弃沿海地区舒适的退休环境，选择到艰苦的凉山地区支教，真正做到了敬业奉献。最后，当地贫困的经济条件制约了当地教育的发展，从物质条件到个人的发展观念，都受到了经济条件的限制。但正是这些挑战，为张老师的支教生活提供了动力。

2）辛勤耕耘

张老师深知，改变学生需从点滴做起。他知道这里的环境艰苦，就拿学生的基本生活条件来讲，虽然这里有纯天然的山泉水，但一到冬天寒冷刺骨，加上学生卫生条件较差，宿舍环境也不理想，很多孩子在冬天只能用冷水匆匆忙忙洗个头，很容易生病感冒。于是，张老师在自己的QQ空间以"谁可引沧浪之水濯我身"为题写道："这里的孩子由于受地理环境等因素的影响，竟没有洗澡的地方，在支教的这几个月里我目睹了他们的处境，但我只是一个普通教师，心有余而力不足，因此在这里呼吁各位爱心人士出力，为该校建个洗澡的地方，这里有三栋宿舍楼，使用太阳能和电能热水，总计需33万左右，恳请各位慷慨解囊，给孩子们带来清洁和健康。"在张老师的努力下，学校终于建起了公共澡堂，解决了学生们的基本生活难题。

在与学生不断相处的过程中，张老师发现当地的孩子学习习惯不是很好，尽管有不少人资助和不少支教力量的支持，很多孩子却不珍惜来之不易的学习机会，领完资助款便回家了。凭借多年的教学管理经验，张老师对班上的学生采取"盯人"策略，督促他们好好学习。此外，张老师还联系南京一家医药公司的基金会，使其出资并结合国家资助，于2014年9月成立爱心班，选取特困生65名，并对前50名实行全免费就读，以激发他们的学习动力。他要求班上的学生提前80分钟到教室，晚上晚走1个小时。正是在张老师的辛勤付出下，班级学生有了显著的进步，几次测试下来，年级前十名中有八九名在张老师的班级。张老师担心学生在长期的资助下会形成依赖心理，总是带领孩子们参与公益活动，让他们懂得感恩、助人、回馈社会。除此之外，张老师还时常抽空进行家访，最远要翻过两三个山头，两个小时才能到家。而到学生家中，他才真正体会到什么是家徒四壁。有次学生家长听说他来了，马上表示要把猪杀了招待他，张老师赶忙阻止，后来见张老师不让杀猪，又准备去杀鸡，张老师再次阻止，他知道彝族人都很淳朴善良，但尽量不要给他们带来麻烦。

张老师明白,一个爱心班不足以解决当地贫困学子上学的难题,因此,他利用自己的QQ空间、人人网等平台寻求更多的资助。在张老师的不懈努力下,他联系到了美籍华人文化基金会并成立了两个爱心班,还联系其他公益组织捐赠衣服和书籍,充实了学校图书馆。

张老师深知,要解决当地孩子求学难的问题,首先是要解决他们物质上的困难。正如马斯洛的需要层次理论所述,人的需求首先要满足生理上的需求,才能追求更高层次的需求。因此,张老师首先解决的是学生最基本的物质条件,在确保当地学生生活基本质量的基础上,再努力做其他事情;看到当地学生学习习惯并不理想,张老师根据多年的教学和管理经验,对学生施行了多种措施。在解决学生学费等基本问题后,他对学生严加要求,时刻督促学生认真学习。鉴于学生在时间管理方面比较不合理,他要求学生在教室多投入学习时间,从而提高了学生的学习成绩。此外,在开展爱心班帮扶的同时,张老师还采取激励策略,即对前50名学生进行免费资助读书等方式,予以物质上的鼓励,激发学生的上进心和学习兴趣;同时,张老师还注重培养学生的全面发展,对学生进行感恩活动的教育,让学生积极参与社会公益活动,培养学生主动帮助他人的意识。张老师不顾年迈身体,时常进行家访,了解学生的情况,与家庭沟通,为学生争取良好的家庭支持,为学生创造坚强的学习后盾。

3)长路漫漫

张老师不仅自身持续奉献爱心,也在潜移默化中影响着身边与他有交集的每一个人。南京某军事大学的研究生宋某某就是因为在回四川老家的火车上与张老师的一面之缘,听张老师忧心忡忡地谈及他支教的事情,想起自己初中时艰难求学并受到同学照顾的经历,激起了他帮扶当地学生的意愿,"我的钱不多,能帮一个是一个。"当时,他便记下了一名高二学生的联系方式。一回到家,宋某某就给那个学生寄去800元,并承诺以后每个月给他200元的生活费直至毕业。后来,宋某某又得知考上南京大学的朱某某父母都是下岗职工,当时就联系上朱某某并送去1000元,告诉他以后每个月会给他300元生活费直到毕业。后来，宋某某觉得这样并不能解决问题，故在一次党团活动中以"心系贫困学子，爱心助圆梦"为主题，向学员们宣扬了助学的重要性。后来，在政委的倡议下，学员们与张老师取得联系，并有24名学员与注册的贫困学子形成了"一对一"的帮扶。同样在南京的另一所大学里，张老师初中时教过的学生张某某也发起了"爱心小米粒"活动，通过义售手绘花盆来帮扶当地的贫困学生，自发起"爱心小米粒"活动以来，已长期结对帮扶了50名当地贫困生，每个月为孩子们提供100元的生活费，当然，这是根据学生们的表现来进行帮扶的。

张老师的爱心资助对象不仅仅是本校学生，在当地"彝心"公益组织的帮助下，他的帮扶对象还延伸到了当地的小学和贫困群众。在永乐小学，张老师得知有个孩子，其父亲因患艾滋病去世，留下同样患有艾滋病的母亲独自带着哥哥和弟弟生活。张老师将这个孩子带回昭觉县城读书，并负责照顾他的日常生活，而吃住则由马校长负责，这个孩子也不负众望，学习成绩优异，还担任班长。

在四年的支教生涯中，张老师的足迹遍布凉山州的各个角落，最远曾到达木里、盐源。有人说，张老师不是彝族人，却比彝族人还跑得远。谈及张老师的付出，这个被彝族学生称为"阿普"（彝语，爷爷的意思）的老人很谦虚地说："我没有做什么，我其实只是一名爱心搬运工而已。"一位张老师教过的学生毕业后在他的QQ空间里留言道："张老师，谢谢您，因为有您，准备放弃读书的孩子又开始努力了；因为有您，多少孩子收获了温暖；因为有您，多少生活中没有笑容的孩子又开始笑了；因为有您，在这里多少孩子不再害怕，快乐地行走在成功的路上……"这正是多少凉山彝人的心声。当然，张老师知道他的支教生活还很漫长，凉山教育帮扶的道路还很漫长……

张老师以实际行动诠释了真正的教师风范，虽然他只是一名支教老师，却充分利用了所能调动的资源，改善凉山学生的生活和学习条件；同时，张老师也知道，仅改变学生是不够的，还需改善学生的家庭状况和当地困难群众的生活。因此，他竭尽所能帮扶当地困难群众，为他们提供力所能及的物质支持。正是张老师的无私奉献，改变了很多彝族孩子的命运，也逐渐改变了当地的想法和观念。当然，在张老师的带动下，已经有很多公益组织纷纷到凉山开展公益帮扶活动。在教育帮扶的同时，陆续有新鲜观念的注入，有助于拓宽学生的视野，激发学习动机，促进民族互动，构建和谐的民族关系。

第三节　社会认同及影响因素的整合途径

质性研究的方法主要是以建构主义和自然主义为哲学基础的，通过动态的案例研究和发展性的教育叙事研究，验证了量化研究的大部分结果。

一、彝族学生的国家通用语言文字教育实效性及影响因素

国家通用语言文字教育，即彝汉双语教育，其最直接的教育目的是提高语言能力。在案例研究中，很多学生都对自己的双语语言能力进行了自评，其中绝大部分认为自己在"听、说"的口语技能上，无论是汉语还是彝语，都处于比较理想的水平上，正常交流和日常使用不存在障碍，但是从"读、写"方面来看，部分两类模式下的学生在彝语、汉语方面存在差异，可见两类模式下的双语教育能力受到不同影响因素的作用。

进一步对学生的自我和谐、心理社会能力进行考证探究，发现两类模式下的自我和谐及心理社会能力也存在一定差异。自我和谐可以分为自我评价的理想自我以及来自他人评价的自我。理想自我会通过榜样崇拜等方

式折射出自我的理想概念，因此通过访谈彝族学生崇拜的榜样可以发现，多数彝族学生之所以崇拜社会公众人物或自己身边的母亲等亲人，往往是因为他们身上存在某些值得彝族学生学习的内在人格特质，通过这种方式希望自己也能成为那样的人物；而来自父母、同学、老师等周围亲近人物的评价可以看出彝族学生的自我形象或客观自我，一般通过这种评价与自我榜样的对比，如果其自我的关键核心越接近，那么彝族学生的自我和谐程度越高。此外，彝族学生的心理社会能力同样受双语教育影响而发展，心理社会能力更多体现在对外界人与人之间的互动和处理事务上，因此体现在同伴关系、师生关系以及其他抗挫折能力等方面。在同伴关系上，大部分同学都比较良好；在师生关系上，虽然一部分学生不太乐于与老师交流，但大部分学生还是喜欢与老师交流学习方面的话题。在抗挫折能力方面，在遇到经济困难、家庭变故如亲人去世等事情时，还是体现出较强的心理韧性，这可能与当地的文化支持有关。

在影响因素上，一个是源自教育模式内部的因素，包括教育评价、教材课程、教学方法以及教师的专业能力，另一个则是来自彝族学生自身的因素，以及其他一些影响因素，如家庭经济条件、教养管理方式等。在很多学生的观点中，教师的专业能力是影响自己学习效果的关键因素，很多学生都表示，因为教师的能力较强，能够将课本知识阐释得很透彻，讲解起来引人入胜；而同时，教学方法也至关重要，有学生提及，部分教师往往照本宣科，仅照着课本来读，缺乏趣味性和生活性，因此很多时候自己难以产生浓厚的学习兴趣，有时上课甚至会自行阅读其他书籍。当然，在影响教师教学方式的诸多因素中，教材以及课程的设置也不容忽视，对于教材而言，很多学生认为还是很有趣的，但是对于彝文教材而言还需要改进，增加一些生活中实用的内容更好。而在教育评价方面，目前主要依据考试成败进行评价，尤其是中考与高考，由于本身民族文化等因素的影响，特别是在中考时，容易导致学生在成绩上不理想，一定程度上影响了教育评价的客观性。

就学生自身的影响因素而言，很多学生的学习动机倾向于改变自身命运或改变生活方式，学习汉语的动机有来自对汉语的兴趣，也有来自自身提高的需要，因此学习动机较为复杂，但随着年级的提升，可以看出来在学习动机上有了很大的转变，由附属的内驱力转向了更高一级的自我提高内驱力以及学习内驱力，因此很多学生还是愿意自主学习；而在学习策略上，很多学生都缺少对正确学习策略的运用，特别是实践的管理上，很多学生已然意识到自己的学习时间安排不科学、不合理，却不知如何分配与协调。特别是对于家在农村的孩子而言，在学习完之后回到家里还要帮助家里干农活，一方面时间不够分配，错失了复习的黄金时段，另一方面精力有限，做完农活已经非常劳累了，没有更多精力复习功课，同时还存在自身理解能力不足导致学习比较吃力的情况；此外，很多学生的学习习惯欠佳，自制能力较弱，需要外界的监督。来自家庭的影响因素更多地体现在父母及爷爷等亲人的影响以及教养管理方式的差异上，很多孩子在家中受爷爷等亲人的影响，容易学习彝文、接受彝族文化的熏陶，相对而言更容易掌握彝文的书写和阅读，另一方面也容易养成良好的学习习惯。同时，对于彝族学生来说，由于儿童发展的关键期规律，越早学习越容易掌握，因此早期的语言教育很关键。当然，影响双语教育的因素是综合多元的，应多维度、多视角来审视。

二、彝族学生的社会认同水平

彝族学生的社会认同水平总体较为理想，因为随着社会的流动，族群之间的互动日益频繁，再加上当前处于信息化时代，彝族学生已经能够通过多种渠道了解和学习外部知识，而通过这种学习来改变彝族学生原有的认知，逐渐接纳并尝试走出原有的文化圈子。另一方面，由于信息的发达，一部分人开始走进大山，为当地彝族青少年提供经济、教育资源等方面的支持和援助，使得彝族学生开始认同外界群体。具体来说，彝族学生的社会认同主要体现在文化认同、身份认同、心理距离以及学习适应等方面。

彝族学生的学校适应是社会认同的一个关键指标，彝族学生进入高中后，大部分时间在学校生活和学习，因此学校中的同伴关系、师生关系、学习成绩等方面的表现都是衡量他们适应情况的重要标准。同伴关系主要包括与本民族同伴以及汉族同伴的关系，是否担任班委可以作为一个衡量的指标，担任班委的同学通常能得到更多同学的认可，因此同伴关系相对较好；师生关系方面，学生是否愿意主动与老师交流沟通，以及交流沟通的话题以哪方面为主，从访谈的结果来看，很多学生和教师交流的话题更多以学习为主，其他话题涉及较少，但关系仍较为良好；学习成绩方面，虽然很大程度上与学生自身特质有一定的关系，如有些学生喜欢学习并且能够取得好成绩，而有些学生则在其他方面表现突出，如文艺、体育特长等，但总体来说，学习成绩中等以上的学生适应能力较强，学校适应良好。

心理距离是衡量彝族学生对其他民族亲疏远近的重要指标，体现了对其他民族的接纳认可程度。这主要体现在与汉族的交往互动上，因此是否愿意与汉族交朋友是一个重要指标。从调查结果来看，很多彝族学生还是愿意与汉族同学交朋友，并且生活中也确实有不少汉族朋友，甚至有些是知心朋友，对汉族持积极正面欣赏的评价态度。虽然整体上对自己彝族的朋友比较接纳，但心理距离并不是很明显和疏远。

身份认同及文化认同体现了对自身民族的定位以及对本民族文化的看法，这种认同会在生活中通过无意识的行为表现出来。在访谈过程中，很多彝族学生对自己的民族定位比较清晰，认同自己的民族。在谈及选择本民族朋友的原因时，很多学生表示因为他们流淌着相同的血脉，同时也会在本民族形象受损时采取理性或非理性的方式来维护。因此，彝族学生在身份认同上还是比较强烈的；而文化认同则体现在是否关注自己本民族的文化，特别是日常生活中是否乐于参与本民族的节日活动、是否愿意听本民族歌曲，或者在学习业余时间是否更多地关注本民族文化的发展等。调查结果显示，很多彝族学生都喜欢参与彝族年、火把节等活动，一方面是为了传承和弘扬本民族的传统节日，另一方面也通过参与这些活动巩固和加强家族关系，此外，大部分彝族学生喜欢听彝族歌曲，在空闲时间会关注本地的彝文电视新闻等。因此，整体上彝族学生的文化认同程度较高。

三、国家通用语言文字教育两类模式对彝族学生社会认同的影响

国家通用语言文字教育，即彝汉双语教育，对彝族学生社会认同的影响，一方面是通过语言能力直接产生作用，另一方面是通过自我以及心理社会能力的发展来发挥影响。语言对社会认同的影响主要体现在以下两个方面：一是语言能力是影响社会认同的关键因素，二是语言作为一种文化或文化的组成部分，对人格、心理社会能力等方面产生影响，进而影响彝族学生的社会认同。同时，语言作为文化的一部分，也是构成社会认同的重要因素，因此语言对彝族社会认同的影响是显而易见的。

语言能力对彝族学生社会认同的影响在于，社会认同需要通过族群之间的互动来实现，而更多时候这种互动是通过语言交流才得以实现。在人们的日常生活中，语言交流是主要的沟通方式，假如语言无法实现交流，个体之间的交往容易产生误解。在访谈的过程中，我们发现很多这样的例子，由于语言不通，很多时候会产生不信任感，容易产生隔阂，从而导致本民族之间出现"内卷化"现象；而使用同种语言则容易产生亲切感，拉近彼此距离，产生认同，进一步促进社会认同。

语言作为一种文化，首先会对个体的人格产生影响。语言作为文化的载体是一种共识，具有传承和传递文化的作用。历史的发展规律表明，有

文字的民族文化相对于无文字仅靠口述传承的民族文化，传承时间更久，传播范围更广。同时，语言文字本身也是一种文化，从创造到交流使用的过程中蕴含着丰富的文化内涵。彝族文字的类型虽然目前尚无定论，但由文字产生的神话传说以及每一个文字所包含的文化内涵都值得继承和发扬。因此，让学生学会语言文字的书写和阅读具有重要意义。从人本主义的视角来看，自我是人格中最核心的部分，自然会受到语言文化的影响。个体内部的自我需要通过语言来表达和塑造，而外部世界对个体自我的描述则需要通过语言传递给个体内部，形成两种自我的重叠和统一，进一步促进自我的和谐发展。当然，由于语言能力会影响彝族学生的社会认同，因此影响彝族双语教育效果的因素，如学生自身的学习动机、学习策略、学习风格，以及父母的管理方式、学习彝汉双语文字的早晚、教育系统内部因素（教材、师资、评价、教学方法等），都会通过语言能力来影响彝族学生的社会认同程度。

同时，在文字学习过程中对个体思维产生积极的促进作用。双语学习带来两种思维方式的碰撞，维果斯基的历史文化心理理论表明，个体认知思维的发展是语言不断内化的过程，个体的低级机能向高级机能发展的原因和动力来自个体与他人的话语互动。社会语言学理论认为，社会结构和语言结构相互制约、相互影响。彝族文字随着社会的发展逐渐被广大彝族群众学习和传播，进一步强化了彝族人民的思维模式，从学生的角度也强化了他们的心理社会能力，进而影响彝族学生的社会认同水平。

总之，彝族学生的社会认同受到其语言能力、自我和谐程度、心理社会能力发展程度的影响，而语言能力又影响到其他两个因素。语言能力的发展受到教育内部因素、学生自身因素、其他家庭因素等的制约和影响，因此彝族学生的社会认同是一个复杂的发展体系。

第四章　促进少数民族学生社会认同国家通用语言文字教育改进对策

通过对国家通用语言文字教育两类模式教学实施效果的比较，可以看出各有所长，互有优缺点，至于选择哪种模式，就目前的研究结果来看，难以做出定论。正如明兰、张学立以贵州毕节为个案探讨彝汉双语教育的困境和对策一样，彝区主要面临师资短缺、政府及社会各界不重视、教材开发较少、语言文化环境挑战、教学方式陈旧等问题，需要各级部门协调、加强师资队伍建设，规范和统一双语教材，处理好双语教学与汉语教学的关系，正确选择双语教育模式，加速双语教学方法的现代化等措施。[①]因此，针对"一类模式""二类模式"等模式的现存问题和不足，有针对性地提出改进措施和对策，以促进两类模式教学效果的发挥。

第一节　"一类模式"改进对策反思

通过反思影响彝族学生社会认同的"一类模式"因素，可以进一步完善双语教育的对策，促进彝族学生的社会认同，充分发挥彝汉双语教育的

[①] 明兰，张学立：《彝汉双语教育发展的困境及对策——以毕节试验区为例》，《贵州民族研究》第30卷第1期，2010年1月。

积极作用。

一、发挥个人背景中影响因素的积极作用

数据分析结果显示,"一类模式"下彝族学生的社会认同受到个人背景中年级、母亲职业特别是私企职业的影响。在调查过程中,笔者发现调查点马路边显眼位置用大型广告牌制作的宣传语"一人务工,全家脱贫"。目前,大凉山地区广泛存在学生读到中学后就出去务工的情况,这阻碍了当地教育的发展。然而,现实情况是很多学生外出打工后又想回学校上学。因此,发展当地教育首先要充分发挥年级(年龄)差异带来的生理特点变化和父母对人生职业规划的积极影响,引导学生正确认知自己和客观世界,从而促进彝族学生社会认同的发展。

处于高中阶段的彝族学生在生理上属于青年时期,在生理、心理发展上具有突发性、不稳定性等特征,容易受到外界环境的影响,特别是在价值观方面。由于彝族传统文化价值观的影响,彝族学生在生理和心理上往往会出现一些带有本民族体质特征的现象。如彝族属于畜牧农业生活经济方式的民族,其体质特征好动,因此一般来说,少数民族体质比较坚韧,能够吃苦耐劳,但长时间的注意力难以集中,因此教师往往要根据这个特点进行教学。

此外,彝族学生在高中阶段的生活价值观容易受到外界的诱惑和干扰,特别是来自经济条件并不好的彝族学生,过早地体会到物质条件的重要性,因此他们在利益选择面前往往会以物质条件为重,导致很多时候缺乏理性分析和更长远的目光来看待学业。很多学生在过年过节时容易被外出务工的青少年宣传和诱惑,参与到务工队伍中,不利于双语教育的顺利开展。因此,要充分利用同伴关系以及父母的引导,发挥积极的导向作用,让学生明白学习汉语和本民族语言的重要性,促进双语教育的开展。

二、完善"一类模式"教育评价

对于"一类模式"的教育评价，应在侧重测量学生彝语言能力的同时，注重探索汉语能力的结构并开发适宜的测评工具；同时加强对双语教师专业能力的评价。正如方晓华所认为的，少数民族汉语教学评价体系应包括课程评价、教材评价、课堂教学评价、对教师以及学生的评价等。课程评价涉及课程目标、课程设计、课程安排以及实施效果等方面；教材评价则涵盖教学理念、教学手段以及教学内容安排是否合理等；课堂教学评价则应从教学目标、教学内容、教学方法、教学过程、教学效果、教学特色等方面进行综合评价；而教师评价可以依据对外汉语教学的评价标准来开展；学生评价可以从学生学力水平、学业成绩、学习过程等方面进行评价；此外，还可以对教学管理过程进行评价。①

（一）注重对汉语语言能力的测评

首先，应在借鉴国内外理论的基础上，对语言能力的概念和评价工具进行研发。国外的语言能力测量经历了漫长的发展历程。在语言心理学的学科框架下，国外语言能力的测量最初是心理学领域对智力测量的语言能力分量表。1939年，美国心理学家大卫·韦克斯勒研制了韦克斯勒—贝尔维尤智力测验，该测验分为非词语、词语测验，词语测验包括相似及数字广度、词语、知识、计算、领悟等六个测验，主要通过笔试和口语两种方式进行。随后，欧美国家的语言学家以及机构开始开发语言测量量表，最早是由美国针对国家派遣人员开发出来的FSI（Foreign Service Institute）量表。美国政府在20世纪50年代需要向外派遣公务人员，并对这些人员进行口语测试，于1955年形成"0"到"5"六个级别加上介于中间的级别

---

① 方晓华：《构建少数民族汉语教学的评价体系》，《语言与翻译》第1期，2010年2月15日。

共十一个级别的口语能力标准，即最初的FSI量表，并逐步被其他部门使用，形成"跨部门语言圆桌量表（ILRS，Interacgency Language Roundtable Scale）"。到1983年，补充了听写读三项技能并细化了原来的口语量表，正式发表并于1985年成为官方版正式颁布使用；FSI量表更多地用于官方特别是军方用途，但后来其他领域的需求也逐渐强烈起来。美国教育部门联合美国外语教学委员会在原来FSI量表的基础上进行细化修订，形成ACTFL（the American Council on the Teaching of Foreign Languages）量表，对指标进行合并和拆分，在原来FSI量表的"0、0+"拆分成"初级低、初级中、初级高"，FSI量表的"1"则被拆分为"中级低、中级中"，"1+、2、2+"则是"中级高、高级、高级加"，"3"以上级别都为"优秀级"，后来加上"杰出级"并加上文化水平量表。

在FSI量表的影响下，加拿大的两位教授于1979年开发出"澳大利亚第二语言能力量表"，后来于1995年更名为"国际第二语言能力量表（IS-LPR，International Second Lauguage Proficiency Ratings）"。该量表与FSI量表相似，分数级别由"0"到"5"，加上"加级""减级"共十二个级别，从真实的语言应用出发，对能达到级别的任务以及使用的语言进行细致描述。目前，该量表有专门用途和通用语言两个版本，主要用于制定语言政策、评估第二语言能力及开发第二语言课程。1992年，加拿大为提高新进移民的适应能力，进行移民后语言培训并测量其语言能力。1993年，着手制定"加拿大语言能力标准CLB（the Canadian Language Benchmarks）量表"，并于1996年正式发布。该量表分为初、中、高三等，共十二个级别，分别从听说读写四个技能进行总体能力描述、完成语言任务的各种条件、具体举例说明用英语做什么，是以学习者为中心依据交际能力模型编制的语言量表。[1]

---

[1] 科林·贝克（英）：《双语与双语教育概论》，翁燕荞，等译，北京：中央民族大学出版社，2008年。

欧洲一体化进程的加速促使对语言能力进行相互共享和认证的需求日益迫切，因此"欧洲语言测试者协会"以"CAN DO STATEMENTS"的表述形式来描述语言能力标准，形成了ALTE（Association of Language Tesfers in Europe）量表。该量表由低到高分为五个级别，后来又增加了最低一级。它不仅对每个级别进行了细致描述，还与上一级进行了对比描述，并对接受性技能和产出性技能、不同环境下的语言分别进行了描述。随后出现的CEFR（Common European Framework of Reference）量表则是语言教学和测评的共同框架，为语言教学大纲、课程设计、教材编排、考试测评等多个环节提供了参考。它可以针对不同对象、不同语言、不同教学机构提供语言指导，将语言能力分为三等（初、中、高）六个级别（A1~C2），涵盖了对听说读写的整体描述和具体某一能力的细致描述，采用定性与定量相结合的方法，呈现出立体、多层次的结构框架，影响深远。

对于汉语能力的测量首先从对外汉语教学开始。由于受英语水平能力测试的影响，对于汉语水平的测试逐步被重视，我国于1984年成立专门的汉语水平研究机构，即北京语言学院的"汉语水平考试设计小组"，着手汉语水平的测试工作，1985年开发出第一套测评试卷，中国对外汉语教学学会于1987年6月组建汉语水平等级标准研究小组，开始制订《汉语水平等级标准和等级大纲》，北京语言学院于1988年6月下旬举办汉语水平考试（HSK），于1989年将原来的"汉语水平考试设计小组"扩建为北京语言学院汉语水平考试中心，同年10月开始研究高等HSK工作，1992年9月上旬发布教育部21号令《中国汉语水平考试（HSK）办法》，HSK正式成为国家汉语水平测评工具，并于1995年开始基础HSK开发，且于1997年完成鉴定，形成完善的体系。

HSK是基于宏观语言的教学理论、第二语言习得理论、心理测量学、认知心理学等理论开发研制的，并基于成人对第二语言习得的特点，即学习实践和应用机会有限、语言和思维不协调、学习动机更具现实性、学习语言时听说读写同步进行、出现的错误更为多样复杂等二语习得规律。同时，宏观语言教学则是以《汉语水平等级标准和等级大纲》为等级大纲，由总体设计—教材编写—教学实施—教学测评四环节构成的规范性教学模式，以及汉语水平考试三个层面进行实践。当前主要有常模参照考试和标准参照考试两种标准化考试，HSK在吸收英国的标准参照考试经验上吸纳美国的常模参照考试，并融合我国的汉语教学实践和理论形成。因此，它既是水平考试，又具有学能测试的特点，重视平均分和标准差，目的并非建立常模，而是为了HSK的稳定性。同时，依据汉语的多样性进行两等八级的划分，也考虑到了测试样本复杂性的现实基础。

HSK的词汇依据主要以《现代汉语频率词典》中前3000～前5000的高频词汇为准，语法则以新中国成立后对外汉语预备教育的基本语法及常用语法为参照。《等级标准》分别从听说读写四个方面进行一至五级的划分，《词汇大纲》划分为丁级（暂缺）、丙级（2 140个）、乙级（2 017个）、甲级（1 011个）四个等级，《语法大纲》也相应地划分为丁级（暂缺）、丙级（249点）、乙级（207点）、甲级（133点），经过三年测试，其信度均在0.94以上，效度也达到了预期效果。

HSK被用于少数民族汉语水平的测试，首次应用于1996年在新疆财经学院组织的汉语水平考试，共有1 554名少数民族学生参与，相关内容由新疆教育出版社出版发行于《HSK与新疆民族教育》一书中。1998年，研制出民族版的正式测试卷。基于这样的经验，原国家教委下发了《关于在少数民族学校推行中国汉语水平考试试点的通知》，规定从1998—2000年在青海、新疆、内蒙古、吉林等省区展开HSK的试点，新疆从1998年后用HSK取代了原来的高考语文。

随着HSK的推进，一些问题也逐渐暴露出来，HSK主要是针对对外汉语教学，与少数民族有区别，同时它是针对成人开发的，因此不适用于民族学生，且测试能力也与民族学生不同。针对这些情况，中华人民共和国教育部民族教育司于2001年4月召开专题会议开始研制"中国少数民族汉语水平等级考试（MHK）"。MHK在吸收HSK优点的基础上，参照HSK的设计思路，结合少数民族的实际情况，依据词汇量来划分两阶段四等级，即基础教育阶段的一、二级和高等教育的三、四级。一级是接受正规教育为400～800个学时，二级为800～1200个学时，三级为1200～1600个学时，四级为1600个以上学时，考试形式为笔试和口语，笔试题型主要是听力理解、书面表达及阅读理解。2002年10月下旬，教育部正式下发《教育部关于在有关省区试行中国少数民族汉语水平等级考试的通知》，并逐步在四川、青海、新疆、吉林等省区推广试点，在北京中央民族大学及北京邮电大学、延边大学、内蒙古师范大学设置考试点，取得了较好的效果。

由此可见，我国对少数民族汉语能力的测量评价标准已逐步形成了一定的体系，但由于每个地区的少数民族汉语能力情况存在差异，因此如何根据凉山彝族地区的情况在与全国其他少数民族地区统一标准的情况下，开展汉语能力测评，尚需不断探索和深入研究。

（二）加强课程教材评价反思

对于双语课程和教材的研究，多数聚焦于汉语、英语双语教育的教材及课程实施层面，而对少数民族双语教材及课程实施的研究相对较少。与大多数民族地区双语教育实施情况相同的是，凉山彝汉双语教育在民族文化教材的出版发行经费、编译质量以及学生家庭负担等方面都存在问题，这主要受教育政策、民族学校的教育模式、教材发行机制、经济发展致使民族语言文字功能弱化、经济贫困与文化变迁等因素的影响。[1]虽然少数民族双语教材在传承民族文化、增强民族认同以及促进教育均衡方面发挥着重要作用，但双语教材仍存在未遵循必要的规则（如系统性原则等）、本土化缺失、具体内容（如翻译表达不准确）等问题。因此，需要在出版翻译的过程中考虑二语习得等理论问题，体现生活的实际性，兼顾国家

---

[1] 郑新蓉，卓挺亚：《我国义务教育阶段少数民族文字教材调查研究》，《广西民族学院学报（哲学社会科学版）》第3期，2004年6月1日。

与地方性的统一。①对于少数民族双语教育中汉语课程的建设和教材的编写，应从第二语言教学视角出发，加强教学理论和基础理论的研究，其中教学理论最为核心与关键，汉语教材的编写应以教学理论为指导，遵循语言教材的编写原则。②

对于民族基础课程的研究，主要集中在课程体系（宏观层面、民族教育特殊性）、课程资源开发、课程实施、课程改革、教师与课程关系等方面的研究，主要是从文化学、历史学、伦理学、社会学的视角展开。③我国少数民族中小学汉语课程的建设发展经历了从20世纪50年代初期到60年代中期的起步阶段、20世纪60年代中期到70年代末期的曲折发展阶段、20世纪70年代末到90年代的恢复发展阶段以及2000年至今的科学发展阶段，体现了从简单模仿汉语文教学到第二语言教学规律研究、从语言知识传授到语言能力培养、从单学科到综合跨学科发展的特点。④

对于课程教材的评价思考，胡晶君指出教材评价应该是对教材的价值做出判断，即评价主体依据自身需要对教材的价值关系进行判断和预测；在评价过程中，应实现质性与量化的结合，采用多元性评价等方式；评价内容主要包括对教材本身的评价（教材目标、教材内容、教材组织、教材的呈现及表达）、对教材使用的评价（使用过程、使用效果）。⑤丁朝蓬则认为教材评价体系应依据课程评价体系来构建，对课程的内在和结果进行评价。因此，教材评价指标体系应由指标、标准、量

---

① 张忠兰，朱智毅：《加强贵州省少数民族双语教材建设的思考》，《贵州民族研究》第3卷第4期，2012年8月25日。

② 郑婕：《论少数民族汉语教学学科建设和汉语教材的编写》，《西北民族学院学报（哲学社会科学版）》第1期，2003年3月30日。

③ 张学强，车延菲：《近年来我国民族基础教育课程研究进展分析》，《贵州民族研究》第2期，2008年4月25日。

④ 海路：《我国民族中小学汉语课程建设的历史演进》，《民族教育研究》第27卷第4期，2016年8月16日。

⑤ 胡晶君：《关于教材评价的一些思考》，《广东教育》第6期，2003年6月1日。

表和指标权重构成，即由评价对象的属性、价值准则、尺度和重要性数值构成，具体内容则是由教材目标、教材内容选择、教材内容组织、教材的呈现及表达构成。①

而凉山地区的双语教育课程与教材一样也在这样的环境下展开。作为双语教材中最为关键的彝文，四川凉山州的规范彝族文字发展历经曲折最后才步入正轨。1950年，在基于拉丁文原则的基础上创制了《凉山彝族拼音文字方案》，虽然经过三次修改并逐步推广，但由于没有充分了解彝族文字的规律、脱离实际和群众等多种原因，最后以失败告终。但这次经验为后来《彝文规范方案》的推广奠定了基础。②在州政府的组织下，基于群众的迫切需求，1964年从8000个老彝文中选出800多个汇成《常用彝文字表》，并于1965年在《凉山报》上开辟专栏《彝文专栏》介绍彝文。1974年形成《彝文规划方案（草案）》，在广泛征询群众意见的基础上，于1975年推广并实施实验试用，1980年后正式推广使用并颁布《彝文规划方案》，推动了彝语文工作机构的相继成立、彝语文教育及教材编译工作的开展，以及各类报刊杂志等新闻媒介等文化、政治和经济的发展。③

从现有的教材课程来看，凉山彝汉双语教育目前使用的教材主要是依据《四川省教育厅关于印发2016年秋季至2017年春季学期〈四川省民族地区普通中小学藏文版、彝文版教学用书目录〉的通知》中的指定教材，具体目录见表4-1、表4-2。

---

① 丁朝蓬：《教材评价指标体系的建立》，《课程．教材．教法》第7期，1998年7月20日。

② 木乃热哈，毕青青：《〈凉山彝族拼音文字方案〉的学术史价值》，《贵州民族大学学报（哲学社会科学版）》第3期，2013年6月28日。

③ 沙马拉毅：《〈规范彝文方案〉推行30年实践效果述评》，《西南民族大学学报（人文社科版）》第31卷第8期，2010年8月10日。

第四章 促进少数民族学生社会认同国家通用语言文字教育改进对策

表4-1 2016—2017学年四川省彝文高中教学用书目录（节选）[①]

年级	书名	册次	版别	使用年级	使用时间	版次	存书处理	备注
一年级	高级中学彝文课本二类模式彝语文	一	川民社	一年级第一学期	2016年秋季	再版	照用	
	高级中学彝文课本一类模式彝语文	一	川民社			再版	照用	
	普通高中课程标准试验教科书（彝文版）.数学4.必修	4	川民社			再版	照用	
	普通高中课程标准试验教科书（彝文版）.物理1.必修	1	川民社			再版	照用	
	普通高中课程标准试验教科书（彝文版）.化学1.必修	1	川民社			再版	照用	
	高级中学彝文课本一类模式历史	一	川民社			再版	照用	
	高级中学彝文课本一类模式地理	一	川民社			再版	照用	
	高级中学彝文课本二类模式彝语文	二	川民社	一年级第二学期	2017年春季	再版	照用	
	高级中学彝文课本彝语文	二	川民社			再版	照用	
	普通高中课程标准试验教科书（彝文版）.历史2.必修	2	川民社			再版	照用	
二年级	高级中学彝文课本一类模式彝语文	三	川民社	二年级第一学期	2016年秋季	再版	照用	
	高级中学彝文课本二类模式彝语文	三	川民社			再版	照用	
	高级中学彝文课本一类模式历史	三	川民社			再版	照用	
	高级中学彝文课本一类模式地理	三	川民社			再版	照用	
	普通高中课程标准试验教科书（彝文版）（理工方向）.数学2-1.选修	选修2-1	川民社			再版	照用	
	普通高中课程标准试验教科书（彝文版）（人文方向）.化学1.选修	选修1	川民社			再版	照用	

[①] http://www.scedu.net/p/8/?StId=st_app_news_i_x636014306271864395。

续表

年级	书名	册次	版别	使用年级	使用时间	版次	存书处理	备注
二年级	高级中学课本二类模式彝语文	四	川民社	二年级第二学期	2017年春季	再版	照用	
	高级中学课本一类模式彝语文	四	川民社			再版	照用	
	普通高中课程标准试验教科书（彝文版）.思想政治.必修	4	川民社			再版	照用	
	普通高中课程标准试验教科书（彝文版）化学选修2	选修2	川民社			再版	照用	
	普通高中课程标准试验教科书（彝文版）生物选修1	选修1	川民社			再版	照用	
	普通高中课程标准实验与探究报告册（彝文版）.物理1-2.选修	选修1-2	川民社			再版	照用	
	普通高中课程标准实验教科书（彝文版）历史.世界文化遗产荟萃.选修6	选修6	川民社			再版	照用	
	普通高中课程标准实验教科书（彝文版）历史.历史上重大改革回眸.选修1	选修1	川民社			再版	照用	
三年级	高级中学彝文课本一类模式彝语文	五	川民社	三年级第一学期	2016年秋季	再版	照用	
	高级中学彝文课本二类模式彝语文	五	川民社			再版	照用	
	普通高中课程标准实验教科书（彝文版）历史选修3（二十世纪的战争与和平）	选修3	川民社			再版	照用	
	(彝文版)地理选修3(旅游地理).	选修3	川民社			再版	照用	
	普通高中课程标准实验教科书（彝文版）地理选修2(海洋地理)	选修2	川民社			新版		
	普通高中课程标准试验教科书（彝文版）（人文方向）.数学1-2.选修	选修1-2	川民社			再版	照用	
	普通高中课程标准试验教科书（彝文版）（理工方向）.化学5.选修	选修5	川民社			再版	照用	

续表

年级	书名	册次	版别	使用年级	使用时间	版次	存书处理	备注
三年级	高级中学彝文课本一类模式彝语文	六	川民社	三年级第二学期	2017年春季	再版	照用	
	高级中学彝文课本二类模式彝语文	六	川民社			再版	照用	
	高中彝语文阅读与作文	全	川民社			再版	照用	
	普通高中课程标准试验教科书（彝文版）化学6.选修	选修6	川民社			再版	照用	

表4-2　2016—2017学年四川省彝文高中教师教学用书目录

书名	册次	版别	使用年级	使用时间	版次	存书处理	备注
高级中学教师用书二类模式彝语文	一	川民社	一年级第一学期	2016年秋季	再版	照用	
高级中学教师用书二类模式彝语文	二	川民社	一年级第二学期	2017年春季	再版	照用	
高级中学教师用书一类模式彝语文	一	川民社	一年级第一学期	2016年秋季	再版	照用	
高级中学教师用书一类模式彝语文	二	川民社	一年级第二学期	2017年春季	再版	照用	
高级中学教师用书一类模式彝语文	三	川民社	二年级第一学期	2016年秋季	再版	照用	
高级中学教师用书一类模式彝语文	四	川民社	二年级第二学期	2017年春季	再版	照用	
高级中学教师用书一类模式彝语文	五	川民社	三年级第一学期	2016年秋季	再版	照用	
高级中学教师用书一类模式彝语文	六	川民社	三年级第二学期	2017年春季	再版	照用	

　　可见，当前的教材评价体系仍需完善，且不仅限于教材的编撰、评价反馈、修订机制，还需进一步进行教材课程的开发，包括构建课程资源库以及完善本土文化的专家人才库。

首先，需形成教材编撰、评价反馈、修订的完整机制。教材应随时代发展不断修订完善，彝文教材有其自身的规律，彝文教材往往应以传统的彝族文化为核心，进行去粗取精的筛选工作。因此，其编撰出版是一个复杂的体系，涉及诸多专业领域的知识，因此需要系统全面的工作，尤其是教材评价工作尤为重要，但当前对教材的评价标准缺乏统一的模式和内容，特别是少数民族双语教育教材的评价体系，应紧密围绕少数民族双语教育的目的展开探索，将少数民族双语教育目的进行分解，从教材的知识结构、文化思想性、实践适应性、教学适应性、编写水平等多方面进行评价，构建系统科学的双语教材评价体系，及时发现教材中的不足，提升教材质量。

其次是构建课程资源库，课程资源库是确保课程教材得以持续丰富完善的前提条件。当前的教材虽然体系比较完备，但存在直接翻译汉语人教版教材的问题。由于人教版内容中存在一些时代气息浓厚的文化，在讲授过程中，彝族学生因跨文化问题难以理解，如在城市里有"红绿灯"这个词语，翻译成彝语则是用"火把"来代替，"火把"在彝语中象征着"吉祥、红红火火"，那么在"红绿灯"中，红色代表禁止通行，彝族学生因此难以理解红灯的含义。[①]建设课程资源库的意义在于不断丰富和扩充"地方性知识"，融入民族文化的内容，不断创新民族文化的传承方式，用全新的理念继承民族文化，并逐步接纳当代的信息知识。

此外，还需完善本土文化的专家人才库。无论是师资队伍建设、教育政策制定，还是教材的编写，都需要双语教育及本土民族文化专家人才的参与，因此本土文化的专家人才库建设尤为重要。四川省在2017年10月前后成立了双语研发委员会，针对藏汉双语、彝汉双语教育，从各县市筛选双语专门人才组成该委员会。此外，强化专业机构的能力，如2017年11月开始，中国民族语文翻译局开始录制彝文语音输入法，储备彝文电子语

---

① 刘正发：《试论文化传播论对教育的启示》，《西北民族大学学报：哲学社会科学版》第2期，2007年2月29日。

料；2017年，中央民族大学恢复停招十年的彝文专业学生的招生工作，培养专门的彝文专业人才；西昌学院设有专门的彝文化学院，西南民族大学也有相应的彝学学院，按两类模式培养，形成"一类、二类模式"并存的局面，为输送培养彝文专业人才提供保障。

（三）加强对教师专业能力和评价建设

虽然从数据研究的结果来看，教师的专业能力和彝族学生的社会认同并无直接关联，但由于教师专业评价也是教育评价内容的一个方面，且教师的专业能力会对其他因素如学生学习动机等产生影响，因此应从两方面开展教师能力的评价建设：一是梳理并明晰教师能力的概念，二是加强教师能力评价体系的研究。当前，凉山彝汉双语教师的评价体系尚不完善，主要以普通教师的评价标准来考核与要求双语教师。双语教师一方面需具备普通教师的能力，另一方面还需具备双语教师独特的能力，因此在加强一般教师能力探索的同时，应注重双语教师独特能力的研究。

对于教师能力，目前有观点将教师能力分为五个方面，认为包括基本认识能力、系统学习能力、调控与交往能力、教育教学能力、拓展能力等一级能力；而二级能力则包括基本认识能力中的观察力、记忆力、注意力、思维力、想象力，系统学习能力中的专业能力、自学能力、信息加工能力、外语能力，调控与交往能力中的人际交往能力、心理与行为调控能力，教育教学能力中的表达能力、组织管理能力、现代教育技术运用能力，教师拓展能力中的自我规划能力、专业知识运用拓展能力、教学科研能力、开展创造性教学能力等。[1]

教师能力结构主要包括教师的教学能力、科研能力、管理能力、创造能力等，教学能力主要包括选择运用教材能力、把握课程标准能力、设计

---

[1] 靳莹、王爱玲：《新世纪教师能力体系探析》，《教育理论与实践》第4期，2000年4月20日。

教学方案能力、表达能力、教授能力、实际操作能力、开展第二课堂活动能力、评价教学效果能力等；科研能力则包括选题能力、分析信息能力、运用方法能力、教改实验能力、撰写学术成果能力等；管理能力包括认知能力、组织协调能力、决策判断能力、信息管理能力、指导评价能力、自我管理及参与学习能力、思想教育能力等；创造能力包括创造最佳教学情境能力、创造性思维能力、教学变式能力、更新教学内容能力、探索思想教育新形势能力等。[①]

国外对教师专业能力的研究，以法国教师专业能力为例，中小学教师的专业能力要求存在较大差异。小学教师的专业能力主要包括多学科教学能力、设计及分析教学情境的能力、课堂活动组织能力和了解学生差异的能力、教师的教育职责和职业道德；中学教师则需承担教师在教育体制中的责任、在课堂上的责任（了解掌握学科、建构教学情境、对课堂进行引导）以及在学校中应承担的责任。[②]此外，2007年颁布的《教师培训大学学院的教师培训管理手册》重新对中小学教师的10项能力，包括职业道德、教学及沟通语言能力、学科教学能力及综合文化素质、计划并实施教学活动能力、组织班级能力、了解学生多样性能力、评价学生能力、信息技术应用能力、和家长及学校伙伴协调合作能力、改革创新能力，从知识、技能、态度三个维度进行了规定细化。[③]

国内的教师专业能力研究已取得了丰硕的成果，并逐渐形成了国内的教师专业能力研究体系。经历了从教师专业素质到教师能力再到教师专业能力研究的历程，教师的素质主要是国内研究的提法。林崇德等人提出，教师的素质主要由教师的知识水平、教师的职业理想、教师的教育观念、教师的监控能力以及教师的行为等五个方面构成，其中教师的知识水平是

---

① 张波：《论教师能力结构的建构》，《教育探索》第1期，2007年1月1日。

② 汪凌：《法国中小学教师专业能力标准述评》，《全球教育展望》第35卷第2期，2006年2月15日。

③ 胡森：《21世纪法国中小学教师专业能力标准探析》，《比较教育研究》第33卷第8期，2011年8月10日。

前提，教师的职业理想是动力，教师的教育观念是产生教学效能感的关键，教师的监控能力是核心要素，教师的行为是教师素质的外在体现。[1]当然，还有三分法、四分法等观点，如叶澜提出教师的素质包括教学理念、教育知识、教育综合能力（管理能力、交往能力、研究能力）；[2]四分法则是较为广泛接受的观点，认为教师的素质主要由教师观念结构、教师知识结构、教师能力结构、教师身心结构四部分构成；[3]也有观点认为包括思想道德素质、T型化的知识、复合型能力、健康的身心素质。[4]随后的研究逐渐聚焦于教师能力研究。教师能力的研究起步并不晚，主要集中在对教师能力结构、能力水平状况、形成和发展过程、构成要素以及教学效果等方面的研究。[5]

另外，还有学者认为教师的专业能力应包括教师职业道德、教师专业素养、学科专业水平及标准、广博的文化科学知识、健康的体魄及心理素质，归纳起来仍是师德、专业效能、身体素质、心理素质四个方面。[6]其中最核心的四种教师专业能力主要是处理教材能力、了解学生能力、处理人际关系能力、教学监控能力。处理教材能力主要是根据对教材的了解，结合学生个体差异选择教材内容来开展教学的能力；了解学生的能力则是对学生的身体状况、心理特征等方面有比较细致的了解；处理协调人际关系能力则是协调处理好家长、学生、学校教师等方面的关系；教学监控能

---

[1] 林崇德，申继亮，辛涛：《教师素质的构成及其培养途径》，《中国教育学刊》第6期，1996年12月25日。

[2] 叶澜：《新世纪教师专业素养初探》，《教育研究与实验》第1期，1998年2月15日。

[3] 冯颖：《素质教育与教师素质》，《辽宁教育》第5期，1997年5月25日。

[4] 郭彩琴：《挑战与选择：跨世纪教师素质结构的重组》，《江海学刊》第6期，1998年11月15日。

[5] 卢正芝，洪松舟：《我国教师能力研究三十年历程之述评》，《教育发展研究》第2期，2007年1月25日。

[6] 李方：《新课程对教师专业能力结构的新要求》，《教育研究》第31卷第3期，2010年3月15日。

力则是课前的规划、教学中的调控评价以及课后的反思。[①]教师的专业能力的划分可以从横向和纵向两个维度进行。横向上主要分为教育能力（影响学生人格）、教学能力（影响学生理智），纵向上分为入职前专业能力、专业调适能力、专业意识和生成能力。[②]

我国对于双语教师能力的研究提出，有学者在梳理国外双语教师的能力标准之后，提出双语教学能力由双语表达能力、双语教学设计能力、双语教学实施能力、双语教学评价能力构成。双语表达能力主要是用民汉双语来表达和传递思想感情；双语教学设计能力主要是对双语教学目标、内容以及相应措施的设计能力，双语教学实施能力包括调动学生学习积极性、创设教学课堂及氛围能力、应用信息技术能力、两种语言转换能力以及课堂管理能力等；双语教学评价能力包括对学生学习评价能力以及对教师自我评价能力。[③]周金虎等人提出从汉语语言表达能力、汉语知识掌握程度、汉语教学能力三个方面进行测评，其中汉语语言能力表达从日常汉语水平及口语水平两方面测试；汉语知识掌握程度则是从教育理论及学科知识两方面进行；汉语教学能力则是从实施和设计两个方面测试。[④]

可见，在界定了教师的能力概念之后，可以对教师的概念分解为操作化维度，进行测评工具的开发和研制，以达到科学测评教师能力的目的。

[①] 范诗武：《新世纪教师专业能力与教育行动研究》，《外国教育研究》第5期，2003年5月20日。

[②] 郝林晓，折延东：《教师专业能力结构及其成长模式探析》，《教育理论与实践》第24卷第7期，2004年7月30日。

[③] 杨淑芹，孟凡丽：《试析双语教师教学能力的构成》，《贵州民族研究》第29卷第4期，2009年8月25日。

[④] 周金虎，王光明，陈汉君：《关于新疆双语教师培训评价指标体系的构想》，《中国成人教育》第9期（中），2014年9月15日。

三、激发学生汉语学习动机

"一类模式"下的彝族学生社会认同受到学习动机的影响。从分析结果来看,"一类模式"的学生动机普遍强于"二类模式",这也受到他们对本民族文化强烈认同因素的影响。因此,相对而言,他们对于彝语的学习动机比较强烈,而对于汉语习得的动机并不是很强烈。影响因素一方面来自教师的教学方式、教材的编排等;另一方面则来自学生自身认知的了解不够。因此,应该着重加强彝族学生的汉语学习动机激发。首先,应该让教师具备基本的动机理论常识,并强化教师在教学实践中的应用;其次,要加强对学生的动机测量引导,让学生通过不断获得反馈来强化自己的动机意识。

第一,对教师进行学习动机常识的培训和强化,让其了解学习动机发展的脉络和历程。学习动机理论的发展经历了从行为主义到认知主义再到建构主义的过程。行为主义以斯金纳和桑代克的观点为代表,该理论提出了以强化、刺激等核心概念为基础,认为个体学习动机是以正、负强化等来进行的;而后,认知理论则更多地通过联结、中介等关键概念来阐述学习动机,因此他们的观点倾向于内部归因以及成就动机等;后来出现的社会学习理论则综合平衡了行为主义和认知理论的长处,认为个体的学习动机是内部信念驱动,强调个人的期待和价值,因此形成了期待/价值理论;人本主义更强调个人的自我实现,以马斯洛的需要层次理论和罗杰斯的观点为代表,20世纪80年代后期出现了自我决定论;当然,社会文化主义则是从建构的视角阐释了学习动机的理论。

同时,让教师明白和理解动机的类型。由于理论流派的缘故,对于学习动机的定义角度也不同,类型也有所不同,主要有来自学习兴趣本身的内部动机和学习兴趣外部的外部动机。对二语习得动机的研究则是在20世纪60年代后,二语习得作为一门独立学科分离出来,产生了以Gardner提出的社会认知教育模式，认为二语习得学习动机主要有融入性动机和工具性动机两种。①融入性动机主要是通过对第二语言的学习达到融入目的语群体的目的，而工具性动机则主要是以学习第二语言为目的，因此持久性不强。后来，进一步将二语习得动机划分为"目标、努力行为、愿望以及态度"，在很长一段时间内，二语习得都是以此为框架来开展分析的。直到Dörnyei提出了二语习得的自我理论，在借鉴自我心理学的相关理论基础上提出了理想二语自我、应该二语自我、二语学习经验三部分，编制了相应量表并不断通过实证研究来证明他的理论；社会文化理论的出现打破了认知理论一家独大的局面，以维果斯基的历史文化心理学为基础产生了新的维果斯基主义，通过建构的理念强调个体在二语习得过程中的主观能动性以及社会文化的作用。②另外，Norton的观点理论提出了用"投资"来替代"动机"，并强调二语习得的目的是建构"想象共同体"，体现了对"本语言群体"及"目的语群体"二元分离观点的批判，因此逐步受到了学界的重视和认同。

其次是加强对学生的动机测量引导，让学生通过不断获得反馈来强化自己的动机意识。首先是借鉴我国学习动机研究成果。在我国的学习动机研究过程中，最初是借用国外的动机量表来测验和探索国内的学习动机情况。1989年，周国韬对成就动机理论进行介绍，并将其测量量表引入国内，对成就动机的定义、测量量表以及培养路径等方面进行了阐释。③随后在90年代初期，周国韬进一步对我国初中学生的成就动机编制自陈式量表并进行测量。该量表由内部心理因素和外部表现构成，内部心理因素主要包括兴趣、能力、目的和价值观，外部行为表现则由行为策略、坚持性

---

① Gardner R C. Social Psychology and Second Language Learning: The Role of Attitudes and Motivation. London: Edward Arnold，1985.

② Dörnyei, Z:《动机研究与教学》，北京：外语教学与研究出版社，2005年。

③ 周国韬:《国外成就动机的概念、测量与培养述评》，《教育科学》第4期，1989年12月31日。

和主动性组成。结果表明，该量表的信度效度都很高[1]，是我国较早对学习动机进行的尝试。进入21世纪后，我国学者逐渐以社会认知理论、奥苏贝尔的意义学习理论为基础提出了问卷编制的设想。在以社会认知理论为基础上，分别以成就目标、学业成败归因、学业自我效能以及成就动机为变量编制问卷。其中，学业成败归因最后形成成功归因和失败归因两个分问卷，并且都包含能力、运气、努力及任务难度四个维度，而成就动机则由追求成功和避免失败两个维度构成；成就目标则由学习目标、成绩/接近目标、成绩/回避目标三个维度构成；学习自我效能感则是单维度量表。[2] 刘志军等人则是以期望价值理论为基础，从价值成分、预期成分、情感成分形成五个维度，即学习兴趣及学习焦虑、学业自我效能感、表现目标取向、掌握目标取向来编制问卷，采用五点量表"非常不符合"到"非常符合"进行测试，结果表明信效度达到测量学标准。[3]

第二，加强对汉语学习动机测量的研发和实践。一方面借助学习动机理论以及我国学习动机的成熟量表，另一方面加强汉语学习动机测量工具的研制，特别是针对彝族学生的量表。在此基础上，通过相关理论的分析，对彝族学生形成正确的分析并及时反馈给学生，强化学生对自己学习动机的认知，激发学生学习汉语的热情和兴趣。

---

[1] 周国韬：《初中生学业成就动机量表的编制》，《心理科学》第16卷第6期，1993年12月27日。

[2] 刘跃雄，方平：《中学生学习动机问卷的编制》，《首都师范大学学报（社会科学版）》第3期，2006年6月20日。

[3] 刘志军，白学军，李炳煌：《中学生学习动机问卷的初步编制》，《基础教育》第7卷第6期，2010年6月15日。

第二节 "二类模式"改进对策反思

一、消除个人背景因素的消极影响

数据研究结果表明,"二类模式"下彝族学生心理社会能力的发展会受到个人背景因素中的生源地、父母民族成分的负面影响,即彝族学生生源地、父母民族成分会阻碍彝族学生心理社会能力的发展,因此应尽可能减弱甚至消除这种影响。

对彝族学生的生源地调查结果显示,他们主要来自偏远农村,这种生源地因素带来的直接影响具体表现为彝族传统的家庭教养方式。而教养方式又受父母自身素质、职业、学历等因素影响,往往与"养育方式""抚养方式""管理方式"等混用,目前主要有以下四种类型:民主型、权威型、溺爱型、冷漠型。民主型是相对理想的类型,对子女成长比较有利,给予子女充分选择空间的同时也不纵容子女;权威型家庭对孩子约束较多,不会给孩子太多选择空间,限制了孩子个性的成长;溺爱型家庭往往放任孩子,满足孩子的基本需求,对孩子不合理的地方也不加约束;冷漠型则对孩子不管不顾,任由孩子自己成长,仅满足孩子的基本物质需求,往往会导致孩子出现很多心理问题。调查结果显示,彝族学生家庭中民主型较多,在关注孩子成长的同时,也注重对孩子的引导和给予自由,但部分家庭则属于权威型,对孩子采用命令式教育,容易导致孩子害羞内向、不自信。因此,在双语教育过程中,要形成稳固的家校合作共同教育机制,学校要与家庭保持良好关系;其次,对于因家庭教养方式导致性格缺陷的孩子,要给予更多关注,帮助其成长并克服家庭的影响。

要形成稳固的家校合作教育机制,学校应主动与家庭建立良好关系。由于当地学生家庭分布较为分散,经常召开家长会不太现实,因此可以让

第四章 促进少数民族学生社会认同国家通用语言文字教育改进对策

教师随时进行家访，或通过其他方式让家长了解学生在学校的表现。同时，对于特殊的困难家庭、单亲家庭或其他特殊家庭要给予关注，随时走访或观察学生在学校的行为表现，给予学生更多支持，提供物质资助和心理情感关怀，同时也多关注家长的处境，尽可能为家长分担和解决一些难题，坚定家长支持孩子读书的信心和决心。

对于已受家庭影响出现一些特殊情况的学生，应给予社会支持，包括同伴关系的支持、师生关系的支持以及社会的支持。容易出现特殊家庭的原因，一方面是家庭结构或类型的不完整，如单亲家庭、离异家庭或父母身体残疾等，导致个体在成长过程中得不到应有的关爱，自我、心理社会能力等方面发展滞后；另一方面是在家庭完整的情况下，由于父母的教养方式不当导致个体自我、心理社会能力发展不足。针对这两种情况，都应给予积极的支持和关注，鼓励班级同学、班干部积极建立和谐健康的同伴关系，在学习和生活上进行帮扶，对于特殊情况可以采取"一对一"帮扶。此外，教师也应多关注这类学生，随时与学生沟通交流，取得学生信任，在扮演教师角色的同时，也应充当"知心大哥哥、大姐姐"的角色，注重心理疏导，为学生排忧解难，提供力所能及的帮助。学校也应出台相应帮扶政策，积极寻求社会帮助，为这些学生和社会帮扶搭建桥梁，如前文提到的马校长、张老师组织的"彝心协会"，就是通过学校和社会为学生搭建了资助平台。

另外，父母的民族成分的影响则是通过家庭氛围以及教育观念等表现出来，从而对彝族儿童开始学习语言时间的早晚起到决定性作用。对于儿童双语学习开始时间的早晚，也就是对儿童语言学习关键年龄的探讨，最早源于生物学界提出，后来发展起来的Lenneberg的语言习得临界期理论观点。该观点认为，个体的语言学习在生理因素的影响下具有关键时间段，过了该时间段将会受到很大的限制。后来，对于此观点争论不休。支持者从大脑的发育和语言能力的关系上寻求证据，并用"狼孩"等例子来加以佐证；反对者则认为语言的差异是由社会心理因素的认知发展、语言输入等决定的；当然，也有学者提出二者综合的意见，并用研究证明二语习得在年龄上只存在速度上的差异，并不存在发展程度的差异，即随着年龄增大，一开始学习语言的速度会比较慢，但随着学习的深入，这种差异将逐步减小并消失。①在彝汉双语教育中发现，由于家庭的影响，特别是有诸如"爷爷、父亲、叔叔"等人会彝文的情况下，彝族学生的"读、写"能力相对都会较好；而没上学之前就已经有汉族朋友、同伴的情况下，汉语的"听、说、读、写"的能力都会普遍高于没有接触到汉族的学生。因此，针对学生的接触情况不同，应针对性地加以训练。面对彝族学生不同的语言基础情况，要因材施教，实施不同的教学指导和训练，以促进彝族学生语言能力的提高。

由于彝族学生的语言基础情况不一样，部分学生在入学之前就已经具备了一定的语言"读、写"技能。单纯在彝族文化环境中的学生，掌握的彝文越熟练越多，越容易导致对本文化的认同。由于彝语和汉语在语法构成等方面的差异，从而对入学之后进行汉语学习会带来一定的负迁移影响。越早接触汉语，越容易消除这种文化认同和定势思维带来的影响。因此，在彝族学生入学之后，应当及早地接触汉语，采用以彝族为主、汉语为辅的教学方式，逐步进入汉语为主、彝语为辅的教学方式，到最后双语并行的方式来开展；而对于很早就接触到双语的学生，则是入学之后可以采用双语并重的教学方式；对于汉语熟练而彝语生疏的学生，则应注重民族语言文化的教学，在采用彝语教学的同时，采用汉语辅导教学，让学生形成双语思维并存、共同发展的认知结构，从而达到培养双语、双文化个体的教学目的。

无论是生源地带来的家庭的教养方式，还是由于父母民族成分体现出来的接触语言早晚，乃至其他一些诸如家庭经济环境、父母的教育水平等家庭因素，都可以用入学前的准备因素来加以概括。往往入学前准备得越好的孩子，其学校适应情况会越好，社会认同程度也就会越高，而相对而

---

① 杨玉芳：《心理语言学》，北京：科学出版社，2015年，512页。

言处境不利的群体则会适应困难。因此，要综合加以考虑，并引导学生进行积极的应对，提升自身的语言能力水平。

二、完善教育评价

"二类模式"下的彝族学生社会认同明显受到教育评价的影响，一方面影响学生的语言能力，另一方面影响学生的心理社会能力。因此，有必要在明确教育评价的步骤基础上，梳理清楚评价内容和形式，完善"二类模式"的教育评价。教学评价方式是关系教学模式发展和教学效果真实反馈的衡量指标。因此，客观科学的教育评价方式是反映及促进教育模式发展的关键。从某些方面来说，狭义的教育评价主要是针对教学的效果、教材等教育因素，即学习成绩做出评价，而广义的教育评价则应该是针对在教育活动中个体的整体发展情况，因此这里主要探讨的是广义的教育评价，包括个体在教育活动中能力发展、学习成绩的提高等。

具体的双语教育评价指标体系经过四个步骤完成，即明确评价标准和内容、设计评价工具、收集数据、明确要点及制定计划。明确教学目标包括学生的语言学习目标、学科学习目标、一般性发展目标；根据具体教学内容设计评价工具；可以利用学生成长档案袋来收集数据；描述学生的学习要点并制订计划。[①]同时，在具体的操作实施上可以从对学生和教师课堂教学两个评价对象开展，其中学生评价表主要包括思想道德、语言水平、知识结构、教育教学技能、身心素质、审美劳动素质等一级指标，而双语教师课堂教学评价则包括教学目标、教学内容、教学方法、讲授能力、教学水平、课程教学、教学研究、学生情绪、教学效果等一级指

---

① 高凤弟：《试论双语教育评价体系的构建》，《教育发展研究》第11期，2005年6月15日。

标。①洪勇明认为双语教育评价指标应该围绕汉语教学展开，形成由上层结构、主体结构、基础结构、底层结构组成的双语教学结构。上层结构以双语教学原则为主，主体结构则是双语教学实践活动，基础结构则是双语教学的理论与经验，而底层结构则是制约双语教学的客观条件。依据这样的结构可以分为总目标、一级指标、二级指标和三级指标，其中总目标为实施科学规范的双语教学活动，一级指标分为客观条件、教学理论、教学经验、基础理论，二级指标为经济文化水平、教学设施、教学实践活动、教学理论应用与研究、师资队伍、教学原则，三级指标则包括教育政策实施、教学投入等23个指标。②

在彝汉双语教育中所使用的教育评价方式仍以传统的试卷测试为主，无论是学习过程中的期中、期末、升学考试，还是单位招考，都主要采用传统的笔试形式。因此，一方面需要对评价形式进行反思，另一方面则要在评价内容上进行探索。

在评价形式上，传统的笔试评价是基于第一代测量理论的测试手段和形式。随着时代的进步，测量理论经历了从测量到描述，再到判断，最后到现在的建构理论的时代。因此，随着评价理论的发展，也要对评价的形式进行改进。在以传统笔试测量为核心的体系基础上，不断探索新的评价方式，以建构理论为指导，运用多元的、发展性评价方式来进行教育评价。围绕教学目标，开展多主体评价和多渠道评价。

在评价内容上，应结合实际情况将民族文化内容纳入其中。在注重听说读写等基本语言技能评价的基础上，还应注重文化意识及价值观等方面的评价，并注重文化功能的实践和扩展。要充分发挥语言文化的功能，一方面需确保语言文字在日常生活中得以传播和使用，因此在日常交流和运

---

① 程耀忠，刘春明，李红玫：《我国双语教学评价的问题及重构》，《中国教师》第24期，2008年12月15日。

② 洪勇明：《新疆少数民族双语教学评价刍议》，《新疆大学学报（哲学·人文社会科学版）》第41卷第4期，2013年7月15日。

用中，应结合新兴传播媒体来发挥其功能；另一方面，在招生、招聘考试过程中，应将民族语言文字的评价纳入考察范围。可以参照内蒙古的人才招聘考试政策，在2015年年底颁布的《关于进一步做好高等学校蒙古语授课学生培养和创业就业工作的实施意见》中明确指出，事业单位、公务员招考中要有15%的岗位专门招收蒙语授课的毕业生，特别是蒙古族及其他少数民族集中的地方可以适当提高招考比例，并为考试设置了专门的蒙语试卷，从而保障了蒙语学生的就业。因此，彝汉双语也可以设置单独的彝语岗位，尤其是在基层需要熟悉当地文化语言的人才岗位。借鉴内蒙古的经验，并不断结合凉山州的实际情况进行完善改进，形成自身特点，促进双语人才队伍的发展，并使其能力得到充分发挥。

另外，数据结果显示，"二类模式"的心理社会能力相对"一类模式"较弱，因此有必要加强对"二类模式"彝族学生心理社会能力培养的科学测评。在心理社会能力的概念探究上，很多研究将心理社会能力和社会能力相互替代使用。张静等人指出，社会能力存在三种取向的观点：一是技能取向，即认为社会能力是个体的具体社会技能；二是结果取向，即通过实现社会目标来衡量社会能力；三是综合取向，即社会能力是个体在特定社会情境中运用情感资源、行为等来实现目标并促进自身长远发展的能力。[1]基于这些观点的取向，提出了理论模型，如三成分模型、过程模型等代表性理论模型。三成分模型主要包括Cavell等人提出的三成分模型、Gold提出的社会认知技能模型、Shin等人提出的社会能力多维模型等。Cavell等人提出的三成分模型认为，社会能力包括社会表现、社会适应和社会技能。社会适应又包括情绪适应、学业适应、身体状况适应等；社会表现则是诸如反应策略等；社会技能则是个体外显行为及认知的

---

[1] 张静，田录梅，张文新：《社会能力：概念分析与模型建构》，《心理科学进展》第20卷第12期，2012年12月15日。

整合。①Gold将Cavell的成分具体化，认为社会能力由合作、交流和认同组成，是在团队中表现出来的社会认知技能，从而使个体表现出适宜的行为，但局限了社会能力的含义。Shin等人在进一步修订该模型的基础上，提出了社会动机、社会能力的人格特征及行为特征、同伴关系的多维度模型，并进行了实证验证。②而过程模型则是从社会行为发生过程来建构社会能力，主要包括Bailey和Simeonsson提出的社会能力功能模型及Crick和Dodge的社会信息加工模型等。Bailey和Simeonsson提出的社会能力功能模型认为，社会能力体现在刺激、行为、结果三个方面。刺激来自外部会话或自身动机，而行为则除了受到刺激还受到个体特征及环境影响，只有行为结果出现工具的、情感的、交流的及行为的才能是社会能力。③Crick和Dodge的社会信息加工模型则认为，个体对环境的理解和阐释影响行为，因此将社会能力的形成过程分成六个步骤，即编码—解释—澄清目标—生成反应—决定反应—做出行为，但忽略了情感因素，后来Arsenio和Lemerise将情绪加入其中进行完善。④当然，后来也有研究者在综合成分模型和过程模型的基础上提出了棱柱模型进行分层阐释，认为第一层为由动机和技能组成的技能水平，第二层则是自我和他人两个领域的指标水平，第三层则是社会能力理论水平。汪新建等人提出，研究社会能力的视角有三种：一是发展角度，认为社会能力是为了达到积极社会目标而利用资源的

---

① Cavell T A, Meehan B T, Fiala S E. Assessing social competence in children and adolescents. In C. R. Reynolds & R. Kampuaus（Eds.）, Handbook of psychological and educational assessment of children. New York：Guilford Press, 2003, 2：433-454.

② Shin N, Vaughn B E, Kim M, Krzysik L, Bost K K, McBride B, et al. Longitudinal analyses of a hierarchical model of peer social competence for preschool children-structural fidelity and external correlates. Merrill-Palmer Quarterly, 2011, 57（1）：73-103.

③ Bailey D B Jr, Simeonsson R J. A functionalmodel of social competence. Topics in Early Childhood Special Education, 1985, 4（4）：20-31.

④ Crick N R, Dodge K A. A review and reformulation of social-information-processing mechanisms in children's social adjustment. Psychological Bulletin, 1994, 115：74-101.

能力，强调研究工具及标准都要重点考虑年龄及社会期望、需求等因素；二是判断角度，强调社会技能、社会能力的差异，认为社会技能是具体行为表现，而能力则是对具体行为的判断；三是社会有效性角度，强调社会能力是能产生社会成果的外显行为，综合了年龄及判断的特征，因此具有整合性和概括性。[1]

借鉴国外测评的发展经验，研发本土化的心理社会能力测评工具。对于心理社会能力的测量，国外主要从内外控制源及应对方式两个方面进行测定。内外控制源的测量使用源于1969年由Nowicki和Stricland编制的"N-S内外控制源量表（NSIE）"，该量表有供9~18岁群体使用的儿童版和供18岁以上人群使用的成人版两种版本，分别有40个条目，选项为"是、否"，得分在0~40分之间，从内控到外控。[2]对应对方式的测量，目前使用较多的量表是Tyler编制的"行为归因心理社会能力量表（BAPC）"，后来Maria cecilia zea修订为简易版（BAPC-C），共有13个条目，每个条目又有2个子条目供被试选择，主要用于测评被试的应对能力，包括三个维度：主动应对、情感应对和综合应对。[3]此外，Ach enbach青少年行为自评量表（YSR）通过测量青少年的社会能力和行为问题来评定青少年的社会能力，其中社会能力包括活动能力、社交能力及学习成绩。[4]刘子龙等人通过编制问卷测定社会能力，编制了由社交能力、生活能力、职业能力三个分量表共15个条目组成的量表，生活能力测试主要包

---

[1] 汪新建，俞容龄：《西方社会能力的研究及启示》，《心理科学》第1期，2006年1月20日。

[2] Nowicki S. Strickland B. A locus of control scale for children. Journal of Consulting and Clinical Psychology, 1973, 40: 148-154.

[3] Maria C Z, Carol A R. Reliability ethnic comparability, and validity evidence for a condensed measure of proactive coping: The BAPC-C. Educational and psychological measurement, 1996, 56: 330-343.

[4] Achenh ach T M, Edelh rock C. Manual for the child behavior checklist and revised child behaviour prof ile. Burlington V T: Uiversity of Vermont Department of Psychistry, 1993.

括决策能力、自我控制能力、对家人的责任感、独立能力及处理日常事务能力；社交能力则包括社交范围、协调能力、适应环境、社会角色等；而职业能力则包括计划能力、任务完成、知识层次、奖惩情况等。[1]

可见，在梳理心理社会能力的理论、维度模型后，借鉴已有的测量工具，不断研制适合彝族学生的心理社会能力量表，以客观和量化的标准来衡量彝族学生的心理社会能力发展，同时在测评的形式上进行动态和多样化的发展完善。

三、改进教学方法

"二类模式"的教学方法对彝族学生的社会认同具有重要影响。因此，有必要对教学方法在"二类模式"的理论及实践应用进行探究。系统的教学方法始于西方教育学界，西方学界对教学方法的界定主要有：Clark和Starr认为教学是教师为了达成教学要求而对学生进行组织并使用辅助材料、教学材料及工具等的方法；[2]Dejnozka和Kapel认为教学方法是适用于多数学科并能反复使用的程序和手段；[3]Derek[4]认为教学方法是组织班级以促进学生学习并给学生提意见的各种方式。[5]典型的教学方法主要有：实物教学法、五段教学法、设计教学法、探究发现教学法等。实物教学法主要基于经验主义观点，关注以实物接触来接收信息的启示，起源于19世纪英国的幼儿园教育，虽因局限性饱受批评，但影响意义重大；五段教学

---

[1] 刘子龙，高北陵，袁尚贤，等：《社会能力评定量表的编制及信效度检验》，《中国临床心理学杂志》第1期，2005年2月20日。

[2] Clark L H, Starr I S. Secondary School Teaching Methods, Third Edition. Macmillan Publishing Co, Inc, 1977, p. 25.

[3] Dejnozka E L, Kapel D E. American Educator's Encyclo-pedia. Greenwood Press, 1982, pp. 519-520.

[4] Derek R. A Dictionary of Education. London: Harper & Row Publisher, 1981, p. 315.

[5] 程广文：《论教学方法》，《全球教育展望》第41卷第1期，2012年1月15日。

法源于赫尔巴特统觉原理上产生的四段教学思想,即教学经历清楚、联合、系统、方法四阶段,后经莱茵发展为准备、呈现、联合、概括、运用五段教学法;设计教学法由克伯屈在基于桑代克的准备律、练习律、效果律的联结主义结合杜威的思维五步(发现问题、探究问题的条件、形成解决假设、推论假设的价值、检验假设)提出,设计教学三要素为活动、学习法则、教育本质即生活伦理指导,并明确教师的职责是帮助学生实现四阶段学习(目标、计划、履行、判断);探究发现法由布鲁纳在20世纪50年代末60年代初提出,应关注学科本身激发学生的学习探究兴趣。①

　　对于教学方法的分类,国内学者主要从以下几个方面进行:刘功成从学生接收信息的方式及目的的角度,将其分为求解法和求疑法。求解法又可分为外在输入法或被动求解法以及主动求解法。被动求解法主要以教师、书本、课堂为中心,如讲授法、实验、观察等;主动求解法则以学生为主,教师为辅;求疑法则是学生主动学习探究,如布鲁纳的发现法等。②韩延明从实施方式的角度,将常用的教学方法划分为语言性教学方法、直观性教学方法、实践性教学方法和研究性教学方法。语言性教学方法主要通过语言来表述并开展教学活动,包括讲授法、谈话法及读书指导法;直观性教学方法主要是演示法和参观法;实践教学法主要以动手为主,包括实习法、实验法和练习法;研究性教学方法则以探究自我发现为主,包括讨论法和发现法。③

　　二语习得的教学方法在欧美国家得到了较为系统的发展。最初是传统语法教学,逐渐转向阅读法,二战后转向口语交际运用能力的培养,视听法、听说法等逐渐出现并发展起来。20世纪70年代后,出现了沉默法、社区语言学习法、暗示法等,开始关注教学目标、教学内容、教材

---

①　蒋晓:《西方教学方法的若干模式评述》,《外国教育研究》第4期,1988年8月28日。
②　刘功成:《教学方法分类探新》,《教育科学研究》第4期,1987年12月31日。
③　韩延明:《试谈教学方法的科学分类与应用》,《课程.教材.教法》第5去期,1994年5月20日。

等方面。80年代之后，交际法、任务型教学方法等新教学方法出现，这一教学方法的发展体现了由教师中心转向学生中心以及学生片面发展向全面发展的趋势。①

教学方法在教学活动中具有重要作用，它将教学内容付诸实践并实现教学目标。彝语对于彝族学生来说是母语，在"听、说"技能上通常不存在太大问题，尤其是在昭觉的彝族聚居区，但在"读、写"技能上则会存在较大差异，研究结果表明，两类模式下二者差异较为显著；而在汉语方面，两类模式下"听、说、读、写"都存在很大差别，因此教学方法至关重要。如何改变教学方法以提高彝族学生双语能力呢？首先，应将彝语、汉语教学区分开来，彝语可以借助文字教学法进行，而汉语作为第二语言，应遵循第二语言的教学规律；其次，在教学手段和媒介上应进行创新。

将彝、汉两种语言区别对待进行教学，彝语教学注重文字教学方法，而汉语教学则借鉴对外汉语教育的第二语言教学方法，以实现最终的教学目标，即构建语言文化自我，从而达成双语、双文化的教学目的。汉语教学需同时培养语言思维能力和语言应用能力，相对而言更为艰难。在进行基本的语言技能"听说读写"训练的同时，要加强彝族学生的文化体验。同时，需注意由于受到彝语思维的影响，可能导致负面迁移的产生，应尽量发挥彝语的正面迁移作用，促进汉语能力发展和文化自我构建。

彝语文字蕴含丰富的历史文化内涵，是承载彝族文化发展的重要印记，其创制和发展历程都有不同的历史故事及文化渊源。因此，需依据彝文字的规律特点进行教学设计。彝语教育相对容易开展，因为彝族学生已在彝族文化环境中受到熏陶，并形成了彝语的思维模式。相对而言，主要是不断强化和应用过程，提高"读、写"技能。彝族不仅有自己的语言，

---

① 庄会彬：《反思与借鉴：英美国家第二语言教学法百年流变（1914—2013）》，《云南师范大学学报（对外汉语教学与研究版）》第12卷第1期，2014年1月22日。

第四章 促进少数民族学生社会认同国家通用语言文字教育改进对策

还有自己的文字,彝族语言属于汉藏语系藏缅语族彝语支,有六大方言区:分布在滇东北黔西和桂西部的东部方言区、滇南的南部方言区、滇西的西部方言区、滇西北及川西南大小凉山的北部方言区、滇东南的东南方言区、滇中的中部方言区,方言差异较大,主要体现在词汇上,其次才是语音。彝文作为教育的载体,其创建和规范的历程与彝汉双语教育密切相关。关于彝族文字的创建时期,说法不一,最早的观点认为彝族文字甚至产生于"三皇五帝"时期,彝汉文字的交流最早可追溯到6 800多年前的仰韶文化时代,在四川出土的蜀国青铜器上翻译出古彝文,乃至距今7 800年前的河南省舞阳县贾湖遗址龟甲符号、枘形石饰符号以及距今8 200—9 000年前的湖南澧县彭头山遗址石饰刻符等都有彝族文字的影子,其他观点认为产生于宋朝、春秋战国、汉朝、唐代等。对于彝文的起源,有树枝、图画、占卜骨纹等说法,可见彝族文字源远流长。[①]

从彝族文字来看,由于彝文存在部分文字与汉字字形相同、读音相近且都具备"六书造字法",且出现的时间比汉字晚,因此关于彝族文字的起源有多种说法,一是与汉字同源,二是仿造汉字,三是汉字变形,四是受汉字的影响创立。至于彝文创建于何时,目前学术界尚无定论,主要有先秦说、春秋赵国时期说、汉代说、汉唐以前说、唐代说等,持先秦论的学者不在少数,如李家祥基于对彝族文字和汉字文字发展对照的基础上,认为汉字和彝文都经历了相同的发展时间,因此彝文创制距今应有七八千年。[②]另外,持春秋赵国时期观点的学者以朱文旭等为代表,认为起源于奴隶社会初期,在秦汉之际甚至更早,两汉时期基本成型,到唐代则盛行于民间。[③]而以肖家成为代表的学者认为彝文创制于汉代,他们在综合考证彝文文献的基础上,依据汉朝有"悫阿叠造彝文"的传说以及东晋《华

---

① 朱建军:《三十年来国内彝文研究综述》,《中国文字研究》第1期,2006年12月。
② 李家祥:《论彝文之创立与发展》,《贵州民族研究》第4期,1992年12月30日。
③ 朱文旭:《彝文中的借汉字研究》,中国民族古文字研究会第七次学术研讨会论文,2004年12月1日,第2页。

阳国志》中"夷经"的记载提出此观点。①持唐代观点的学者以陈士林为代表，依据《云南通志》中提到宋代大理地方政权的《会盟碑》中未出现爨字，可见当时并未普及，因此当时彝文正处于创制时期。②当然，还有创制于其他年代的观点，在此不一一阐述。随着文献资料的不断发掘，目前比较倾向于第一种说法。

彝族文字类型具有很多自身特点，目前存在象形说、表意说、表音说等观点。最初认为彝文是象形文字，但持这种看法的学者后来逐渐减少。持表意文字说的学者如丁椿寿认为，彝文是一种表意的单音节文字，虽然存在象形和通过部首表音的现象，但总体来说是表意的；③持彝文是音节文字的学者很多，如陈士林等人认为，彝族文字为音节文字，与汉字的表意文字不同，虽然存在假借汉字的现象，但假借汉字一旦进入彝文体系就失去了原有形、音、义的统一；④此外，还有学者认为，彝文是意音文字，通过对彝族文字的举例分析发现，彝族文字既有表意的特点，也有表音的音节文字特点；⑤当然，也有关于彝文是表词文字的说法。

根据彝文特点，借助当前的信息化媒体和手段，持续改进教学方法。当前处于自媒体时代，信息传播迅速、传播途径多元，因此教学手段也需相应地进行改进。在传统教育模式中，主要以课堂班级授课为主，授课媒介更多为黑板、粉笔，随后演变为幻灯片、投影仪，再到如今的多媒体时代。人们的学习方式不再局限于课堂时间，在课余时间通过刷微博、刷微

---

① 肖家成，武自立，纪嘉发：《彝文源流试论》，《云南社会科学》第3期，1982年6月30日。

② 陈士林：《彝文研究的基础和前景》，中国民族古文字研究会成立大会和首次学术讨论会议论文，北京，1980年8月1日，第272页。

③ 丁椿寿，于凤城：《论彝文的类型及其超方言问题》，《贵州民族研究》第1期，1981年4月2日。

④ 陈士林：《规范彝文的实践效果和有关的几个问题》，《民族语文》第4期，1979年12月31日。

⑤ 武自立，纪嘉发，肖家成：《云贵彝文浅论》，《民族语文》第4期，1980年4月。

信等方式获取知识。当前，有互联网的专门彝人网、彝学微信公众号等都在为传播彝族文化及彝语言文字做出贡献，西昌学院及一些彝族文化机构也在不断举办彝文学习公益班，推动着彝族文化的创新与发展。

当然，教学模式中还有很多影响教育效果的因素，包括教育理念、教育目的等等，这些因素在教学过程中更多是通过以上因素来影响双语教育的实效，因此此处暂不做进一步的展开探讨。

四、激发学生学习彝语的动机

由于当前社会的变迁，导致彝语的功能逐渐弱化，特别是随着彝族年轻一代外出机会的增加，很多彝族青年不再愿意使用本民族语言进行交流。同时，由于彝族文字本身的特点，写作阅读比较困难，"二类模式"下很多彝族学生的彝语学习动机并不强烈。学生的学习动机对个体学习的影响不言而喻，研究结果也证实了这一点，因此如何激发彝族学生的学习动机至关重要。内部学习动机往往比外部学习动机更为持久、更具影响力，因此在教学过程中应注重内部学习动机的激发。根据奥苏贝尔的学习动机理论，彝族学生的学习动机在低年级阶段通常处于附属内驱力阶段，如"让父母过得更好或者让自己过得更好"，而到了高年级之后则往往源于"自我提高、学好了可以让自己眼界变得更宽阔"之类的自我提高内驱力和学习内驱力。因此，针对学习动机，特别是语言学习动机，首先应引导学生将外部动机转化为内部动机；其次，应形成良性的反馈激励机制，促进学习动机，特别是第二语言学习动机的发展，防止学生产生学习动机衰竭。

引导彝族学生将外部动机转化为内部动机，即将附属内驱力转变为自我提高内驱力和学习内驱力，要注重培养学生的学习兴趣。要激发学生的学习兴趣，首先要满足学生的需求，高中生的思维特点是以逻辑思维为主，因此在教学过程中要结合彝族学生的特点，探索激发学习动机的教材设计和教学方法等。很多学生对学习不感兴趣的主要原因是学习无法带来具体的成就感，且感受不到学习的乐趣，如张书迎老师利用"爱心班"前50名学生免除学费的办法激励学生学习，就是应用了彝族学生的物质需求，当然最理想的是通过不断地强化和刺激，最终通过内部认知产生动机；同时，注重营造良好的竞争环境，激发学生的好奇心和好胜心，让彝族学生在获得成就感的同时，培养其正确面对成功的良好心态。

此外，应加强第二语言学习动机的理论研究。从二语习得动机的发展历程来看，经历了从Gardner以及Lambert的社会认知教育模式中的工具性动机、融入性动机，到Dörnyei的二语习得自我理论中的理想二语自我、应该二语自我、二语学习经验，以及后来社会文化理论中Norton的"语言共同体"理论，从不同层面推动了二语习得动机理论的发展。汉语作为彝族学生的第二语言，其学习动机同样属于二语习得动机，不同的是相对而言文化差别背景没有那么大。因此，在借鉴国外第二语言习得动机理论、语言习得动机理论研究成果的同时，要加强少数民族汉语和彝语习得动机的理论研究，注重引导彝族学生语言习得动机的培养，防止其产生语言学习动机的衰竭。引导学生形成正确的归因方式，将失败归因于可控的、内部的、稳定的因素，如将失败归于努力程度不够，那么学习动机将会被进一步激发。同时，及时对学生进行反馈，让学生明白自己的处境和发展水平，调整自己的语言习得动机，从而促进语言学习效果。

五、改善学习策略

学习策略同样是"二类模式"彝族学生社会认同的重要影响因素，因此要在梳理学习策略的概念基础上，进一步将彝族学生的学习策略测量科学化，从而有针对性地引导学生培养正确的学习策略。在调查过程中发现，很多彝族学生的学习策略问题主要是"自己时间管理、安排不合理""自主学习、理解能力有限"等。而在双语学习过程中,由于彝语和汉语学习的策略不同,因此要针对两种语言的特点分别培养彝族学生的学习策略。首先,让学生了解两种学习对象即语言的差别;其次,学会应用基本的学习策略,知晓基本的学习策略常识。

对于学习策略的探索更多是从认知心理学的视角展开。学习策略体现出个体在学习过程中的方法策略、过程或者二者的结合。国外对学习策略定义具有代表性的理论主要有Duffy、Dansereau、Sternberg等的观点,形成了三类观点:一是学习策略是学习的方法、程序及规则,这类以Rigney的程序论和Duffy规则论为代表;二是学习策略是学习信息加工过程,Kail的学习过程论以及Dansereau学习利用过程论都属于此类观点;三是学习策略是学习监控及方法的结合,此类观点的代表Sternberg提出学习策略是由执行技能(即调控技能)和非执行技能(即学法技能)组成。同时,对学习策略结构进行了探讨,认为学习策略有二因素、三因素、多因素说。二因素说主要是Resnick、Beck提出学习策略由一般策略以及调节策略构成,Rigney认为独立策略、包容策略组成学习策略,Kirby则认为宏观策略、微观策略构成学习策略,Dansereau指出学习策略包括基本策略和辅助策略,Dembo提出认知策略及元认知策略;三因素说主要包括:Shucksmith、Nisbet提出学习策略由一般策略、宏观策略、微观策略组成,Mayer提出学习策略由复述策略、精细加工策略、组织策略构成;多因素说则是以Mayer、Weinstein的八因素(即简单/复杂任务两维度和复述策略、精细加工策略、组织策略分别组合的六种策略以及情感策略、综合调节策略),同时还有Gagne从学习过程来划分为选择性注意策略、编码策略、记忆探求策略、检索策略以及思考策略。[①]

国内关于学习策略的研究在借鉴国外理论的基础上,也分别展开了探索。虽然在古代就已出现了一定的思想萌芽,但"学习策略"一词真正

---

① 刘玉屏:《语言学与第二语言习得理论》,北京:中央民族大学出版社,2010年。

出现是在1991年后，史耀芳提出学习策略是学生在学习过程中制定学习目标，并通过调控学习环节将认知策略应用于学习活动中，在一定程度上表现为学习方法或技巧。他还将学习策略结构分为基本策略（包括注意策略、学习组织策略等）和辅助策略两个层次。[1]刘儒德提出学习策略是为了提高学习效率和效果而有目的地、有意识地制定学习方案，他认为学习策略的构成主要依据阅读这一学习活动提出，因此需要进一步探究，但没有提出具体的组成结构。[2]刘电芝提出学习策略主要是学习者在学习活动中进行有效调控的规则、方法和技巧，呈现内隐规则以及外显的程序。[3]

　　二语习得的学习策略是在总结学习策略研究成果的基础上发展起来的，国外具有代表性的观点有Stern、Mayer及Weinstein、Chamot、Rubin、Oxford、Cohen等。Stern提出语言学习策略是学习者采用的学习路径总体特征或倾向，而学习技巧则是可观察的行为具体形式；Mayer及Weinstein则认为学习策略是学习者学习语言时影响处理信息的想法和做法；Chamot认为学习策略是为了提高学习效果、优化学习过程、加强语言及信息知识的记忆而采取的方法和技巧等；Rubin认为学习策略是直接影响语言系统发展的自己构造并直接作用于学习过程的策略；Oxford提出语言学习策略是为了使语言学习更高效、主动、放松而采取的做法和行动；Cohen指出学习策略是学习者为了弥补自身学习的不足以及使自己学习更容易而进行的意识或半意识活动。[4]

　　国内学者试图借鉴和介绍国外的语言学习策略量表，江新通过应用语言学习策略量表（SILL）对留学生的汉语作为第二语言学习策略进行实证研究，发现常用策略有元认知策略、社交策略、补偿策略，其次是认知策

---

[1] 史耀芳：《浅论学习策略》，《心理发展与教育》第3期，1991年10月1日。
[2] 刘儒德：《论学习策略的实质》，《心理科学》第2期，1997年3月20日。
[3] 刘电芝：《学习策略（一）》，《学科教育》第1期，1997年1月25日。
[4] 钱玉莲：《第二语言学习策略论析》，《南京师大学报（社会科学版）》第5期，2006年9月25日。

略，基本不用的则是情感策略、记忆策略等。①王新菊在借鉴Oxford语言量表的基础上编制了包含记忆策略分量表15项、认知策略分量表25项、补偿策略分量表8项、元认知策略分量表16项、情感策略分量表7项、社交策略分量表9项共80题项的量表来测试第二语言学习策略。②钱玉莲提出我国第二语言学习策略应建立这样的测量体系：宏观策略包括语言学习观念、管理策略、语言学习策略；微观策略则包括以语音策略、词汇策略、语法策略、汉字策略的语言知识学习策略以及由听力策略、口语策略、交际策略、阅读策略、写作策略构成的言语技能学习策略。③因此，有必要针对彝族学生的特点研制语言学习策略量表。

两种学习对象，即汉语和彝语，存在显著差异。彝族文字属于音节文字，而汉字则是方块象形表意字。因此，两种文字对人的认知刺激截然不同，所激活的信息神经也会有所差异。从心理语言学的角度来看，由于语言的意义表征各异，语言记忆也不尽相同，从而产生的图式也存在差别。彝族文字作为母语习得与汉语作为第二语言的习得也有所不同。因此，有必要针对两种语言的差异进行引导和学习。

一般学习策略的基本框架主要包括元认知、认知策略和情感/社交策略。在此基础上，Oxford将二语习得学习策略划分为直接策略和间接策略。④而依据国内学者的观点，汉语学习的策略可进一步划分为宏观策略和微观策略。⑤宏观策略是管理观念、语言学习观念和语言学习策略的总和；而微观策略则是语言知识（包括语音、词汇、汉字、语法等）的学习

---

① 江新：《汉语作为第二语言学习策略初探》，《语言教学与研究》第1期，2000年3月10日。

② 王新菊：《第二语言学习策略研究综述》，《新疆大学学报（哲学人文社会科学版）》第36卷第3期，2008年5月15日。

③ 钱玉莲：《第二语言学习策略的分类及相关问题》，《汉语学习》第6期，2005年12月15日。

④ Oxford R. Style orientation scale for language learning. University of Alabam，1991.

⑤ 刘玉屏：《语言学与第二语言习得理论》，北京：中央民族大学出版社，2010年。

策略和语言技能（包括听、说、读、写、交际等）的学习策略的总和。因此，让彝族学生了解基本的学习策略常识，有助于指导学生在学习过程中应用学习策略提高学习效果，包括科学合理地规划学习时间、应用记忆方法规律、总结学习技巧、探索具体学科的规律等。这些都是在指导学生了解学习策略的过程中不断形成的，并促进学生对学习策略的应用训练，提高学生的语言学习策略。

六、发挥学生学习风格特点

学习风格在"二类模式"彝族学生的社会认同程度上同样具有重要的影响。对于学生而言，学习风格并无优劣之分，但应循循善诱，使"二类模式"的学生对自己的学习风格有所了解，从而充分发挥其长处。在逐步由"教"转向"学"的过程中，如何依据学生的学习风格开展双语教育，可以从以下几个方面实施：一是加强本土彝汉双语教育中彝族学生学习风格的理论研究；二是注重教学活动的实践经验，在兼顾多数彝族学生学习风格的基础上，关注少数学习风格的学生。

首先，让学生了解学习风格的基本知识。关于学习风格的研究同样始于心理学领域的认知理论，其概念首次在1954年由哈伯特·塞伦（Herbert·Thelen）提出后得到了广泛关注，并在教育学、心理学等领域逐渐发展起来。学习风格的定义尚未有统一定论，Nations提出学习风格是个体感觉定向、反应方式和思维类型的整合；Gregorc则认为学习风格是个体与环境、文化、编码系统共同作用并适应环境的行为模式；NASSP则指出学习风格是个体特有的生理、认知、情感行为，并在与环境交流中体现出来的稳定反应。[1]

对于学习风格类型，具有代表性的理论包括Witkin的场独立/场依存理

---

[1] 史耀芳：《学习风格：中小学学习指导的新领域》，《上海教育科研》第8期，1997年8月15日。

论[1]、Kolb的学习周期研究[2]、Reid的感知学习风格理论[3]以及Dunn R. 和Dunn K. 的学习风格要素理论[4]等。Witkin等人的场独立/场依存理论是比较早对学习风格进行阐释的理论之一，该理论认为个体的认知风格存在着容易受外界干扰、倾向于以外部标准参考、善于运用整体知觉的场依存风格，以及倾向于自主思考、学习自主性强、善于运用分析的方式的场独立风格。[5]Kolb认为学习周期由具体体验、沉思观察、抽象概括、主动实验四个相互紧密联系的环节组成，每个阶段的学习思维活动都有所不同，根据对四个环节的倾向可分为善于解决问题的聚合型、善于观察和思考的发散型、对理论感兴趣的同化型、善于动手的调节型四种学习风格。Reid的感知学习风格理论则认为个体都是通过感官来进行学习，并设计了一套感知学习风格调查表，将学习风格划分为视觉型、听觉型、触觉型、动觉型、小组型和个人型；Dunn R. 和Dunn K. 将学习风格进行要素分解，认为学习风格由环境、社会、生理、情感等18种要素组成，后来又加入了认知风格、心理成分等要素，从大的维度上可以划分为社会、生理、心理三个方面。[6]

学习风格常常与认知风格相混淆，但二者存在很大区别，主要体现在学习风格被认知风格所包含，认知风格的内涵更为宽广。在彝族学生的双语习得过程中，有些学生习惯于在安静的环境下学习，不受他人干扰，自我约束能力较强；而有些学生则需要在良好的学习氛围中进行学习，只

---

[1] Witki H A, Dyk R B, Faterson H F, et al. Psychological differentiation. New York: Wiley, 1962.

[2] Kolb D. Learning-style inventory. McBer & Company, 1981.

[3] Rei J. Learning styles in the ESL/EFL classroo (ed.). Bosto MA: Heinle and Heinle Publicatio, 1995.

[4] Dun R, Dun K. Practical approaches to individualizing instruction. Englewood Cliff NJ: Parker Division of Prentice-Hal, 1972.

[5] Witkin H A, Moore C. A, Goodenough D R, et al. Field-dependent and field independent cognitive style and their educational implications. Review of Educational research, 1977, 47: 1-64.

[6] 康淑敏：《学习风格理论——西方研究综述》，《山东外语教学》第3期，2003年6月30日。

有班级学习氛围好才能静下心来学习。因此，个体的学习风格往往存在很大差异。与学习策略的发展变化不同，学习风格是个体具有个性特征的学习倾向和学习方式，通常具有稳定性和独特性。在对学习风格的探索中，Witkin的场独立/场依存两种学习风格的划分被人们广为所知，但随着研究的进展和被引入语言学习风格的研究中，人们开始从知觉型语言学习风格和感觉型语言风格来进行探讨。[1]

专门的第二语言学习风格的研究是将Witkin的场独立/场依存理论引入二语习得领域，但随后Willing通过主动/被动——分析/整体两个维度的分类，将语言学习风格划分为主动型和分析型融合的辐合性学习者、被动型和分析型融合的尊奉性学习者、主动型和整体型交际性学习者、被动型和整体型具体性学习者；Oxford[2]和Ehrman[3]在Reid六种感知觉学习风格的基础上进行合并，形成三种语言学习风格，即视觉型、听觉型、动手型。视觉型接收信息更多是喜欢通过视觉刺激来进行，听觉型则通过对话等话语渠道获取信息，动手型则通过参与实践活动来获得信息，并编制了相应的测量量表进行测量；Ellis[4]根据语言输出输入的三种类型：整体/分析、语料/规则、合成/分析，形成关注语言分析及其本身精确度的分析性/规则倾向学习者和以关注语言使用及语意的经验性/交际倾向学习者两类学习风格；Ehrman和Leaver[5]在21世纪初对前人的学习风格研究进行汇总，并从总领和细分两个维度分类，即场独立/场依存、场敏感/场非敏感、随意/线性、整体处理/个别处理、归纳/演绎、综合/分析、

---

[1] Witkin H A, Moore C. A, Goodenough D R, et al. Field-dependent and field independent cognitive style and their educational implications. Review of Educational research, 1977, 47: 1-64.

[2] Oxford R. Style orientation scale for language learning. University of Alabama, 1991.

[3] Ehrman M E, Leaver B L, Oxford R L. A brief overview of individual diff-erences in second language learning. System, 2003, 31: 313-330.

[4] Ellis R. Understanding Second Language Acquisition. Oxford: Oxford University Press, 1985/1990.

[5] Ehrman M E, Leaver B L, Oxford R L. A brief overview of individual diff-erences in second language learning. System, 2003, 31: 313-330.

形象类比/数码精确、具体/抽象、平和/尖锐、冲动/思考10类，并编制了9级量表进行测量。①

加强本土彝汉双语教育中彝族学生学习风格的理论研究以及应用实践的探索。当前，二语习得的学习风格主要是关于外语方面的研究，对在主流文化下进行彝语学习第二语言习得学习风格的研究并不多。研究表明，学习风格的形成受个体内部因素及外部因素的影响，当前的语言学习风格理论是基于国外文化的土壤下产生和发展起来的，因此在国内的文化环境中还应不断加强本土化的学习风格研究，特别是针对在多重文化背景下成长的彝族学生的学习风格理论更应给予关注和重视，通过相关的研究方法，如案例研究、问卷调查、扎根理论等探索本土化的理论体系。

在教学实践中，注重彝族学生的学习风格特点，在兼顾多数学生学习风格的基础上，关注少数学生的学习风格。学习风格是个体综合发展具有个性特征的心理特质，是学生学习方式及倾向的体现，教师应通过观察了解学生的学习风格，根据学生的学习风格来调整自己的教学风格，使自己的教学风格与学生的学习风格尽可能匹配，如学生在视觉、听觉以及综合型等多样学习风格的情况下，教师应根据实际情况在教学设计中融入多样的教材形式，通过视频、讲授、演示、体验等多种教学手段让不同的学生获得知识；对独立学习风格的学生多提供一些抽象的、有实用价值的语言案例，多安排语言分析性的训练，让其自我设置学习目标，而对依赖学习风格的学生则多做感性练习，多提供社会生活内容和幽默感的语言材料，多组织优良的小组学习。

当然，影响"二类模式"彝族学生社会认同的双语教育的因素不仅仅局限于这几种，还受诸如人格特质、智力、非智力等心理因素的影响，当然这些因素的影响可能会通过这三种因素产生综合影响，这将会是下一步深入研究的对象。

---

① 周卫京：《二语习得风格研究五十年回顾》，《外语研究》第5期，2005年10月15日。

结　语

一、研究总结论

（一）彝族地区国家通用语言文字教育的效果及影响因素

无论是量化研究的结果，还是质性研究（即案例、教育叙事研究）的结果均表明，当前两类模式下的汉语、彝族语言能力与模式选择存在关联，且两类模式下的语言能力存在差异，具体表现为："一类模式"下的彝族学生在彝语的"读、写"两种技能均高于"二类模式"，而在彝语的"听、说"方面的技能则无差异。这说明在大环境下，尤其是家庭环境基本都是彝族文化的熏陶，因此这两种技能并无差别；在汉语能力方面，"二类模式"下的彝族学生在"听、说、读、写"四种技能现状上高于"一类模式"。此外，还对彝族学生的其他认知发展，如心理社会能力和自我状态进行了探究，发现两类模式下自我和谐状态并无差别，这与自我受到文化环境、家庭环境等因素的影响有关，同时也与自身的生理、心理因素有关，因此两类模式下并无差别；而心理社会能力则在两类模式下存在差别，"二类模式"下的学生高于"一类模式"下的学生，并进一步发现，在构成维度上，自我防御、社会应对、自我调控上都存在差别，特别是自我调控上差异比较显著，更多可能是由于受到文化因素的影响，因为彝族文化中崇尚团结，因此容易受到情绪的干扰和控制。

而在彝汉双语教育的影响因素上，影响双语能力的直接因素包括教育模式构成因素，如教育评价、教学方法等，这些因素对彝族学生的成就效能感产生显著影响，进而影响他们的进一步学习行为；而教学方法的影响则体现在学生更强调教师如何将知识传授给自己，他们认为书本知识毕竟较为死板，更希望教师能将这些知识结合生活经验灵活传授；在学生的自身因素和其他因素中，学生的二语习得动机、语言学习开始时间的早晚对语言能力产生重要作用。"一类模式"下的学生学习动机和学习彝文的时间都比较早且系统，因此彝文技能比较理想，但"二类模式"下的汉语能力则相对比较理想。在个人成长背景因素中，经济因素、地理环境（即生源地）、父母的学历、父母的职业等均未对彝族学生的语言学习产生明显影响，而年级、性别的差异则会产生影响。年级差异体现了个体的年龄影响，而性别差异则可能与当地文化有关，因此会产生影响。

在对心理社会能力及自我发展的影响中，来自教学模式构成因素的主要是教学方法，它对心理社会能力产生显著影响。究其原因，教师会影响学生的认知发展，积极的教学方法会促进学生的好奇心和求学的主动性，从而促使他们不断主动学习新的知识和吸纳信息；而学生个体的自我和谐受到教育评价、教学方法的影响，尤其是教学方法的影响更为显著，这与学生获得自我效能感有关。在面对不同的评价方式和教学方法时，学生得到的反馈不同，自身的归因方式也会产生影响，从而导致自我发展程度不同，进而体现在自我和谐程度上。来自学生自身的因素和其他因素中，学生的学习风格对心理社会能力影响比较显著，学习策略对心理社会能力的影响也很显著。学习风格和学习策略往往体现了一个人获取知识的效率以及渠道的程度，因此心理社会能力自然会受到不同程度的影响。而在对自我发展的影响上，只有学习动机接近于影响其发展，其他因素则不直接影响自我和谐，但进一步研究显示，语言类型会影响自我和谐，因此学习动机等个体因素会通过语言能力影响自我和谐。

总而言之，彝族学生的彝汉双语教育最直接的效果是语言能力的提高，而个体的自我发展、心理社会能力则一方面体现了自身内部评价的发展，另一方面是对外部世界的探索行为。在静态的量化研究和动态的质性研究过程中，教育模式构成因素以及学生自身的因素也会影响其发展。

（二）两类模式下彝族学生的社会认同

总体而言，彝族学生的社会认同水平均高于平均水平，也就是说彝族学生的社会认同水平比较理想。而在具体的四个维度上，即文化认同、身份认同、学校适应以及心理距离上，特别是文化认同和身份认同均高于平均水平，这表明在当地彝族文化氛围较浓厚的背景下，彝族学生对本民族的文化具有较强的认同情感，同时对自己彝族的身份也比较认同；而心理距离则是对其他民族，特别是汉族的接纳认可度较高，愿意与汉族同伴进行深层次的交往；在学校适应上，则处于平均水平，也就是说彝族学生的学校适应处于常态分布，大部分彝族学生的学校适应基本处于相同水平，这与彝族学生的学习成绩相差不大，相互之间的竞争不强有关，同时由于学生大部分都是彝族同学，相对而言当地的汉族同学较少，反而汉族同学在这里变成了人数较少的民族，因此在数量上的优势也使得彝族学生在交往等方面并没有太多的顾虑，学校适应良好也是比较正常的。

（三）影响社会认同水平的教育因素

在影响彝族学生社会认同的双语教育因素中，教育模式构成因素、学生自身的因素以及其他因素都会通过教育目的，即语言能力、自我和谐程度、心理社会能力等方面，对彝族学生的社会和谐产生影响。

教育模式构成因素中的教育评价和教学方法，对语言能力有着直接的影响。合理科学的教育评价方式能够促进学生对自身语言能力的认知，使其在了解自身不足的同时，总结反思努力方向，进而在教师的正确引导下不断提高语言能力。此外，教学方法也是影响学生语言能力的关键因素，多元化的教学方法和手段能够刺激学生的多重感官认知系统，使不同类型的学生都能在教学活动中有所收获,因此教学方法能够对语言能力产生影响。而语言能力则进一步影响彝族学生的自我和谐,从而影响学生的社会认同水平。同时,教学方法和教育评价也会影响彝族学生的心理社会能力发展,心理社会能力是一种不断调整自身与外部世界交流互动的能力,教学方法能够让学生学习到新思维和获取知识的方式,同时教育评价能够让学生获得较高成就感,促进自信心的发展,从而提升自身心理社会能力,进一步影响到彝族学生的社会认同程度。

在学生自身的因素上,学生的学习动机、学习二语时间的早晚以及性别、年级等因素都会影响彝族学生的语言能力,并进一步影响学生的自我和谐,从而影响学生的社会认同程度;学习风格、学习策略都会影响心理社会能力,进而影响学生的社会认同程度。而只有学习动机接近影响学生的自我发展,从而影响学生的社会和谐。

综上所述,彝族学生的社会认同程度受到学生的心理社会能力和自我和谐的影响,而自我和谐则受到语言能力的影响;心理社会能力受到学习风格、学习策略、教育评价、教学方法等因素的影响;自我和谐则受到教育评价、教学方法的影响;语言能力则受到教育评价、教学方法、学习动机、学习时间早晚、性别、年级等因素的影响。因此,彝族学生的社会认同与彝汉双语教育存在紧密的因果关系。

二、研究的不足与展望

(一)研究的不足

过往有关彝汉双语教育乃至双语教育的相关研究主要基于理论思辨展开,有部分研究虽然也有量化或调查数据,但对数据背后原因的阐释不够深入,对数据的利用及数据间关系的解读不够深入。而思辨描述性研究虽然在理论观点上不断提出创新，却缺乏现实证据的来源以及实践经验的佐证与检验。因此，本研究在这样的情况下尝试运用混合研究设计，难免存在一些不足之处，需在后续研究中进一步改进和提升，主要体现在以下几个方面：一是在理论基础的不足，由于相关的理论体系源于西方本土文化的发展，对于彝族学生的适应性有待进一步探索和检验；二是研究的取样上，需要进一步拓展和完善。

一是研究的理论基础体系存在不足。本研究应用的理论基础体系主要包括二语习得理论、维果斯基的历史文化心理学理论、社会认同理论等。这些理论都是从西方的文化土壤上发展起来的，具有浓厚的西方文化背景。然而，此次研究对象为西南世居少数民族彝族，其文化背景有其独特性。彝族文化历史悠久，与中原汉族文化互动密切，且彝族自身的语言文化较为复杂，语言分布上有北部、中部、南部、东南部、西部六大方言区，而在个体习得语言的过程中，也存在一些自身的独特因素，彝族语言的语法、词语、字形等都有其自身的规律。因此，要真正地解决彝汉双语教育面临的诸多难题，还得从彝族自身文化着手，在实践调研的基础上不断进行理论探究，归纳彝族本土的文化语言习得理论，推动双语教育实践的发展。

二是在取样上有待进一步拓展和完善。本研究主要以彝汉双语教育的高中生为研究对象，选择高中生主要是因为其年龄段处于青春期和成年期的过渡阶段，很多价值观、认知发展都处于较为活跃和趋于定型的阶段，具有较强的研究价值。然而，仅选取高中生可能导致年龄跨度覆盖面不够广、对比性不够理想等问题。在大量样本的情况下，经过统计检验可以发现，样本具有代表性和随机性，但双语教育对学生社会认同的影响还需进一步扩大样本。当然，在质性研究的访谈中，虽然已经加入了对学生乃至高校教师的一些访谈，但在后续研究的量化研究中，还将进一步扩大样本的跨度。

（二）研究展望

当前，随着国家对少数民族语言文字规划和保护的重视，少数民族的双语教育将逐渐受到社会的关注和学者的重视。因此，研究可能会出现以下趋势：一是多维视野下交叉学科的研究将越来越受到重视；二是实证研究将逐步得到推广，科学合理的研究方法应用将越来越多。

一是多维视野下交叉学科的研究将越来越受到重视。当前，随着学科发展经历了从分化到整合的过程，很多学科领域已出现交叉发展的现象，特别是人文社科类学科，往往在多元的视角下进行多种方法的研究。少数民族双语教育涉及语言学、教育学、心理学、民族学等多个领域。从教育学的视角，往往关注个体如何习得语言，特别是教师如何教、学生如何学的过程，具体体现在课程设置、教材编订、教学模式的应用等方面；而从民族学的视角，则是探究语言中蕴含的文化，以及如何传递和传承这些文化，具体体现在母语语言功能、母语与其他语言之间关系、民族之间的关系等方面；心理学关注语言习得过程中个体的心理过程，以及个体产生语言的机制和语言对个体心理特质的影响等，具体体现在二语习得动机、二语学习策略、语言价值观等方面；语言学则体现在对语言本身规律的探究，如语言的演变、语法构造等，具体体现在彝文的"听、说、读、写"基本技能以及语言学知识等方面。可见，彝汉双语教育是一个综合交叉的学科领域，无论是理论体系的发展探究还是实践经验的总结归纳，都需要从多维跨学科的视角进行，以推动彝汉双语教育的蓬勃发展。

二是实证研究将逐步得到推广，科学合理的研究方法应用将越来越多。随着学科发展的需求，单纯的现象归纳和文字描述已无法满足学科规律的发展，而随着实证主义、建构主义、想象学等哲学主义思潮的兴起，使得人文社科的研究方法日益规范，形成了量化研究和质性研究两大类型的基本研究方法，而每种方法又形成了一般方法论、学科的方法以及具体的研究技术三个层面的构成体系。近年来，随着两种方法流派的深入发展，逐渐形成了两种观点：一是质性研究方法和量化研究方法是对立的；二是认为两种方法是相互补充和辅助的，并在此观点基础上逐渐形成了新的研究类型——混合研究方法，并形成了自己的一套研究程序，包括量化研究中嵌入质性研究、质性研究中嵌入量化研究、质性研究和量化研究时间序列设计等研究程序。本次研究正是采用了混合研究方法时间序列程序设计，即先进行量化研究，再用质性研究来佐证量化研究。由于双语教育涉及民族学、心理学、教育学、语言学多个学科的交叉领域，因此随着学科的发展，将会有更多的研究方法应用到研究中。

当然，研究方法毕竟是技术工具，需要理论体系作为强大支撑才能推动学科的发展和壮大，而理论体系的建立和完善也需要研究方法的不断创新和突破，因此二者相辅相成，缺一不可。

参考文献

英文类：

[1] Jackson A, Scott K, Does Work Include Children? The Effects of the Labour Market on Family Income, Time and Stress [M]. Toronto: Laidlaw Foundation, 2002.

[2] Sen A K. Development as Freedom [M]. New York: Anchor Books, 2000.

[3] Achenh ach TM, Edelh rock C. Manual for the child behavior checklist and revised child behaviour prof ile [M]. Burlington V T: Uiversity of Vermont Department of Psychistry, 1993.

[4] Perry B. The Mismatch between Income Measures and Direct Outcome Measures of Poverty [J]. Social PolicyJournal ofNew Zealand, 2002 (19): 101-127.

[5] Bailey Jr D B, Simeonsson R J. A functionalmodel of social competence [J]. Topics in Early Childhood Special Education, 1985, 4 (4): 20-31.

[6] Heisler B S. The Future of Immigrant Incorporation: Which Models?Which Concepts? [J]. International Migration Review, 26

（2）：623-645.

[7] Berry J W. Acculturation as varieties of adaptation [M] //A Padilla（Ed.）, Acculturation, Theory, Models and some New Findings. Boullder, CO: westview Press, 1980: 9-25.

[8] Birgit J. Migrant integration in rural and urban areas of new settlement countries: thematic introduction [J]. International Journal on Multicultural Societies, 2007, 9（1）: 1-12.

[9] Crawford C. Towards a Common Approach to Thinking about and Measuring Social Inclusion [M]. Institut Roeher=Roeher Institute, 2003.

[10] Freiler C. The Context for Social Inclusion [M]. Toronto: Laidlaw Foundation, 2002.

[11] Cavell T A, Meehan B T, Fiala S E. Assessing social competence in children and adolescents [M] //C. R. Reynolds & R. Kampuaus （Eds.）, Handbook of psychological and educational assessment of children（2nd ed.）. New York: Guilford Press, 2003: 433-454.

[12] Crick N R, Dodge K A. A review and reformulation of social-information-processing mechanisms in children's social adjustment [J]. Psychological Bulletin, 1994（115）: 74-101.

[13] Dietz B. Jewish immigrants from the former Soviet Union in Germany: History, politics andsocial integration [J]. East European Jewish Affairs, 2003（33）: 2, 7-19.

[14] Laumann E O. Subjective Social Distance and Urban Occupational Stratification [J]. American Journal of Sociology, 1965, 71（1）: 26-36.

[15] European Commission. Joint Report on Social Inclusion [R]. Directorate-General for Employment and Social Affairs, European Commission, Brussels, 2004.

[16] Glazer N. We are all Multiculturalists Now [M]. Cambridge, MA: Harvard University Press, 1997.

[17] Gordon M M. Assimilation in American life [M]. New York: Oxford University press, 1964.

[18] Entzinger H, Biezeveld R. Benchmarking in immigrant integration [M]. Erasmus University Rotterdam, 2003.

[19] Entzinger H, Biezeveld R. Benchmarking in immigrant integration [M]. Erasmus University Rotterdam, 2003.

[20] Goldlush J, Richmond A H. A Multivariate Model of Immigrant Adaptation [J]. International Migration Review, 1974, 8 (2): 193-225.

[21] Berry J W. Immigration, acculturation, and adaptation [J]. Applied psychology: an international review, 1997, 46 (1): 5-68.

[22] Junger-Tas J. Ethnic minorities, social integration and crime [J]. European Journal on criminal policy and research, 2001 (9): 5-29.

[23] Junger-Tas J. Ethnic minorities, social integration and crime [J]. European Journal on criminal policy and research, 2001 (9): 5-29.

[24] Levitas R A. The Imaginary Reconstitution of Society [D]. University of Limerick University of Ireland, 2013.

[25] Lucassen L. Niets nieuws onder de zon?De vestiging van

vreemdelingen in Nederland sedert de zestiende eeuw [J]. Justitiële verkenningen, 1997, 23 (6): 10-21.

[26] Krashen S. Principles and practice in second language acquisition [M]. Lon-don: Longman, 1982.

[27] Maria C Z, Carol A R. Reliability ethnic comparability, and validity evidence for a condensed measure of proactive coping: The BAPC-C [J]. Educational and psychological measurement, 1996, 56 (2): 330-343.

[28] Lewin - Epstein N, Semyonov M, Kogan I, et al. Institutional structure and immigrant integration: a comparative study of immigrants' labor market attainment in Canada and Israel [J]. International Migration Review, 2003, 37 (2): 389-420.

[29] Nowicki S, Strickland B. A locus of control scale for children [J]. Journal of Consulting and Clinical Psychology, 1973 (40): 148-154.

[30] Hatziprokopiou P. Albanian immigrants in Thessaloniki, Greece: processes of economic and social incorporation [J]. Journal of Ethnic and Migration Studies, 2003, 29 (6): 1033-1057.

[31] Phinney J S, 1990. Ethnic identity in adolescents and adults: Review of research [J]. Psychological Bulletin, 108 (3): 499-514.

[32] Omidvar R, Richmond T. Immigrant and Social Inclusion in Canada [M]. Toronto: Laidlaw Foundation, 2003.

[33] Omidvar R, Richmond T. Immigrant settlement and social inclusion in Canada [M]. Perspectives on social inclusion working paper series, Laidlaw Foundation, 2003.

[34] Rogers C R. The necessary and sufficient conditions oftherapeutic Perso-nality change［J］. Journal Consult Psychol, 1961（21）: 95-103.

[35] Shin N, Vaughn B E, Kim M, et al. Longitudinal analyses of a hierarchical model of peer social competence for preschool children-structural fidelity and external correlates［J］. Merrill-Palmer Quarterly, 2011, 57（1）: 73-103.

[36] UNICEF, WHO. Skill-based Health Education including Life Skills ［J］. Life Skills Education in schools, 2002, 23（3）: 7-8.

[37] Vermeulen H, Penninx R. Het democratisch ongeduld: de emancipatie en integratievan zes doelgroepen van het Minderhedenbeleid［M］. Amsterdam: Het Spinhuis, 1994.

[38] Ellingsen W. Social integration of ethnic groups in Europe, Geografii Bergen［J］. University of Bergen Department of Geography, 2003.

专著类：

[1] A. 柯祖林. 心理工具［M］. 黄佳芬, 译. 上海: 华东师范大学出版社, 2007.

[2] 阿兰·阿格莱斯蒂. 分类数据分析［M］. 齐亚强, 译. 重庆: 重庆大学出版社, 2012.

[3] 艾米娅·利布里奇, 里弗卡·图沃-玛沙奇, 塔玛·奇尔. 叙事研究: 阅读、分析和诠释［M］. 重庆: 重庆大学出版社, 2008.

[4] 爱德华·萨皮尔. 萨皮尔论语言、文化与人格［M］. 高一虹, 等

译．北京：商务印书馆，2011．

［5］布鲁斯乔伊斯，等．教学模式（第八版）［M］．兰英，等译．北京：中国人民大学出版社，2014．

［6］才让措．藏汉双语教学研究［M］．北京：社会科学文献出版社，2015．

［7］查特吉．例解回归分析［M］．郑中国，等译．北京：机械工业出版社，2013．

［8］陈琦，刘儒德．当代教育心理学（第2版）［M］．北京：北京师范大学出版社，2007．

［9］陈时见．多元共生与多样化发展——西南民族学校教育发展研究［M］．北京：商务印书馆，2012．

［10］陈向明．教育研究方法［M］．北京：教育科学出版社，2013．

［11］陈向明．质的研究方法与社会科学研究［M］．北京：教育科学出版社，2000．

［12］陈玉琨．教育评价学［M］．北京：人民教育出版社，1999．

［13］戴庆厦．社会语言学概论［M］．北京：商务印书馆，2014．

［14］戴庆厦．中国少数民族双语教育概论［M］．沈阳：辽宁民族出版社，1997．

［15］德尔伯特·C.米勒，内尔·J.萨尔金德．研究设计与社会测量导引［M］．风笑天，译．重庆：重庆出版社，2005．

［16］董霄云．文化视野下的双语教育［M］．上海：上海教育出版社，2008．

［17］方晓华，付东明．双语教师教育研究［M］．北京：北京语言大学出版社，2014．

［18］方晓华．少数民族双语教育的理论和实践［M］．北京：学苑出版社，2010．

［19］葛本仪，王玉新．汉字认知研究［M］．济南：山东大学出版社，2000．

［20］国务院人口普查办公室，国家统计局人口和就业统计司，国家民族事务委员会经济发展司．中国2010年人口普查分民族人口资料［M］．北京：中国统计出版社，2013．

［21］桂诗春．新编心理语言学［M］．上海：上海外语教育出版社，2000．

［22］哈经雄，滕星．民族教育学通论［M］．北京：教育科学出版社，2001．

［23］韩达，等．中国少数民族教育史（第二卷）［M］．南宁：广西教育出版社，1998．

［24］黄兆信，万荣根．农民工随迁子女融合教育研究［M］．北京：中国社会科学出版社，2014．

［25］J．瓦西纳．文化和人类发展［M］．上海：华东师范大学出版社，2007．

［26］Burger J M．人格心理学［M］．陈会昌，译．北京：中国轻工业出版社，2014．

［27］教育部．教师专业化的理论与实践［M］．北京：人民教育出版社，2003．

［28］Creswell J W．混合方法研究导论［M］．李敏谊，译．上海：上海人民出版社，2015．

［29］科林·贝克（英）．双语与双语教育概论［M］．翁燕荖，等译．北京：中央民族大学出版社，2008．

［30］朗特里．英汉双解教育辞典［M］．北京：教育科学出版社，1992．

［31］李静．民族心理学［M］．北京：民族出版社，2009．

[32] 理查德·格里格. 心理学与生活（第16版）[M]. 北京：人民邮电出版社，2006.

[33] 理查兹. 朗曼语言学词典 [M]. 太原：山西教育出版社，1993.

[34] 列夫·维果斯基. 思维与语言 [M]. 李维，译. 北京：北京大学出版社，2010.

[35] 林崇德，杨治良，黄希庭. 心理学大辞典（下）[M]. 上海：上海教育出版社，2003.

[36] 刘绍华. 我的凉山兄弟——毒品、艾滋与流动青年 [M]. 北京：中央编译出版社，2016.

[37] 刘玉屏. 语言学与第二语言习得理论 [M]. 北京：中央民族大学出版社，2010.

[38] 罗常培. 语言与文化 [M]. 北京：北京大学出版社，2011.

[39] 罗曲. 彝族文化探微 [M]. 北京：中国社会科学出版社，2012.

[40] M.F.麦凯，M.西格恩. 双语教育概论 [M]. 严正，柳秀峰，译. 北京：光明日报出版社，1989.

[41] 马学良. 彝族文化史 [M]. 上海：上海人民出版社，1989.

[42] 迈尔斯，休伯曼. 质性资料的分析 [M]. 张芬芬，译. 重庆：重庆大学出版社，2008.

[43] 莫雷. 心理学研究方法 [M]. 广州：广东高等教育出版社，2007.

[44] 莫妮卡·亨宁克，英格·哈特，阿杰·贝利. 质性研究方法 [M]. 王丽娟，等译. 杭州：浙江大学出版社，2015.

[45] 纳日碧力戈. 语言人类学 [M]. 上海：华东理工大学出版社，2010.

［46］彭聃龄．语言心理学［M］．北京：北京师范大学出版社，1991．

［47］乔纳森·布朗．自我［M］．陈浩莺，译．北京：人民邮电出版社，2004．

［48］罗伯特·K．殷．案例研究：设计与方法［M］．周海涛，等译．重庆：重庆大学出版社，2005．

［49］罗伯特·K．殷．案例研究方法的应用［M］．周海涛，等译．重庆：重庆大学出版社，2014．

［50］石俊杰．教育社会心理学［M］．保定：河北大学出版社，2003．

［51］时蓉华．现代社会心理学［M］．上海：华东师范大学出版社，1989．

［52］史密斯，彭迈克，库查巴莎，等．跨文化社会心理学［M］．严文华，权大勇，等译．北京：人民邮电出版社，2009．

［53］苏德．民族教育质性研究方法［M］．北京：教育科学出版社，2014．

［54］孙玉兰．民族心理学［M］．北京：知识出版社，1990．

［55］滕星．文化变迁与双语教育：凉山彝族社区教育人类学的田野工作与文本撰述［M］．北京：教育科学出版社，2001．

［56］王斌华．双语教育与双语教学［M］．上海：上海教育出版社，2003．

［57］王建勤．第二语言习得研究［M］．北京：商务印书馆，2009．

［58］王文光，龙晓燕，陈斌．中国西南民族关系史［M］．北京：中国社会科学出版社，2005．

［59］吴明隆．问卷统计分析实务：SPSS操作与应用［M］．重庆：重庆大学出版社，2010．

［60］武金峰．新疆双语教育工作专题研究［M］．北京：中国社会科学出版社，2014．

［61］杨延宁．应用语言学研究的质性研究方法［M］．北京：商务印书馆，2014．

［62］叶澜．教师角色与教师发展新探［M］．北京：教育科学出版社，2001．

［63］应国瑞．案例学习研究：设计与方法［M］．张梦中，译．广州：中山大学出版社，2003．

［64］约翰·W.克雷斯威尔．混合方法研究导论［M］．李敏谊，译．上海：格致出版社，2015．

［65］张继焦．城市的适应——迁移者的就业与创业［M］．北京：商务印书馆，2004．

［66］张劲梅．心理学视野下西南少数民族大学生的文化适应［M］．昆明：云南人民出版社，2013．

［67］张世富．民族心理学［M］．济南：山东教育出版社，1996．

［68］张文彤，董伟．SPSS统计分析高级教程［M］．北京：高等教育出版社，2013．

［69］郑全全，赵立，谢天．社会心理学研究方法［M］．北京：北京师范大学出版社，2010．

［70］郑新夷．双语研究：从理论到教育实践［M］．厦门：厦门大学出版社，2012．

［71］钟启泉，汪霞，王文静．课程与教学论［M］．上海：华东师范大学出版社，2008．

［72］钟启泉．课程论［M］．北京：教育科学出版社，2007．

会议论文：

[1] 陈士林. 彝文研究的基础和前景[C]. 北京：中国民族古文字研究会成立大会和首次学术讨论会，1980：272.

[2] 高向东. 上海市少数民族流动人口城市适应状况调查及评价研究[C]. 成都：中国法学会民族法学研究会会员代表大会暨2012年学术研讨会，2012：328.

[3] 朱文旭. 彝文中的借汉字研究[C]. 北京：中国民族古文字研究会第七次学术研讨会，2004：2.

学位论文：

[1] 陈卫亚. 中国少数民族语言传承的政策研究[D]. 北京：中央民族大学，2013.

[2] 戴玉玲. 民族地区小学新生的文化适应研究[D]. 重庆：西南大学，2016.

[3] 古丽娜. 新疆少数民族大学生校园文化适应研究[D]. 重庆：西南大学，2014.

[4] 胡发稳. 哈尼族青少年学生文化认同及与学校适应行为的关系研究[D]. 昆明：云南师范大学，2007.

[5] 金学官. 中国少数民族大学生文化适应的人类学研究[D]. 北京：中央民族大学，2002.

[6] 李晓盼. 民族地区多媒体字源识字教学设计研究[D]. 重庆：西南大学，2013.

[7] 廖辉. 西南少数民族地区多元文化课程开发的个案研究[D]. 重

庆：西南师范大学，2004.

[8] 刘正发（阿里瓦萨）．凉山彝族家支文化传承的教育人类学研究[D]．北京：中央民族大学，2007.

[9] 马锦卫．彝文起源及其发展考论[D]．重庆：西南大学，2010.

[10] 买力坎吐尔逊艾力．内地高校民考民大学生心理适应研究[D]．北京：中央民族大学，2006.

[11] 苏德．多维视野下的双语教学发展观[D]．北京：中央民族大学，2005.

[12] 塔娜．民族小学双语教师专业发展研究[D]．北京：中央民族大学，2015.

[13] 唐德忠．少数民族大学生的学习适应研究[D]．上海：华东师范大学，2010.

[14] 王洪玉．甘南藏汉双语教育历史与发展研究[D]．北京：中央民族大学，2010.

[15] 王渊博．双语教育政策执行过程研究[D]．北京：中央民族大学，2015.

[16] 邬美丽．在京少数民族大学生语言使用及语言态度调查[D]．北京：中央民族大学，2007.

[17] 杨萍．西北少数民族大学生文化适应中的几个突出问题研究[D]．兰州：兰州大学，2008.

[18] 杨玉．云南少数民族大学生民族认同与语言态度研究[D]．上海：上海外国语大学，2013.

[19] 杨艳菲．城市少数民族的社会适应研究[D]．甘肃：西北师范大学，2015.

[20] 张京玲．藏、壮少数民族大学生文化认同态度与文化适应的关系研究[D]．重庆：西南大学，2008.

期刊论文：

[1] 阿牛木支. 关于彝汉双语教育课程改革与建设的思考［J］. 西昌学院学报（社会科学版），2011，23（4）：112-114.

[2] 阿牛木支. 彝汉双语数学师资培养创新研究与实践［J］. 西昌学院学报（自然科学版），2007，21（1）：126-127。

[3] 艾力·伊明. 和田地区中小学"维汉"双语教育三种主要模式及分析［J］. 新疆教育学院学报，2011（4）：35-41.

[4] 敖俊梅，祁进玉. 中国促进语言教育平等法规的研究——基于民族教育条例的文本分析［J］. 民族教育研究，2018（5）：42-49.

[5] 安康. 凉山彝族地区同一背景下不同教育模式的对比研究——以喜德县H和Z小学为例［J］. 广西教育学院学报，2014（2）：182-185.

[6] 白亮. 文化适应对少数民族大学生心理健康的影响［J］. 民族教育研究，2006（3）：81-84.

[7] 班胜星. 彝汉双语者汉语加工模式的ERP研究［J］. 西南农业大学学报（社会科学版），2013，11（10）：82-85.

[8] 才让措，普华才让，尖措吉，等. 藏汉双语能力发展的生态化分析——基于青海藏族学生藏汉双语能力发展测验［J］. 中国藏学，2013（2）：25-29.

[9] 蔡华，刘诚芳. 彝族双语大学生人生价值取向的调研报告［J］. 西南民族学院学报（哲学社会科学版），2000（S3）：28-30.

[10] 蔡华，刘诚芳. 彝族双语教育两类模式大学生社会适应能力调查报告［J］. 西南民族学院学报（哲学社会科学版），2000（3）：118-121，130.

［11］蔡华．对彝族大学生社会化问题的思考［J］．西南民族学院学报（哲学社会科学版），1996（S1）：120-123．

［12］蔡文伯，韩琦．非正式制度规约下双语教育政策执行的实践与思考——来自新疆X小学的调查［J］．中南民族大学学报（人文社会科学版），2015，35（4）：6-11．

［13］曹春梅，买买提吐尔逊·阿布都拉．新疆中小学少数民族双语教师国家通用语言文字培训教材现状探析［J］．民族教育研究，2014（2）：83-87．

［14］曾守锤，李其维．流动儿童社会适应的研究：现状、问题及解决办法［J］．心理科学，2007，30（6）：1426-1428．

［15］曾天德，朱淑英，陈明．未成年人心理社会能力量表编制［J］．心理与行为研究，2015，13（1）：76-80．

［16］曾维希，张进辅．少数民族大学生在异域文化下的心理适应［J］．西南大学学报（人文社会科学版），2007（2）：82-86．

［17］查有梁．论教育模式建构［J］．教育研究，1997（6）：49-55．

［18］陈成文，孙嘉悦．社会融入：一个概念的社会学意义［J］．湖南师范大学社会科学学报，2012（6）：6．

［19］成园园，李莉，王朋玉．基于CIPP评估模型的国家通用语言文字推广分析——以新疆和田县小学生为例［J］．语言文字应用，2019（3）：40-47．

［20］陈纪，鲁亚倩．少数民族流动人口城市融入中的社会适应问题探讨［J］．贵州民族研究，2016，37（10）：76-79．

［21］陈纪．互动与调适：少数民族流动人口社会融入的路径探析［J］．西南民族大学学报（人文社会科学版），2014，35

（12）：34-39.

[22] 陈纪．少数民族流动人口问题：社会排斥的视角［J］．云南民族大学学报（哲学社会科学版），2014，31（1）：83-88.

[23] 陈建文，王滔．当前人格研究的基本走向［J］．厦门大学学报（哲学社会科学版），2003（3）：64-70.

[24] 陈琴．双语教育的本质与价值探析——兼论当前我国儿童双语教育中存在的问题［J］．当代教育科学，2006（15）：53-55.

[25] 陈青萍．维族大学生在汉族地区的心理适应［J］．青年研究，2003（10）．

[26] 陈士林．规范彝文的实践效果和有关的几个问题［J］．民族语文，1979（4）：241-248.

[27] 陈晓莉．试论一类模式彝族大学生心理问题与调适——以西昌学院彝语言文化学院为例［J］．科技视界，2014（36）：64-65.

[28] 陈晓毅．城市外来少数民族文化适应的三层面分析模式——以深圳"中国民俗文化村"员工为例［J］．贵州民族研究，2005（5）：107-114.

[29] 陈云．少数民族流动人口城市融入中的排斥与内卷［J］．中南民族大学学报（人文社会科学版），2008（4）：42-45.

[30] 成燕燕．第二语言（汉语）教学的总体设计［J］．民族教育研究，1999（1）：40-47.

[31] 程广文．论教学方法［J］．全球教育展望，2012，41（1）：17-25.

[32] 程耀忠，刘春明，李红玫．我国双语教学评价的问题及重构［J］．中国教师，2008（24）：17-19.

[33] 崔岩．流动人口心理层面的社会融入和身份认同问题研究［J］．社会学研究，2012（5）：141-160.

[34] 崔英锦. 朝鲜族双语教育的文化生态学研究［J］. 黑龙江民族丛刊, 2005（5）: 95-99.

[35] 代晓明. 彝族地区双语教学浅谈［J］. 中国民族教育, 1995（Z1）: 60-61.

[36] 丁朝蓬. 教材评价指标体系的建立［J］. 课程·教材·教法, 1998（7）: 43-46.

[37] 丁椿寿, 于风城. 论彝文的类型及其超方言问题［J］. 贵州民族研究, 1981（1）: 77-84.

[38] 丁海江, 向洪. 少数民族流动人口城市融入的路径研究——以重庆市社会工作介入为例［J］. 中南民族大学学报（人文社会科学版）, 2016, 36（6）: 62-67.

[39] 董奇, 薛贵. 双语脑机制的几个重要问题及其当前研究进展［J］. 北京师范大学学报（人文社会科学版）, 2001（4）: 91-98.

[40] 董艳. 浅析世界双语教育类型［J］. 民族教育研究, 1998（2）: 41-46.

[41] 范诗武. 新世纪教师专业能力与教育行动研究［J］. 外国教育研究, 2003, 30（5）: 28-31.

[42] 范晓玲. 现行双语教育模式下新疆民族语文教育现状调查与对策研究——以新疆北部地区为例［J］. 民族教育研究, 2013, 24（115）: 64-70.

[43] 方晓华. 构建少数民族汉语教学的评价体系［J］. 语言与翻译, 2010（1）: 232.

[44] 方晓华. 新疆双语教育问题探索［J］. 新疆师范大学学报（哲学社会科学版）, 2011, 32（2）: 89-95.

[45] 方晓华. 少数民族学习和使用国家通用语言文字的必要性与紧迫

性［J］．双语教育研究，2017（4）：1-10．

［46］风笑天．落地生根?——三峡农村移民的社会适应［J］．社会学研究，2004（5）：19-20．

［47］冯宏丽．多民族聚居地区少数民族大学生心理冲突及疏导策略探究［J］．前沿，2010（6）：181-183．

［48］冯江英．全语言教育理念对我国少数民族学前双语教育的启示［J］．民族教育研究，2010，21（6）：88-94．

［49］冯颖．素质教育与教师素质［J］．辽宁教育，1997（5）：11-13．

［50］符太胜，王桂娟．流动儿童师生关系特点的调查与反思［J］．思想理论教育，2012（24）：40-44．

［51］付东明．论双语教育的有效课堂教学［J］．新疆师范大学学报（哲学社会科学版），2014，35（4）：125-132．

［52］傅敏，田慧生．教育叙事研究：本质、特征与方法［J］．教育研究，2008（5）：36-40．

［53］高承海，安洁，万明钢．多民族大学生的民族认同、文化适应与心理健康的关系［J］．当代教育与文化，2011（5）：106-113．

［54］高凤弟．试论双语教育评价体系的构建［J］．教育发展研究，2005（11）：65-67．

［55］龚少英，方富熹，陈中永．双语与认知发展关系的近期研究进展［J］．心理科学进展，2002，10（4）：403-410．

［56］龚少英．双语学习与儿童认知发展关系述评［J］．中国教育学刊，2005（4）：40-42．

［57］郭本禹，修巧艳．马库斯的自我社会认知论［J］．西南大学学报（人文社会科学版），2007，33（1）：17-21．

[58] 郭彩琴. 挑战与选择：跨世纪教师素质结构的重组［J］. 江海学刊，1998（6）：56-61.

[59] 郭辉. 基于教育生态学视阈的中加双语教育政策比较研究［J］. 民族教育研究，2017，28（2）：78-84.

[60] 郭辉. 基于生态学视域的少数民族双语教育研究的研究［J］. 青海师范大学学报（哲学社会科学版），2014，36（2）：114-118.

[61] 海路. 我国民族中小学汉语课程建设的历史演进［J］. 民族教育研究，2016，27（4）：67-76.

[62] 海路. 壮汉双语教育模式变迁论［J］. 广西民族研究，2016（5）：77-84.

[63] 海路. 壮汉双语教育模式变迁论［J］. 广西民族研究，2016（5）：77-84.

[64] 韩宝成. 国外语言能力量表述评［J］. 外语教学与研究，2006，38（6）：443-450.

[65] 韩世辉，张逸凡. 自我概念心理表征的文化神经科学研究［J］. 心理科学进展，2012，20（5）：633-640.

[66] 韩延明. 试谈教学方法的科学分类与应用［J］. 课程．教材．教法，1994（5）：55-56.

[67] 郝林晓，折延东. 教师专业能力结构及其成长模式探析［J］. 教育理论与实践，2004，24（7）：30-33.

[68] 何波. 论青海地方法规架构中的藏汉双语教育［J］. 青海社会科学，2010（3）：157-161.

[69] 何玲. 流动儿童社会融合现状与辨析［J］. 中国青年研究，2013（7）：36-39.

[70] 何明，袁娥. 佤族流动人口的文化适应研究——以云南省西盟县

大马散村为例［J］．西南民族大学学报（人文社科版），2009
（12）：17-23．

［71］何齐宗．和谐人格及其建构的教育思考［J］．教师教育研究，
2004，16（2）：22．

［72］何香，张春祥．浅析凉山彝族自治州彝族教育发展历史与现状
［J］．河北师范大学学报（教育科学版），2009，11（7）：
130-134．

［73］何宇，潘光堂，舒永久．移民少数民族社会融入的哲学认知研究
［J］．贵州民族研究，2014，35（8）：62-65．

［74］贺熙，朱滢．社会认知神经科学关于自我的研究［J］．北京大
学学报（自然科学版），2010（6）：1021-1024．

［75］洪勇明．新疆少数民族双语教学评价刍议［J］．新疆大学学报
（哲学·人文社会科学版），2013，41（4）：136-139．

［76］胡炳仙，焦雯静．供给不足对新疆实施双语教育政策的制约及应
对策略［J］．中南民族大学学报（人文社会科学版），2017，
37（1）：21-24．

［77］胡晶君．关于教材评价的一些思考［J］．广东教育，2003
（6）：45-46．

［78］胡琳丽，郑全全．师范大学生自我和谐与学习适应性的关系
［J］．中国临床心理学杂志，2008，16（1）：77-79．

［79］胡淼．21世纪法国中小学教师专业能力标准探析［J］．比较教
育研究，2011，33（8）：40-44．

［80］胡兴旺，蔡笑岳，吴睿明等．白马藏族初中学生文化适应和智力
水平的关系［J］．心理学报，2005（4）：497-501．

［81］黄行．凉山彝族双语教学态度的调查研究——兼论语言态度问题
［J］．民族语文，1990（6）：19-23．

[82] 黄匡时. 流动人口"社会融合度"指标体系构建[J]. 福建行政学院学报, 2010 (5): 52-58.

[83] 黄竹. 少数民族大学生人际关系素质现状调查与分析[J]. 民族教育研究, 2005 (5): 35-40.

[84] 吉克曲一, 肖业. 凉山彝族传统数学与凉山彝族的双语教育[J]. 西南民族学院学报(哲学社会科学版), 1996 (S1): 132-137.

[85] 贾海霞, 沙马拉毅. 《通用规范彝文方案》的研制与发展前景展望[J]. 西南民族大学学报(人文社会科学版), 2014, 35 (9): 19-24.

[86] 贾旭杰, 何伟, 孙晓等. 民族地区理科双语教材建设的问题与建议[J]. 民族教育研究, 2014 (5): 117-120.

[87] 江新. 汉语作为第二语言学习策略初探[J]. 语言教学与研究, 2000 (1): 61-68.

[88] 姜德梧. 从HSK到民族汉考——民族汉考刍议[J]. 汉语学习, 2002 (3): 61-65.

[89] 姜宏德. 关于双语教育评价的理性思考[J]. 教育发展研究, 2005 (6): 58-61.

[90] 姜强, 赵蔚, 杜欣. 基于Felder-Silverman量表用户学习风格模型的修正研究[J]. 现代远距离教育, 2010 (1): 62-66.

[91] 姜雪凤, 陈宪章. 异域文化下少数民族大学生的积极心理调适[J]. 西南民族大学学报(人文社科版), 2010 (7): 88-90.

[92] 姜燕, 孙东方. 双语兼通重在处理好民族语和通用语的关系——以云南省芒市风平镇傣汉双语教学个案研究为例[J]. 贵州民族研究, 2016, 37 (12): 205-209.

［93］蒋晓．西方教学方法的若干模式评述［J］．外国教育研究，1988（4）：1-6．

［94］杰觉伊泓．凉山彝汉双语教学与和谐教育研究［J］．社科纵横，2013（8）：138-140．

［95］靳莹，王爱玲．新世纪教师能力体系探析［J］．教育理论与实践，2000（4）：41-44．

［96］景晓芬．''社会排斥''理论研究综述［J］．甘肃理论学刊，2004（2）：17-21．

［97］康纳利，克莱丁宁，丁钢．叙事探究［J］．全球教育展望，2003，32（4）：6．

［98］康淑敏．学习风格理论——西方研究综述［J］．山东外语教学，2003（3）：24-28．

［99］李波．教育优先发展背景下的西藏双语教育策略研究［J］．中国藏学，2012（2）：213-216．

［100］李方．论教育评价指标体系的构建［J］．教育研究，1996（9）：49-53．

［101］李方．新课程对教师专业能力结构的新要求［J］．教育研究，2010，31（3）：68-71．

［102］李怀宇，钱春富．少数民族大学生文化适应能力研究——基于云南省五所高校问卷调查的实证分析［J］．湖南师范大学教育科学学报，2010（3）：22-27．

［103］李怀宇．少数民族学生在学校教育中的文化适应——基于教育人类学的认识［J］．贵州民族研究，2006（4）：133-139．

［104］李家祥．论彝文之创立与发展［J］．贵州民族研究，1992（4）：121-128．

［105］李静，杨须爱．弗洛伊德民族心理学思想述论［J］．广西民族

研究，2006（3）：28-33.

[106] 李静，赵伟. 西部少数民族大学生心理冲突及其调适的研究［J］. 民族教育研究，2002（3）：29-33.

[107] 李静. 教育叙事研究述论［J］. 山西师大学报（社会科学版），2010，37（3）：147.

[108] 李树茁，任义科，靳小怡，等. 中国农民工的社会融合及其影响因素研究——基于社会支持网络的分析［J］. 人口与经济，2008（2）：1-9.

[109] 李树茁，悦中山. 融入还是融合：农民工的社会融合研究［J］. 复旦公共行政评论，2012（2）：21-42.

[110] 李廷海，薄其燕. 朝鲜族和维吾尔族双语态度与文化认同——基于双语教育背景的比较研究［J］. 民族教育研究，2016，27（6）：105-110.

[111] 李伟梁. 少数民族流动人口的城市生存与适应——以武汉市的调研为例［J］. 内蒙古社会科学（汉文版），2006（5）：109-113.

[112] 李小芳，海来伍加，廖惠，等. "一类模式"彝族大学生心理素质现状研究——以西昌学院一类模式彝族大学生为例［J］. 西昌学院学报（自然科学版），2015，29（4）：148-150.

[113] 李小玲，唐海波，明庆森，等. 大学生孤独感和自我和谐的关系：应对方式的中介作用［J］. 中国临床心理学杂志，2014，22（3）：530-532.

[114] 李艳红. 国内流动儿童社会适应研究述评［J］. 中国特殊教育，2012（6）：52-57.

[115] 李玉琴. 藏族儿童内地学习生活的文化适应研究——对双流县就读的藏族儿童群体的调查［J］. 中国藏学，2009（3）：48-

53.

[116] 李媛，谈加林．社会文化取向的人格研究新进展［J］．湖南师范大学教育科学学报，2003，2（4）：86-89．

[117] 李志凯，崔冠宇，赵俊峰，等．本科大学生自我和谐及其与应对方式的关系［J］．中国健康心理学杂志，2006，14（4）：380-382．

[118] 李祚山．大学生的文化取向、自我概念对主观幸福感的影响［J］．心理科学，2006，29（2）：423-426．

[119] 林崇德，申继亮，辛涛．教师素质的构成及其培养途径［J］．中国教育学刊，1996（6）：16-22．

[120] 林泳海，张茜，王勇．少数民族儿童语言能力优势及双语教育对策［J］．民族教育研究，2011，22（4）：89-93．

[121] 刘诚芳，蔡华．彝族双语教育两类模式的大学生人格特征的比较研究［J］．西南民族学院学报（哲学社会科学版），2000，21（1）：118-121．

[122] 刘诚芳，吉侯嫫阿华．双语教育两类模式背景下的大学生学业归因倾向的比较研究［J］．西南民族学院学报（哲学社会科学版），1999，20（2）：74-78．

[123] 刘电芝．学习策略（一）［J］．学科教育，1997（1）：34-36．

[124] 刘功成．教学方法分类探新［J］．教育科学研究，1987（4）：24-27．

[125] 刘吉昌，武娜，刘勇．城市少数民族流动人口社会融入问题研究［J］．贵州民族大学学报（哲学社会科学版），2013（6）：1-8．

[126] 刘立祥．城市少数民族流动人口社会融入模式探究［J］．贵州

民族研究，2016（2）：39-42.

[127] 刘利民．"语言能力合成论"的理论偏差[J]．外国语文，2009，25（1）：95-99.

[128] 刘连启，刘贤臣，胡蕾，等．青少年社会能力及其相关因素研究[J]．中国心理卫生杂志，1998，12（1）：49-50.

[129] 刘良华．教育叙事研究：是什么与怎么做[J]．教育研究，2007（7）：84-88.

[130] 刘庆，冯兰．流动儿童社会融合的结构、现状与影响因素[J]．中国青年政治学院学报，2014，33（6）：55-60.

[131] 刘儒德．论学习策略的实质[J]．心理科学，1997（2）：179-181.

[132] 刘儒德．温斯坦标准化学习策略量表简介[J]．心理发展与教育，1996，12（2）：26-28.

[133] 刘铁芳．教育叙事与教师成长[J]．河北师范大学学报（教育科学版），2005，7（6）：22-26.

[134] 刘伟丽，杨振宁，刘婕．大学生自我和谐与问题解决能力的相关性[J]．中国健康心理学杂志，2014，22（6）：949-951.

[135] 刘曦，杨东．汉区少数民族学生文化疏离感研究[J]．中国心理卫生杂志，2004，18（8）：547-550.

[136] 刘艳，邹泓．社会能力研究的概述与展望[J]．教育研究与实验，2003（1）：47-50.

[137] 刘阳科．从存在主义与解释学的视角理解教育叙事研究[J]．首都师范大学学报（社会科学版），2007（1）：124-128.

[138] 刘杨，方晓义，蔡蓉，等．流动儿童城市适应状况及过程——一项质性研究的结果[J]．北京师范大学学报（社会科学版），2008（3）：9-20.

[139] 刘英林. 汉语水平考试（HSK）的基本模式[J]. 语言教学与研究, 1989（1）: 84-94.

[140] 刘英林. 汉语水平考试（HSK）的理论基础探讨[J]. 汉语学习, 1994（1）: 9.

[141] 刘永福. 教育叙事研究及其邻近概念的逻辑关系摭论[J]. 上海教育科研, 2010（1）: 13-15.

[142] 刘玉杰, 刘健. 试析我国民族地区双语教育的国家认同功能[J]. 理论月刊, 2016（5）: 75-79.

[143] 刘跃雄, 方平. 中学生学习动机问卷的编制[J]. 首都师范大学学报（社会科学版）, 2006（3）: 75-79.

[144] 刘志军, 白学军, 李炳煌. 中学生学习动机问卷的初步编制[J]. 基础教育, 2010, 7（6）: 56-61.

[145] 刘子龙, 高北陵, 袁尚贤, 等. 社会能力评定量表的编制及信效度检验[J]. 中国临床心理学杂志, 2005, 13（1）: 19-22.

[146] 卢立涛. 测量、描述、判断与建构——四代教育评价理论述评[J]. 教育测量与评价（理论版）, 2009（3）: 4-7, 17.

[147] 卢正芝, 洪松舟. 我国教师能力研究三十年历程之述评[J]. 教育发展研究, 2007（2）: 70-74.

[148] 陆根书. 大学生学习风格量表的设计与开发[J]. 西安交通大学学报（社会科学版）, 2003, 23（3）: 86-97.

[149] 陆淑珍, 魏万青. 城市外来人口社会融合的结构方程模型——基于珠三角地区的调查[J]. 人口与经济, 2011（5）: 17-23.

[150] 罗宏炜. 少数民族地区开展双语教育对文化交往的现实意义——以贵州榕江县宰荡侗寨"侗汉双语教育"为例[J]. 民

族教育研究，2015，26（3）：109-113.

[151] 罗京滨，曾峥，张滔华，等. 贫困大学生自我和谐与自尊的调查分析［J］. 中国健康心理学杂志，2006，14（5）：586-588.

[152] 罗平，毕月花，汪念念. 藏族大学生的社会文化适应与心理健康［J］. 中国心理卫生杂志，2011，25（4）：312-313.

[153] 吕力. 案例研究：目的、过程、呈现与评价［J］. 科学学与科学技术管理，2012，33（6）：29-35.

[154] 吕晓峰，孟维杰. 多元文化心理观：全球化语境下心理学观的选择［J］. 山东师范大学学报（人文社会科学版），2010，55（3）：49-52.

[155] 马冬梅，李吉和. 城市少数民族流动人口社会融合的障碍与对策［J］. 广西民族研究，2013（2）：15-21.

[156] 马广惠，程月芳. 第二语言学习策略理论模式［J］. 上海理工大学学报（社会科学版），2003（4）：33-36.

[157] 马兰兰. 彝汉双语教育政策研究——以凉山彝族自治州昭觉县为例［J］. 学园，2012（7）：1-2.

[158] 马永全. 新中国70年来国家通用语言文字教育政策变迁［J］. 河北师范大学学报（教育科学版），2019（2）：71-75.

[159] 马戎. 从现代化发展的视角来思考双语教育［J］. 北京大学教育评论，2012，10（3）：136-156，191.

[160] 明兰，张学立. 彝汉双语教育发展的困境及对策——以毕节试验区为例［J］. 贵州民族研究，2010，30（1）：158-163.

[161] 木乃热哈，毕青青. 《凉山彝族拼音文字方案》的学术史价值［J］. 贵州民族大学学报（哲学社会科学版），2013（3）：19-26.

[162] 欧登草娃. 蒙古族双语教育实践与教育选择——前郭尔罗斯蒙古族自治县蒙古族中学的个案研究［J］. 中南民族大学学报（人文社会科学版），2014，34（2）：15-20.

[163] 盘小梅，汪鲸. 城市少数民族流动人口的社会融入进程——以广东珠三角城市为例［J］. 广西民族大学学报（哲学社会科学版），2014（1）：101-105.

[164] 彭恒利. 中国少数民族汉语水平等级考试［J］. 中国考试，2005（10）：57-59.

[165] 彭丽娟，陈旭，雷鹏，等. 流动儿童的学校归属感和学校适应：集体自尊的中介作用［J］. 中国临床心理学杂志，2012，20（2）：237-239.

[166] 彭雪芳. 对彝族教育的现状分析及对策研究［J］. 西南民族大学学报（人文社科版），2006（4）：15-19.

[167] 普忠良. 我国彝族地区彝汉双语教育现状与发展前瞻［J］. 贵州民族研究，1999（4）：160-167.

[168] 七十三，何虎，李杰，等. 蒙、汉大学生的自我构念对知觉加工的影响［J］. 心理科学，2017，40（3）：645-650.

[169] 祁帆. 少数民族大学生多元文化适应能力调查研究［J］. 江苏高教，2012（4）：132-134.

[170] 钱玉莲. 第二语言学习策略的分类及相关问题［J］. 汉语学习，2005（6）：59-63.

[171] 钱玉莲. 第二语言学习策略论析［J］. 南京师大学报（社会科学版），2006（5）：152-155.

[172] 乔艳阳，张积家，李子健，等. 语言影响汉、苗、回族大学生的内隐自尊和外显自尊［J］. 民族教育研究，2017，28（3）.

[173] 饶峻妮. 云南"直过民族"国家通用语言文字的普及推广[J]. 西南林业大学学报（社会科学），2019（4）：1-5.

[174] 热孜婉·阿瓦穆斯林，李洁. 城市化维吾尔族居民对双语现象与双语教育的认识和评价——基于乌鲁木齐、哈密、喀什三个点的实地调查[J]. 中南民族大学学报（人文社会科学版），2015，35（4）：58-62.

[175] 任远，邬民乐. 城市流动人口的社会融合：文献述评[J]. 人口研究，2006（3）：87-94.

[176] 沙马打各，陈阿支. 彝汉双语语音对比教学[J]. 西昌学院学报（社会科学版），2008，20（1）：110-113.

[177] 沙马拉毅.《规范彝文方案》推行30年实践效果述评[J]. 西南民族大学学报（人文社科版），2010，31（8）：28-31.

[178] 沙马日体，史军. 凉山彝区双语教育研究回顾与展望[J]. 民族教育研究，2007（5）：98-100.

[179] 沈洪成. 教育的国家导向及其困境——以云南芒市实施双语教育政策为个案[J]. 南京工业大学学报（社会科学版），2014，13（4）：122-127.

[180] 沈再新. 散杂居背景下彝族与苗族的人格结构比较分析——基于贵州省大方县八堡彝族苗族乡的调查[J]. 西南民族大学学报（人文社会科学版），2012（5）：18-22.

[181] 石琳. 精准扶贫视角下少数民族地区国家通用语言文字普及深化的策略[J]. 社会科学家，2018（4）：150-156.

[182] 史斌. 社会距离：理论争辩与经验研究[J]. 城市问题，2009（9）：54-58.

[183] 史军. 四川凉山州双语教学的历史、现状及发展措施[J]. 民族教育研究，2006（5）：102-110.

［184］史军．试论四川彝汉双语教育模式［J］．西南民族大学学报（人文社科版），2009，30（6）：65-69.

［185］史耀芳．浅论学习策略［J］．心理发展与教育，1991（3）：55-58.

［186］史耀芳．学习风格：中小学学习指导的新领域［J］．上海教育科研，1997（8）：24-26.

［187］宋雪松，张忠梅．儿童语言习得认知观与早期双语教育［J］．学前教育研究，2008（1）：52-54.

［188］宋迎秋，张韬．大学生压力应对、自我和谐感与心理适应的关系［J］．职业与健康，2011，27（11）：1211-1213.

［189］苏日娜．蒙汉语授课取向分析——对内蒙古S旗中学生的问卷调查［J］．民族教育研究，2009，20（3）：68-75.

［190］塔娜．内蒙古双语教师培训政策执行的个案研究——以锡林郭勒盟为例［J］．内蒙古师范大学学报（教育科学版），2017，30（4）：64-67.

［191］谭芳，刘永兵．语言、文化、自我——论巴赫金与维果斯基理论核心思想之"殊途同归"［J］．外语研究，2010（3）：40-45.

［192］汤夺先．城市少数民族流动人口问题论析［J］．中南民族大学学报（人文社会科学版），2009（2）：31-36.

［193］汤允凤．后现代教育理论对新疆双语教育的启示［J］．双语教育研究，2015，2（1）：15-20.

［194］唐权，杨振华．案例研究的5种范式及其选择［J］．科技进步与对策，2016，34（2）：18-24.

［195］陶菁．青年农民工城市适应问题研究——以社会关系网络构建为视角［J］．江西社会科学，2009（7）：201-204.

[196] 滕星，海路. 语言规划与双语教育[J]. 新疆师范大学学报（哲学社会科学版），2013，34（3）：32-36，4.

[197] 滕星，海路. 壮汉双语教育的价值取向及实现路径[J]. 广西民族研究，2013（2）：67-72.

[198] 滕星. 影响与制约凉山彝族社区学校彝汉两类模式双语教育的因素与条件[J]. 民族教育研究，2000（2）：45-52.

[199] 田凯. 关于农民工的城市适应性的调查分析与思考[J]. 社会科学研究，1995（5）：90-95.

[200] 吐尔地·买买提，杨淑芹，哈米拉·斯拉木. 新疆少数民族中小学双语教师教学能力发展特征研究[J]. 新疆师范大学学报（哲学社会科学版），2008，29（3）：105-107.

[201] 完玛冷智. 青海牧区双语教育发展问题研究报告[J]. 西北民族研究，2012（1）：14-28.

[202] 万明钢，邢强. 双语教学模式与藏族学生智力、学业成绩关系研究[J]. 西北师大学报（社会科学版），1999，36（5）：76-81.

[203] 万增奎. 论道德自我的文化建构观[J]. 黑龙江高教研究，2010（9）：105-109.

[204] 汪海红，刘健，热西旦·吾买尔. 民汉合校大学生人际关系调查与分析——以南疆某高校为例[J]. 社会心理科学，2013（6）：64-68.

[205] 汪凌. 法国中小学教师专业能力标准述评[J]. 全球教育展望，2006，35（2）：18-22.

[206] 汪新建，俞容龄. 西方社会能力的研究及启示[J]. 心理科学，2006（1）：233-235.

[207] 王登峰，黄希庭. 自我和谐与社会和谐——构建和谐社会的心

理学解读［J］．西南大学学报（人文社会科学版），2007，33（1）：1-7．

［208］王佶旻．全球化视角下的汉语能力标准研究［J］．语言战略研究，2016，1（5）：52-57．

［209］王嘉毅，孙丽华．我国少数民族学前双语教育模式与路径［J］．中国教育学刊，2013（5）：30-33．

［210］王鉴．论我国少数民族双语教学的模式［J］．贵州民族研究，1999（1）：157-163．

［211］王景．刍议教育叙事研究的兴起［J］．外国教育研究，2009，36（2）：20-23．

［212］王妮．后现代文化心理学的文化观［J］．甘肃社会科学，2007（5）：253-255．

［213］王宁．代表性还是典型性？——个案的属性与个案研究方法的逻辑基础［J］．社会学研究，2002（5）：123-125．

［214］王攀峰．教育叙事研究刍议［J］．河北师范大学学报（教育科学版），2012，14（8）：5-10．

［215］王善安，杨晓萍．我国少数民族学前双语教育的内涵、目标及教育模式［J］．学前教育研究，2012（9）：54-57．

［216］王世友．IRI在彝族地区汉语教学中的可行性分析［J］．民族教育研究，2004，15（1）：63-66．

［217］王晓一，李薇，杨美荣．大学生人际信任与自我和谐的相关研究［J］．中国健康心理学杂志，2008，16（6）：646-647．

［218］王新菊．第二语言学习策略研究综述［J］．新疆大学学报（哲学人文社会科学版），2008，36（3）：139-144．

［219］王雪，李丹．儿童社会能力发展的影响因素——社会环境和变迁的视角［J］．心理科学，2016，39（5）：1177-1183．

［220］王洋，刘春艳．论新疆双语教育中的汉语课程建设［J］．双语教育研究，2014，1（1）：56-60．

［221］王洋．从语言态度的角度透视新疆少数民族双语教育［J］．民族教育研究，2007，18（2）：58-61．

［222］王毅杰，史晓浩．流动儿童与城市社会融合：理论与现实［J］．南京农业大学学报（社会科学版），2010（2）：97-103．

［223］王洋．新疆少数民族教师国家通用语言文字使用现状调查研究［J］．当代教育与文化，2015（6）：57-62．

［224］王枬，王彦．教师叙事：在实践中体悟生命［J］．教育研究，2005（2）：58-61．

［225］王志梅，曹冬，崔占玲．内地少数民族学生心理适应性研究现状［J］．中国学校卫生，2013（1）：127-128．

［226］王中会，蔺秀云，方晓义．公办学校和打工子弟学校中流动儿童城市适应过程对比研究［J］．中国特殊教育，2010（12）：21-26．

［227］王中会，蔺秀云．流动儿童社会认同特点及其对城市适应的影响［J］．中国特殊教育，2012（3）：61-67，91．

［228］王中会，周晓娟，Gening Jin．流动儿童城市适应及其社会认同的追踪研究［J］．中国特殊教育，2014（1）：53-59．

［229］魏炜．新疆跨民族交际外部语言环境与双语教育——喀什、伊宁、乌鲁木齐三地的语言使用与语言态度比较研究［J］．民族教育研究，2013（5）：105-106．

［230］吴海燕．云南少数民族聚居区语言教育研究［J］．学术探索，2015（6）：147-151．

［231］吴军，夏建中．国外社会资本理论：历史脉络与前沿动态

[J]．学术界，2012（8）：67-76，264-268．

[232] 吴瑞林，王莉，朝格巴依尔．少数民族双语教育影响因素的分析与测量[J]．黑龙江民族丛刊（双月刊），2012（5）：178-183．

[233] 吴新慧．融合教育：流动儿童师生关系及其校园适应[J]．教育科学，2012，28（5）：73-78．

[234] 吴艳梅，仲丹丹．蒙古族中小学汉语教科书60年变迁及启示[J]．民族教育研究，2017，28（3）：50-55．

[235] 武自立，纪嘉发，肖家成．云贵彝文浅论[J]．民族语文，1980（4）：36-42．

[236] 肖家成，武自立，纪嘉发．彝文源流试论[J]．云南社会科学，1982（3）：48-55，80-81．

[237] 邢强．影响藏族双语儿童汉语文学习的非智力因素研究[J]．青海师范大学学报（哲学社会科学版），2000（3）：112-116．

[238] 邢强．影响藏族双语儿童学习的社会文化心理机制研究[J]．民族教育研究，2001，12（4）：35-40．

[239] 徐冰鸥．叙事研究方法述要[J]．教育理论与实践，2005，25（8）：28-30．

[240] 徐杰，刘玉杰．双语教育中的情感及其生成机制建设[J]．现代教育科学（普教研究），2015（5）：148-150，147．

[241] 徐芃，熊健．自我和谐人格水平的语言结构信号预报[J]．数理统计与管理，2014，33（6）：．

[242] 许思安，张积家．儒家君子人格结构探析[J]．教育研究，2010（8）：90-96．

[243] 许燕．自我和谐是构建心理和谐的基础[J]．北京社会科学

（增刊），2006（S1）：5.

[244] 亚里坤·买买提亚尔. 民族地区高校的族群关系与族群和谐[J]. 黑龙江民族丛刊，2011（5）：152-156.

[245] 杨宝琰. 语言、双语教育与族群关系：社会心理学的探究[J]. 西北师大学报（社会科学版），2014，51（2）：128-133.

[246] 杨静，王立新，彭聃龄. 第二语言获得的年龄和熟练程度对双语表征的影响[J]. 当代语言学，2004（4）：321-327.

[247] 杨菊华. 从隔离、选择融入到融合：流动人口社会融入问题的理论思考[J]. 人口研究，2009，33（1）：17-29.

[248] 杨菊华. 流动人口在流入地社会融入的指标体系——基于社会融入理论的进一步研究[J]. 人口与经济，2010（2）：64-70.

[249] 杨莉萍. 从跨文化心理学到文化建构主义心理学——心理学中文化意识的衍变[J]. 心理科学进展，2003，11（2）：220-226.

[250] 杨淑芹，孟凡丽. 试析双语教师教学能力的构成[J]. 贵州民族研究，2009，29（4）：153-158.

[251] 杨淑芹，于影丽. 新疆中小学少数民族教师双语教学能力评价方案建构研究[J]. 新疆师范大学学报（哲学社会科学版），2011，32（4）.

[252] 杨帅，黄希庭，王晓刚，等. 文化影响自我解释的神经机制[J]. 心理科学进展，2012，20（1）：149-157.

[253] 杨秀莲. 文化与人格关系研究的若干问题[J]. 教育研究，2006（12）：79-83.

[254] 杨瑶，邓桦. 云南少数民族小学语文双语教材建设的问题及

对策研究——以彝族为例［J］．佳木斯职业学院学报，2016（11）：155-156．

［255］杨伊生．蒙语授课教师对蒙文版新课程教材评价的调查研究［J］．民族教育研究，2008，19（2）：69-74．

［256］杨颖，鲁小周．大学生的人际关系与自我和谐的关系［J］．中国健康心理学杂志，2015，23（7）：1004-1007．

［257］杨中芳．传统文化与社会科学结合之实例：中庸的社会心理学研究［J］．中国人民大学学报，2009（3）：53-60．

［258］叶浩生．关于"自我"的社会建构论学说及其启示［J］．心理学探新，2002，22（3）：3-8．

［259］叶浩生．文化模式及其对心理与行为的影响［J］．心理科学，2004，27（5）：1032-1036．

［260］叶澜．新世纪教师专业素养初探［J］．教育研究与实验，1998（1）：41-46，72．

［261］殷莉，蔡军．从文化与人格到心理人类学［J］．社会心理科学，2003，18（2）：36-39．

［262］于亮．汉语语言能力量表制定的相关思考［J］．语言科学，2013，12（6）：585-591．

［263］余惠邦．谈谈对藏、彝族学生的现代汉语教学［J］．汉语学习，1996（5）：49-52．

［264］余强．双语教育条件下男女儿童的智力发展比较研究［J］．民族教育研究，2003，14（3）：44-49．

［265］袁平华．中国高校双语教学与加拿大双语教育之比较研究［J］．高教探索，2006（5）：39-43．

［266］袁晓艳，郑涌．攀枝花市彝族中学生文化心理适应的调查分析［J］．西南大学学报（社会科学版），2010（1）：145-149．

[267] 袁伟,付帅. 西藏与甘肃藏区中小学教师普通话普及状况调查对比分析[J]. 语言文字应用,2017(4):86-92.

[268] 悦中山,李树茁,费尔德曼. 农民工社会融合的概念建构与实证分析[J]. 当代经济科学,2012(1):1-11,124.

[269] 张华娜,张雁军. 精准扶贫视角下西藏普及国家通用语言文字存在的问题及对策研究[J]. 西藏研究,2020(1).

[270] 张海云,祁进玉. 青海藏蒙地区双语教育政策与实践的理论思考[J]. 民族教育研究,2016,27(2):11-16.

[271] 张鸿义. 简论汉语教学中对民族学生汉语能力的培养[J]. 喀什师范学院学报,1987(4):13-18,68.

[272] 张惠华,官欣荣. 城市少数民族流动人口社会融合问题研究[J]. 江西社会科学,2013(7):214-217.

[273] 张慧聪. 城市蒙古族儿童双语教育现状调查研究——以呼和浩特市为个案[J]. 民族教育研究,2016,27(6):111-116.

[274] 张积家,王娟. 摩梭中学生的人格结构及其影响因素[J]. 华南师范大学学报(社会科学版),2016(1):96-104,190-191.

[275] 张积家,于宙,乔艳阳. 语言影响人格:研究证据与理论解释[J]. 民族教育研究,2017,28(4):74-82.

[276] 章家谊. 西部边疆地区教师国家通用语言文字培训教学管理策略探析——以上海市新疆少数民族骨干教师培训项目为例[J]. 教师教育论坛,2020,33(2):72-74.

[277] 张静,田录梅,张文新. 社会能力:概念分析与模型建构[J]. 心理科学进展,2012,20(12):1991-2000.

[278] 张丽华. 人格心理学研究的基本范式和基本取向[J]. 教育科学,2005,21(2):53-56.

[279] 张梅. 新疆少数民族双语教育模式及其语言使用问题[J]. 民族教育研究, 2009, 20（4）：96-101.

[280] 张强, 杨亦鸣. 语言能力及其提升问题[J]. 语言科学, 2013, 12（6）：566-578.

[281] 张伟. 论双语人的语言态度及其影响[J]. 民族语文, 1988（1）：56-67.

[282] 张伟. 浅谈双语教学的类型[J]. 贵州民族研究, 1987（3）：4.

[283] 张文宏, 雷开春. 城市新移民社会融合的结构、现状与影响因素分析[J]. 社会学研究, 2008（5）：117-141.

[284] 张文礼, 杨永义. 论少数民族流动人口的城市文化适应问题[J]. 西北民族大学学报（哲学社会科学版）, 2013（3）：75-79.

[285] 张雯雯. 高中学生自我和谐与压力源[J]. 中国健康心理学杂志, 2014, 22（3）：434-436.

[286] 张希希. 教育叙事研究是什么[J]. 教育研究, 2006（2）：54-59.

[287] 张莹瑞, 佐斌. 社会认同理论及其发展[J]. 心理科学进展, 2006（3）：475-480.

[288] 张忠兰, 朱智毅. 加强贵州省少数民族双语教材建设的思考[J]. 贵州民族研究, 2012, 3（4）：172-176.

[289] 赵建梅. 培养双语双文化人：新疆少数民族双语教育概念探讨[J]. 新疆社会科学, 2011（5）：157-162.

[290] 赵建梅. 新疆少数民族双语教育模式探讨[J]. 新疆师范大学学报（哲学社会科学版）, 2012, 33（5）：94-100.

[291] 赵江民, 华锦木. 语言接触影响下新疆高校少数民族汉语教学

的调适[J].民族教育研究,2012(2):102-105.

[292] 赵新华.清末民国时期新疆普及国家通用语言文字策略探析[J].民族教育研究,2015,26(2):75-80.

[293] 郑婕.论少数民族汉语教学学科建设和汉语教材的编写[J].西北民族学院学报(哲学社会科学版),2003(1):108-113.

[294] 郑新蓉,卓挺亚.我国义务教育阶段少数民族文字教材调查研究[J].广西民族学院学报(哲学社会科学版),2004(3):44-50.

[295] 郑信哲.论少数民族流动人口的城市适应与融入[J].中南民族大学学报(人文社会科学版),2014(1):20-25.

[296] 钟铧.教育叙事研究报告的格式与撰写[J].重庆高教研究,2016,4(3):44-49.

[297] 周国韬.初中生学业成就动机量表的编制[J].心理科学,1993,16(6):344-348.

[298] 周国韬.国外成就动机的概念、测量与培养述评[J].教育科学,1989(4):48-52.

[299] 周皓.流动人口社会融合的测量及理论思考[J].人口研究,2012(3):27-37.

[300] 周金虎,王光明,陈汉君.关于新疆双语教师培训评价指标体系的构想[J].中国成人教育,2014(17):110-114.

[301] 周兢,张莉,闵兰斌,等.新疆学前双语教育中两种语义习得研究[J].新疆师范大学学报(哲学社会科学版),2014,35(6):105-111.

[302] 周庆生.论我国少数民族双语教学模式转型[J].新疆师范大学学报(哲学社会科学版),2014,35(2):122-128.

[303] 周庆生．中国双语教育类型［J］．民族语文，1991（3）：65-69．

[304] 周卫京．二语习得风格研究五十年回顾［J］．外语研究，2005（5）：39-45．

[305] 朱滨丹．和谐人格论［J］．学习与探索，2007（3）：33-36．

[306] 朱崇先．双语现象与中国少数民族双语教育体制和教学模式［J］．民族教育研究，2003，14（6）：72-77．

[307] 朱光明，陈向明．教育叙述探究与现象学研究之比较——以康纳利的叙述探究与范梅南的现象学研究为例［J］．北京大学教育评论，2008（1）：70-78．

[308] 朱建军．三十年来国内彝文研究综述［J］．中国文字研究，2006（1）：227-241．

[309] 朱力．论农民工阶层的城市适应［J］．江海学刊，2002（6）：82-88．

[310] 朱文旭，肖雪．彝族地区双语教育类型现状研究［J］．民族教育研究，2005（5）：87-92．

[311] 庄会彬．反思与借鉴：英美国家第二语言教学法百年流变（1914—2013）［J］．云南师范大学学报（对外汉语教学与研究版），2014，12（1）：22-33．

[312] 庄曦．流动儿童与城市社会融合问题及路径探析［J］．江苏社会科学，2013（5）：140-146．

[313] 祖力亚提·司马义．学校中的族群融合与交往的族群隔离［J］．社会科学战线，2008（6）：216-223．

[314] 黄希庭，夏凌翔．人格中的自我问题［J］．陕西师范大学学报（哲学社会科学版），2004，33（2）：108-111．

[315] 张学强，车延菲．近年来我国民族基础教育课程研究进展分析［J］．贵州民族研究，2008（2）：171-178．

附　录

附录一　少数民族学生国家通用语言文字教育问卷

问卷编号_____　调查地点_____

填写日期_____

亲爱的同学：

您好，欢迎您参加此次调查，我们开展此次调查的主要目的是了解您当前的想法。此次调查资料仅为研究之用，全过程将不会涉及您的隐私和个人信息，请您放心填写。所有题目均为单选题，若无特殊说明，请在您认为符合您情况的选项上打"√"，感谢您的支持与配合！

第一部分　基本信息

1.您的性别：　　　（1）男　　（2）女

2.您当前就读于：（1）初中　（2）高中　（3）大学

3.您老家属于：　（1）农村　（2）城镇　（3）城市

4.您父亲的学历是：

　　（1）文盲　（2）小学　（3）初中　（4）高中（中专）

（5）大学（含专、本科及研究生）

5.您母亲的学历是：

（1）文盲　（2）小学　　（3）初中　　（4）高中（中专）

（5）大学（含专、本科及研究生）

6.您父亲的职业是：

（1）农民　（2）私企员工　（3）公务员　（4）个体户　（5）其他

7.您母亲的职业是：

（1）农民　（2）私企员工　（3）公务员　（4）个体户　（5）其他

8.您父、母亲的民族成分是：

（1）父母都是本民族　　（2）一方是本民族、另一方其他少数民族

（3）一方是本民族、另一方汉族

9.您觉得自己的生活费使用情况是：

（1）不够用（2）差不多　（3）非常充裕

第二部分　双语教育情况

1.您学习本民族语言的时间是：

（1）小学阶段　（2）到初中之前　（3）到高中之前

（4）从上学到现在一直学

2.您对本民族语掌握的程度如何？

　　　　　　　　　　　　　　　　　　完全不会　完全会

（1）听：　　　　　　　　　　　　　1　2　3　4　5

（2）说：　　　　　　　　　　　　　1　2　3　4　5

（3）阅读：　　　　　　　　　　　　1　2　3　4　5

（4）写作：　　　　　　　　　　　　1　2　3　4　5

3.您对汉语掌握的程度如何?

                                            完全不会   完全会

（1）听：   1 2 3 4 5

（2）说：   1 2 3 4 5

（3）阅读：   1 2 3 4 5

（4）写作：   1 2 3 4 5

4.您学习本民族语言的主要目的是：

                                         完全不同意 完全同意

（1）追求学习乐趣。   1 2 3 4 5

（2）满足求知欲。   1 2 3 4 5

（3）希望提高能力。   1 2 3 4 5

（4）喜欢挑战困难。   1 2 3 4 5

（5）证明自己比别人强。   1 2 3 4 5

（6）获得尊重。   1 2 3 4 5

（7）提高自己的地位和威信。   1 2 3 4 5

（8）为了上理想的学校。   1 2 3 4 5

（9）不辜负他人的期望。   1 2 3 4 5

（10）执行老师要求。   1 2 3 4 5

（11）为家庭争光。   1 2 3 4 5

（12）为了获得父母和教师的表扬或避免批评。 1 2 3 4 5

5.您在学习本民族语或汉语的过程中：

                                         完全不同意 完全同意

（1）我经常用新学的词汇造句，来加深记忆。 1 2 3 4 5

（2）我常根据单词的发音规则来记新词汇。   1 2 3 4 5

（3）我经常借助手势、表情等肢体语言来记新词汇。 1 2 3 4 5

（4）记新词汇时，我经常联想词汇对应的图像。 1 2 3 4 5

（5）记词汇时，我反复读，或反复写。   1 2 3 4 5

（6）我经常练习汉语发音。　　　　　　　　　　　1　2　3　4　5

（7）读课文时，我总是争取弄懂课文里的每一处。　1　2　3　4　5

（8）我课外经常主动与别人说汉语。　　　　　　　1　2　3　4　5

（9）听不懂别人说的汉语时，我会要求对方重说一遍。1　2　3　4　5

（10）我有明确的汉语学习计划和学习目标。　　　　1　2　3　4　5

（11）我很重视自己犯的汉语错误，并认真改正。　　1　2　3　4　5

（12）我总是寻找更好的汉语学习方法。　　　　　　1　2　3　4　5

（13）我经常评估自己的汉语学习进展，找出薄弱环节。1　2　3　4　5

（14）当我说汉语感到紧张时，我会设法使自己放松。1　2　3　4　5

（15）即使害怕犯错，我仍会鼓励自己说汉语。　　　1　2　3　4　5

（16）每当我取得好成绩时，我都会奖励自己。　　　1　2　3　4　5

（17）我经常和其他同学一起练习汉语。　　　　　　1　2　3　4　5

（18）当我学汉语遇到困难时，会向别人求助。　　　1　2　3　4　5

6.您在学习的过程中：

　　　　　　　　　　　　　　　　完全不同意　完全同意

（1）我喜欢参加各种课堂活动。　　　　　　　　　1　2　3　4　5

（2）我喜欢用动手操作的方式来完成一个学习任务。1　2　3　4　5

（3）我喜欢记笔记，或用笔写出自己的思路。　　　1　2　3　4　5

（4）我喜欢用听的方式来获取信息，如听广播。　　1　2　3　4　5

（5）当我参加课堂活动时，我的学习效率更好。　　1　2　3　4　5

（6）我更容易记住听到的信息，而不是看到的信息。1　2　3　4　5

（7）对我来说，最高效的学习方式是自己看书。　　1　2　3　4　5

（8）我喜欢用做实验的方式来学习知识。　　　　　1　2　3　4　5

（9）当我自己动手操作时，我能更好地记住所学的知识。

　　　　　　　　　　　　　　　　　　　　　　　1　2　3　4　5

（10）我喜欢通过看书的方式来获取信息。　　　　　1　2　3　4　5

（11）对我来说，最高效的学习方式是听别人讲解。　1　2　3　4　5

（12）当我表演汉语对话时，我能更好地理解所学的知识。

　　　　　　　　　　　　　　　　　　　　　　　1 2 3 4 5

7.在您的家庭中：

　　　　　　　　　　　　　　　　　完全不同意　完全同意

（1）父母和家人会经常过问我的学习情况。　　1 2 3 4 5

（2）父母和家人会经常辅导我的学习。　　　　1 2 3 4 5

（3）家庭居住环境没有为我提供良好的学习环境。1 2 3 4 5

（4）父母认为学习成绩好是件重要的事情。　　1 2 3 4 5

（5）父母会在经济上乐于支持我学习的支出和投入。1 2 3 4 5

（6）学习成绩不好的话我会担心受到父母亲的责备。1 2 3 4 5

8.任课教师情况：

　　　　　　　　　　　　　　　　　完全不同意　完全同意

（1）您认为您的老师教学过程具有合作性。　　1 2 3 4 5

（2）不论在什么环境下，您的老师都能与他人愉快地合作。

　　　　　　　　　　　　　　　　　　　　　　　1 2 3 4 5

（3）在日常生活和学习过程中，您的老师乐意倾听他人意见。

　　　　　　　　　　　　　　　　　　　　　　　1 2 3 4 5

（4）您的老师常通过报刊、网络等方式了解新信息。

　　　　　　　　　　　　　　　　　　　　　　　1 2 3 4 5

（5）您的老师注意收集与任教学科相关信息资料以备教学之需。

　　　　　　　　　　　　　　　　　　　　　　　1 2 3 4 5

（6）总体来看，您的老师知识储备能胜任教师工作。1 2 3 4 5

（7）面对众多的课程资源，您的老师知道如何选择和应用。

　　　　　　　　　　　　　　　　　　　　　　　1 2 3 4 5

（8）您的老师能根据学生实际学习成果与教师预期成果之间的差异调整教学。　　　　　　　　　　　　　　　1 2 3 4 5

（9）您的老师能针对不同的教学目标、内容以及学生的认知特点，

创设情境。　　　　　　　　　　　　　　　1 2 3 4 5

（10）您的老师能设计引导学习者主动学习的教学活动。

　　　　　　　　　　　　　　　　　　　　1 2 3 4 5

（11）教师进行的教学研究主要是解决具体教学过程中出现的问题。

　　　　　　　　　　　　　　　　　　　　1 2 3 4 5

（12）您的老师知道如何进行课题研究。　　1 2 3 4 5

（13）（a）您的老师在日常生活和学习中善于发现问题。

　　　　　　　　　　　　　　　　　　　　1 2 3 4 5

（b）您的老师发现问题后总能想办法解决。　1 2 3 4 5

（14）您的老师能根据学生的学习情况评价自己的教学效果。

　　　　　　　　　　　　　　　　　　　　1 2 3 4 5

（15）在实际教学过程中，您的老师只表扬不批评学生避免挫伤学生的自尊心。　　　　　　　　　　　　　　1 2 3 4 5

（16）您的老师能将其他学科的相关知识自然地应用到任教学科教学中来。　　　　　　　　　　　　　　　　1 2 3 4 5

（17）您的老师在实习教学中很少联系学生的生活实际。

　　　　　　　　　　　　　　　　　　　　1 2 3 4 5

（18）您的老师知道如何进行探究式教学。　1 2 3 4 5

（19）教学结束后，您的老师会对教学过程进行认真回顾、评价、反思。　　　　　　　　　　　　　　　　　1 2 3 4 5

9.对教材的评价：

　　　　　　　　　　　　　完全不同意　　完全同意

（1）当前本民族语文教材很符合时代的发展要求。　1 2 3 4 5

（2）当前本民族语文教材的结构是合理的、科学的。　1 2 3 4 5

（3）当前本民族语文教材的性质体现了工具性与人文性的统一。

　　　　　　　　　　　　　　　　　　　　1 2 3 4 5

（4）当前本民族语文教材体现为培养社会发展所需要的人而服务的功能。　　　　　　　　　　　　　　　　　　　　1 2 3 4 5

（5）当前本民族语文教材体现让学生获得系统的彝族文化知识的功能。　　　　　　　　　　　　　　　　　　　　1 2 3 4 5

（6）当前本民族语文教材能满足学生的需要，促进学生的发展。　　　　　　　　　　　　　　　　　　　　　　　1 2 3 4 5

（7）当前本民族语文教材设计不便于教师开展教学工作。　　　　　　　　　　　　　　　　　　　　　　　　　　1 2 3 4 5

（8）当前本民族语文教材选材体裁搭配上需要进一步调整完善。　　　　　　　　　　　　　　　　　　　　　　　1 2 3 4 5

（9）当前本民族语文教材的编写理念是正确的。　1 2 3 4 5

（10）当前本民族语文教材在内容上应该侧重传统文化教育。　　　　　　　　　　　　　　　　　　　　　　　　　1 2 3 4 5

（11）当前本民族语文教材的配套资料齐全。　　1 2 3 4 5

10.您觉得您任课教师的教学方法：

　　　　　　　　　　　　　　完全不同意　完全同意

（1）教学过程中会强调词汇教学观念。　　　　1 2 3 4 5

（2）教学过程中会针对词汇、语法、写作、阅读的不同使用不同的教学方法。　　　　　　　　　　　　　　　　　1 2 3 4 5

（3）教学过程中教学方法没有不同。　　　　　1 2 3 4 5

（4）在词汇教学中会经常使用直观教学法。　　1 2 3 4 5

（5）在词汇教学中会经常使用语境教学法。　　1 2 3 4 5

（6）在词汇教学中会经常使用词汇归类教学法。1 2 3 4 5

（7）词汇教学中会经常使用构词法规律教学法。1 2 3 4 5

（8）词汇教学中会经常使用民族语释义教学法。1 2 3 4 5

（9）词汇教学中会经常使用词块教学法。　　　1 2 3 4 5

（10）在语法教学中会经常使用归纳演绎教学法。1 2 3 4 5

（11）在语法教学中会经常使用任务教学法。　　　1　2　3　4　5

（12）在语法教学中会经常使用系统活动教学法。　1　2　3　4　5

（13）教师阅读教学观念很重要。　　　　　　　　1　2　3　4　5

（14）在阅读教学中会经常使用"自下而上"教学法。1　2　3　4　5

（15）在阅读教学中会经常使用"自上而下"教学法。1　2　3　4　5

（16）在阅读教学中会经常使用体裁教学法。　　　1　2　3　4　5

（17）在阅读教学中会经常使用任务型教学法。　　1　2　3　4　5

（18）教师写作教学观念很重要。　　　　　　　　1　2　3　4　5

（19）在写作教学中会经常使用成果教学法。　　　1　2　3　4　5

（20）在写作教学中会经常使用过程教学法。　　　1　2　3　4　5

（21）在写作教学中会经常使用体裁教学法。　　　1　2　3　4　5

（22）在写作教学中会经常使用过程体裁教学法。　1　2　3　4　5

11.您认为当前的教育评价：

　　　　　　　　　　　　　　　　　　　完全不同意　完全同意

（1）对学生的评价采用传统的分数测验就行。　　1　2　3　4　5

（2）学生平时无论如何调皮，只要学习成绩好就行。1　2　3　4　5

（3）您的任课教师允许学生随时打断你讲课进行提问。1　2　3　4　5

（4）学生就应该有学生的样子，遵守课堂纪律。　　1　2　3　4　5

（5）会通过学生的同伴来了解学生的表现。　　　　1　2　3　4　5

（6）通过不同场合观察学生来评价学生。　　　　　1　2　3　4　5

（7）会经常找学生谈话来了解和评价学生。　　　　1　2　3　4　5

（8）评价过程中应该经常使用问卷法。　　　　　　1　2　3　4　5

（9）在课后经常给学生布置作业并督促学生完成。　1　2　3　4　5

（10）学生的学习过程重要，结果也很重要。　　　　1　2　3　4　5

第三部分 自我状况

一、自我和谐量表（SCCS）

下面是一些个人对自身看法的陈述，填答时，请您仔细看清每句话的含义，然后在符合您情况的选项上（1代表完全不符合；2代表比较不符合；3代表着不确定；4代表着比较符合；5代表着完全符合）打"√"。每个人的看法都具有其独特性，因此答案没有对错之分，请您如实作答即可。

	完全不符合	完全符合
1.我周围的人往往觉得我对自己的看法有些矛盾。	1 2 3 4 5	
2.有时我会对自己在某些方面的表现不满意。	1 2 3 4 5	
3.每当遇到困难，我总是首先分析造成困难的原因。	1 2 3 4 5	
4.我很难恰当地表达我对别人的情感反应。	1 2 3 4 5	
5.我对很多事情都有自己的观点，但我并不要求别人也与我一样。	1 2 3 4 5	
6.我一旦形成对事情的看法，就不会再改变。	1 2 3 4 5	
7.我经常对自己的行为不满意。	1 2 3 4 5	
8.尽管有时得做一些自己不愿做的事情，但我基本上按自己的愿望办事。	1 2 3 4 5	
9.一件事情好就是好，不好就是不好，没有什么可以含糊的。	1 2 3 4 5	
10.如果我在某件事情上不顺利，我往往就会怀疑自己的能力。	1 2 3 4 5	
11.我至少有几个知心朋友。	1 2 3 4 5	
12.我觉得我所做的很多事情都是不该做的。	1 2 3 4 5	

13.不论别人怎么说，我的观点绝不改变。	1 2 3 4 5
14.别人常常会误解我对他们的好恶。	1 2 3 4 5
15.很多情况下我不得不对自己的能力表示怀疑。	1 2 3 4 5
16.我的朋友中有些是和我截然不同的人，这并不影响我们的关系。	1 2 3 4 5
17.与别人交往过多会暴露自己的隐私。	1 2 3 4 5
18.我很了解自己对周围人的情感。	1 2 3 4 5
19.我觉得自己目前的处境与自己要求相距太远。	1 2 3 4 5
20.我很少去想自己做的事情是否应该。	1 2 3 4 5
21.我所遇到的很多问题都无法自己解决。	1 2 3 4 5
22.我很清楚自己是什么样的人。	1 2 3 4 5
23.我能很自如地表达我想表达的东西。	1 2 3 4 5
24.如果有了足够的证据，我也可以改变自己的观点。	1 2 3 4 5
25.我很少考虑自己是一个什么样的人。	1 2 3 4 5
26.我把心里话告诉别人不仅得不到帮助，还可能招致麻烦。	1 2 3 4 5
27.在遇到问题时，我总觉得别人离我很远。	1 2 3 4 5
28.我觉得很难发挥出自己应有的水平。	1 2 3 4 5
29.我很担心自己的所作所为会引起别人的误解。	1 2 3 4 5
30.如果我发现自己某些方面表现不佳，总希望尽快弥补。	1 2 3 4 5
31.每个人都在忙自己的事情，很难与他们沟通。	1 2 3 4 5
32.我认为能力再强的人也可能会遇上难题。	1 2 3 4 5
33.我经常会感觉到自己是孤立无援的。	1 2 3 4 5
34.一旦遇到麻烦，无论怎么做都是无济于事的。	1 2 3 4 5
35.我总能清楚地了解自己的感受。	1 2 3 4 5

二、社会能力量表

下面是对您社会能力发展情况的调查，在符合您情况的选项上（1代表完全不符合；2代表比较不符合；3代表着不确定；4代表着比较符合；5代表着完全符合）打"√"。每个人的观点都有其独特性，因此答案没有对错之分，请您如实作答即可。

	完全不符合	完全符合
1. 我对自己的身材相貌感到很满意。	1 2 3 4 5
2. 我对新奇事物感到好奇。	1 2 3 4 5
3. 我能克服自己的不良习惯。	1 2 3 4 5
4. 我是个爱虚荣的人。	1 2 3 4 5
5. 在组织活动中，我能引导大家情绪。	1 2 3 4 5
6. 我注意力集中。	1 2 3 4 5
7. 我经常在心里编写或改编小说或电影。	1 2 3 4 5
8. 我善于沟通。	1 2 3 4 5
9. 在完成艰巨任务时，我喜欢合作完成。	1 2 3 4 5
10. 我认为我具有很好的交流能力。	1 2 3 4 5
11. 无论在什么情况下，我都能注意到自己的行为。	1 2 3 4 5
12. 我对外部事物容易产生兴趣。	1 2 3 4 5
13. 我能够顺利表达自己的想法。	1 2 3 4 5
14. 我能够组织活动。	1 2 3 4 5
15. 我能够把很多东西想象成其他东西。	1 2 3 4 5
16. 我一般主动参与到合作当中。	1 2 3 4 5
17. 如果一本故事书的最后一页被撕掉了，我就自己编造一个结局。	1 2 3 4 5
18. 在生活中，我经常与别人攀比。	1 2 3 4 5
19. 我能够很好地分配自己的时间。	1 2 3 4 5

20. 遇到问题我经常与他人讨论。　　　　　　　　1　2　3　4　5

21. 我喜欢想一些不会在我身上发生的事情。　　1　2　3　4　5

22. 我经常参与讨论。　　　　　　　　　　　　　1　2　3　4　5

23. 我会给自己每天的生活订下计划。　　　　　　1　2　3　4　5

24. 我认为团队合作非常重要。　　　　　　　　　1　2　3　4　5

25. 我常常思考自己做事的理由。　　　　　　　　1　2　3　4　5

26. 我能够很好地与他人交谈。　　　　　　　　　1　2　3　4　5

27. 我爱向人夸奖自己。　　　　　　　　　　　　1　2　3　4　5

28. 我善于从失败中吸取经验。　　　　　　　　　1　2　3　4　5

29. 我具有良好的组织能力。　　　　　　　　　　1　2　3　4　5

30. 我很喜欢自己的性格特点。　　　　　　　　　1　2　3　4　5

31. 我能主动表达自己的想法。　　　　　　　　　1　2　3　4　5

32. 无论在多么紧张的情况下，我总是能保持镇静，不会丢三落四。

　　　　　　　　　　　　　　　　　　　　　　1　2　3　4　5

33. 我具有良好的表达能力。　　　　　　　　　　1　2　3　4　5

34. 我在意自己的做事方式。　　　　　　　　　　1　2　3　4　5

35. 我喜欢展示自己的长处。　　　　　　　　　　1　2　3　4　5

36. 我喜欢仔细观察我没有看过的东西，以了解详细的情形。

　　　　　　　　　　　　　　　　　　　　　　1　2　3　4　5

37. 总的来说，我对自己很满意。　　　　　　　　1　2　3　4　5

38. 我喜欢与他人交流。　　　　　　　　　　　　1　2　3　4　5

问卷到此结束，请您检查是否漏填，再次感谢您的支持！

附录二 社会认同问卷

问卷编号_____ 调查地点_____
填写日期_____

亲爱的同学：

您好，欢迎您参加此次调查。我们开展此次调查的主要目的是了解您当前的想法。此次调查资料仅为研究之用，全过程不会涉及您的隐私和个人信息，请您放心填写。所有题目均为单选题，若无特殊说明，请您在您认为符合您情况的选项上打"√"（1代表完全不同意；2代表比较不同意；3代表着不确定；4代表着比较同意；5代表着完全同意），感谢您的支持与配合！

完全不同意　　完全同意

1. 对我而言，能流利地讲本民族语又能流利地讲汉语非常重要。
　　　　　　　　　　　　　　　　　　　　　　　　1　2　3　4　5
2. 我觉得，应保持本民族的文化传统，而不应去适应汉族的文化传统。
　　　　　　　　　　　　　　　　　　　　　　　　1　2　3　4　5
3. 对我而言，说流利的本民族语比说汉语重要。　　 1　2　3　4　5
4. 我觉得，既应保持本民族的文化传统，也应接纳汉族的文化传统。
　　　　　　　　　　　　　　　　　　　　　　　　1　2　3　4　5
5. 对我而言，会讲流利的汉语要比讲本民族语更重要。1　2　3　4　5
6. 按照家乡的习惯办事对您来说是重要的。　　　　 1　2　3　4　5
7. 保持家乡的生活方式（如饮食习惯）对您来说是重要的。
　　　　　　　　　　　　　　　　　　　　　　　　1　2　3　4　5
8. 您的学校生活是愉快的。　　　　　　　　　　　 1　2　3　4　5
9. 您现在学的知识是非常有用的。　　　　　　　　 1　2　3　4　5
10. 您喜欢现在所学的课程。　　　　　　　　　　　1　2　3　4　5

11.您喜欢与同学交流分享。	1 2 3 4 5
12.您喜欢学校里教您的大部分老师。	1 2 3 4 5
13.老师对您的评价都比较客观会给您很大帮助。	1 2 3 4 5
14.您很喜欢学校的环境。	1 2 3 4 5
15.我认为自己是中国人。	1 2 3 4 5
16.我认为自己是本民族成员。	1 2 3 4 5
17.我觉得自己热爱本民族文化。	1 2 3 4 5
18.作为少数民族我感到自豪。	1 2 3 4 5
19.其他本民族同胞如同我的家人。	1 2 3 4 5
20.我认为自己热爱中国文化。	1 2 3 4 5
21.作为中国人我感到自豪。	1 2 3 4 5
22.拥有本民族文化，使我有些难堪。	1 2 3 4 5
23.拥有本民族文化，让我觉得不舒服。	1 2 3 4 5
24.相对而言，我更喜欢参加只有本民族的活动。	1 2 3 4 5
25.相对而言，我更喜欢参加只有汉族的活动。	1 2 3 4 5
26.您愿意与汉族在一个学校学习、生活。	1 2 3 4 5
27.您愿意汉族做您的同桌。	1 2 3 4 5
28.您愿意汉族做您的同学。	1 2 3 4 5
29.您愿意汉族做您的朋友。	1 2 3 4 5
30.您愿意汉族同住一个寝室。	1 2 3 4 5

问卷到此结束，请您检查是否漏填，再次感谢您的支持！

附录三　少数民族学生社会认同访问提纲

一、基本信息

1.请您自我介绍一下（主要是介绍一下您来自哪里、现在就读几年级、家里面现在有哪些人一起生活、家里主要经济来源等）。

2.您曾就读于哪所小学？这类学校的具体情况是什么样的（学校的规模、教师教材、教学用语、课程等）？

3.您在哪所中学就读？这类学校的情况是什么样的（学校的规模、教师教材、教学用语、课程等）？您的学习成绩怎么样？

4.谈谈您对家庭的印象，描述一下对您影响最大的一位家庭成员，如长辈之类的？

5.您经常回家吗？通常与家人如何联系？

6.详细描述一下在您的成长过程中，发生在家里且印象最深刻的一件事情。

二、双语教育的情况

1.您是否学习过本民族文字？会写本民族文字吗？家里面有没有人会？您觉得有没有必要学习？学校有没有专门给您开设过本民族语文课程？

2.您目前的学习成绩怎么样？您觉得学习最大的困难是什么？原因何在？可否具体讲讲理由？

3.您喜欢学习汉语吗？您觉得您的汉语水平怎么样？能听懂汉语广播

吗？您学习汉语的目的是什么呢？讲讲您学习汉语中让您印象最深刻的一件事。

4.您所在学校的课程设置都有哪些呢？您最喜欢哪门课程？为什么？

5.有没有想过您读书的目的是什么？您想过以后要过什么样的生活吗？为什么？

6.汉语老师讲的课程您能完全听懂吗？听不懂的时候您一般会采取什么样的应对方式？请您用简单的几个词来描述一下您的汉语老师。

7.您使用汉语的时间多吗？一般什么场合讲得比较多一点？

8.谈谈您对现在本民族语文、汉语教材的感受，您觉得哪些地方还需要改进？所学内容对您来说有用吗？

三、社会认同情况

1.您对当前的生活满意吗？有没有遇到不开心的事情，具体是什么事情？能讲讲吗？

2.您的汉族朋友多吗？多的话您为什么喜欢和他们在一起？通常在一起都做什么呢？

3.您本民族朋友多吗？多的话您为什么喜欢和他们在一起？通常在一起都做什么呢？

4.除了学习，您还喜欢做些什么事情吗？您做这些事情有什么理由吗？

5.您会经常参加本民族的传统节日活动吗？您喜欢参加的原因是什么，能具体讲讲吗？

6.您会经常看电视、电影吗？喜欢看什么样的节目？这些节目吸引您的原因是什么呢？

7.您喜欢听本民族语歌曲吗？最喜欢听的是哪些歌手的歌曲？

8.您喜欢和老师聊天吗？一般您和老师都会聊些什么内容呢？

9.如果有人说了对于本民族影响不好的话，您的反应是什么呢？

10.同学对您的评价如何？您觉得您在同学心目中是什么样子的？老师对您的评价如何？父母怎样看待您的？

11.生活当中您最崇拜什么样的人呢？可以说说具体的原因吗？

12.谈谈您现在最大的愿望是什么？原因是什么？可以与我分享一下吗？